内蒙古宏观经济文库

# 内蒙古

# 国土空间开发战略与规划方略

赵云平　樊　森　司咏梅　等著

中国发展出版社
CHINA DEVELOPMENT PRESS

**图书在版编目（CIP）数据**

内蒙古国土空间开发战略与规划方略 / 赵云平等著. —北京：中国发展出版社，2021.8

ISBN 978-7-5177-1173-5

Ⅰ. ①内… Ⅱ. ①赵… Ⅲ. ①国土规划—研究—内蒙古 Ⅳ. ①F129.926

中国版本图书馆CIP数据核字（2021）第022604号

书　　名：内蒙古国土空间开发战略与规划方略
著作责任者：赵云平　樊森　司咏梅 等
出 版 发 行：中国发展出版社
联 系 地 址：北京经济技术开发区荣华中路22号亦城财富中心1号楼8层（100176）
标 准 书 号：ISBN 978-7-5177-1173-5
经　销　者：各地新华书店
印　刷　者：北京市密东印刷有限公司
开　　本：787mm × 1092mm　1/16
印　　张：14.5
字　　数：242千字
版　　次：2021年8月第1版
印　　次：2021年8月第1次印刷
定　　价：69.00元

联 系 电 话：（010）68990630　68990692
购 书 热 线：（010）68990682　68990686
网 络 订 购：http://zgfzcbs. tmall. com
网 购 电 话：（010）88333349　68990639
本 社 网 址：http://www.develpress. com
电 子 邮 件：370118561@qq.com

# 序 言
preface

国土空间既是国家战略规划的核心内容，也是经济社会发展的重要载体；既是重要的生产要素，也是经济高质量发展的重要组成部分，还是政府调控生产力布局的有效手段，即通过国土空间的统筹开发和治理，实现经济更高质量、更有效率、更加公平和更可持续的发展，从而提高经济、政治、文化、社会和生态的综合效益。

国土空间开发规划决定着一个国家或地区谋篇布局、推动发展的科学性、前瞻性和持续性，应成为实现经济高质量发展最重要的基础性工作。党的十八大以来，党中央高度重视国土空间开发战略和空间管控，强化顶层设计和统筹布局。2014 年 8 月国家发展改革委、原国土部、原环保部、住房和城乡建设部四部委联合启动 28 个市县多规合一试点；2017 年 1 月国家又开展 9 个省区多规合一试点；2018 年深化党和国家机构改革，组建成立自然资源部，统筹各类自然资源的开发利用和保护监管，建立空间规划体系并监督实施，并于同年出台了《中共中央 国务院关于统一规划体系更好发挥国家发展规划战略导向作用的意见》（中发〔2018〕44 号），将国土空间开发明确为三级四类规划体系的基础。至此，国家空间规划和管控体制改革迈出了关键性、实质性的一步，将彻底解决空间规划“九龙治水”的管理局面，以自然资源管理部门为主的空间规划新管理体制全面建立。

从国家层面看，新时期，党中央统筹推进“五位一体”总体布局和协调推进“四个全面”战略布局，坚持新发展理念，在西部开发、东北振兴、中部崛起、东部率先等“四大板块”的基础上，进一步提出并实施京津冀协同发展、长江经济带发展、粤港澳大湾区建设、长三角一体化发展及黄河流域生态保护和高质量发展等五大国家区域发展战略，在更高层次、更大范围、更宽领域上，统筹开发国土空间，促进区域协调和高质量发展。党的十九届四中全会明确要求，要“加快建立健全国土空间规划和用途统筹协调管控制度”。

内蒙古自治区（以下简称内蒙古）地处祖国北部边疆，东西狭长，横跨东北、华北、西北，独特的区位和区情，决定了内蒙古在我国总体经济社会发展战略格局中的特殊地位和作用。党中央高度重视内蒙古的发展，十八大以来，习近平总书记3次到内蒙古考察指导，5次对内蒙古经济社会发展发表重要讲话，明确了内蒙古的战略定位和发展方向，体现了国家的战略意图，成为走好走实以生态优先、绿色发展为导向的高质量发展新路子的行动指南。

贯彻落实好习近平总书记的系列重要讲话精神，首要是从发展定位与战略的高度、从中长期发展趋势的广度、从理论与实践相结合的深度出发，充分认识调整国土空间结构、优化生产力布局对于促进内蒙古实现经济高质量发展具有重大而深远的意义。

其次是从统筹自身发展与服务全国大局的战略高度出发，清醒地认识到，按照既有的国土开发战略和生产力空间布局，内蒙古区域发展很难形成人口、经济与自然环境协调发展的格局，更谈不上科学地构筑和支撑“五大基地”的经济定位、“两个屏障”的功能定位和“一个桥头堡”的开放定位。内蒙古迫切需要克服地广人稀、生产要素分散的劣势，构建多中心带动、多层级联动、多节点互动的国土开发和生产力空间布局，并进行调整、优化与提升，既要集中集聚集约地调整好经济发展和城市空间布局，又要统筹好生态保护建设空间，明确不同区域各自的发展方向和功能定位，从而规范开发秩序、管制开发强度、引导各类主体建设并保护好我们的美丽家园，担当起祖国北方“两个屏障”的光荣使命。

最后是从统筹内蒙古区域经济的角度出发，认识到自治区发展不协调、不平衡、不充分的重要原因，在于人口、经济、资源环境之间在空间开发和生产力布局上的失衡。以经济布局与人口分布为例，呼包鄂地区占全区土地面积的 11.1%，经济总量占全区的比重为 56% 左右，但其集聚的人口仅占全区的 32% 左右；蒙东地区国内生产总值（GDP）约占全区的 1/3，而集聚的人口约占全区的 50%，土地面积占比约为 56%。纵观国际上的成功案例，经济核心区往往就是人口集聚区，经济与人口在全国或整个区域的比例大体相当。可见，内蒙古经济布局与人口分布不均衡是造成地区间人均 GDP 和公共服务差距过大，尤其是盟市之间人均 GDP 差距巨大的主要原因。因此，优化国土空间开发战略对内蒙古区域协调、经济高质量发展非常迫切和必要。

从高质量发展要求看，影响经济高质量发展的因素很多，其中，空间结构是重要因素。一方面，空间结构是整个经济结构的重要组成部分，是经济高质量发展的应有之义。国土开发战略和空间结构的合理与否直接影响着经济发展的质量高低。另一方面，国土空间又是一切生产要素组合布局的唯一物理载体，生产力在空间上有机组合的效率决定着经济发展的质量。如果把国土空间比作“棋盘”，那么人口分布、经济布局、城市建设、国土利用和生态环境等就是“棋子”。棋盘布局是否科学、合理，直接决定着棋子的摆布和棋局的成败。内蒙古要走好高质量发展的新路子需要打好“三大战役”：一是打好“攻坚战”，突破当前困境；二是打好“突围战”，实现引领型发展；三是打好“持久战”，实现转型升级。这些目标和任务的实现不可能一蹴而就，是一个艰难、长期的过程。要开好“三大战役”的破题之局，一方面，我们要着眼于内蒙古基本区情这个“棋局”，针对自治区特殊的空间地理条件和生态环境特征，从调整国土开发战略、优化生产力空间布局入手，科学界定国土空间功能，合理进行经济区划、明确各地区的主体功能；另一方面，我们要精准“落子”，根据内蒙古的经济区划和功能定位，构建黄河流域经济带，健全和完善呼包鄂、赤通等城市群和相关中心城市都市圈，保护与修复区域生态，整合与振兴工业园区，推动人口与生产要素合理有序流动等，既要为内蒙古形成高质量发展的经济增长极拓展空间，又要为筑牢祖国北疆生态安全屏障提供保障。历史和实践反复证明：不合理的国土开发和空间布局一旦形成，后续的调整、转变就会十分困难，对经济社会的损耗也非常巨大。为此，优化国土开发战略和自然资源空间布局需要引起高度关注，开展国土空间规划思路的适应与调整也非常迫切和重要。

本书是在内蒙古社会科学研究基金项目的大力支持下，以2018年年度立项重点课题“以‘多规合一’理念完善内蒙古国土空间规划的总体思路和技术路径研究”为基础，进行逻辑框架、主要内容和文字表述等方面的修改、增加和完善的基础上完成的。从理论和实践相结合的角度，分析综述了规划演进历程及理论基础、内蒙古国土空间本底条件及开发现状、内蒙古国土空间开发的战略思路和优化方向、国内外空间规划经验及对内蒙古的借鉴、内蒙古空间规划多规合一的思路和任务、内蒙古空间规划的技术路径及体系、内蒙古空间规划保障制度的改革与创新等内容。全书思路清晰、分析深入、观点鲜明，对内蒙古提出空间开发战略与规划思路具有创新性和可操作性。在国家和自治区空间规划编制仍处于实践探索阶段的背景下，推出该项研究成果，对内蒙古及相关省（自治区、直辖市）未来编制国土空间规划具有较大的参考价值和应用价值。

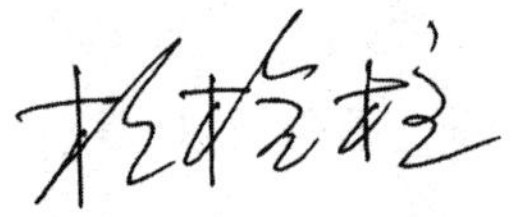

2020年6月15日

# 目　录
Contents

## 第四章 内蒙古国土空间开发的战略思路和优化方向



## 第五章 国内外空间规划经验及对内蒙古的借鉴



## 第六章 内蒙古空间规划多规合一的思路和任务



## 第七章 内蒙古空间规划的技术路径及体系



## 第八章 内蒙古空间规划保障制度的改革与创新

# 第一章　引　言

## 一、研究背景

### （一）项目提出背景

规划是对未来发展的整体把握，是对未来战略的长远思考，是国家和地方对发展蓝图的总体构想，是愿景落实落地的方案谋划，因而规划长期以来在我国经济运行、产业政策等宏观调控体系中具有不可替代的作用。而在整个国民经济和社会发展各类规划体系中，空间规划具有基础性、支撑性的作用，因为如果没有相应的空间和土地作为保障，任何美好的规划愿景和宏伟蓝图设计都将无法落地变现。

但是，长期以来，由于各级政府和各个部门都有组织编制和发布实施规划的相应权限，且各有各的法律依据、技术路径、标准体系和审批管理机制，同时规划作为各部门行政权力的载体之一，其编制和管理也涉及各部门利益，从而导致规划不衔接、不统一等问题严重，许多规划甚至存在着明显的矛盾和冲突。如在空间规划的制发和管理方面，就涉及国土部门的土地空间管理、城乡建设部门的城乡空间管理以及农业、畜牧、林业、草原、水利、交通、环保等部门的专业空间管理等。各个部门规划不衔接、不统一，导致长期以来我国空间管理混乱、空间开发无序、生态环境恶化、环境污染加重。统一规划编制和管理职能，促进多规合一，已经成为我国强化国土空间管控、促进人与自然和谐发展的必需举措。

正是基于上述背景，党的十八大以来，党中央按照“五位一体”总体布局和“四个全面”的战略布局，全面深化体制改革和机制创新，强化顶层设计和整体谋划，统筹推进各领域改革。其中深化国土空间规划体系改革，构建统一衔接的空间规划体系，提高国土空间治理能力和现代化，实现国土空间的高效利用成为深化改革的重要任务之一。为了贯彻落实中央关于以主体功能区规划为基础统筹各类空间性规划、推进多规合一的战略部署，深化规划体制改革创新，建立健全统一衔接的空间规划体系，2014 年 8 月，国家启动 28 个市县多规合一工作，2017 年 1 月又开展省级空间规划试点工作，标志着我国国土空间规划体制改革进入从中央到地方不同层面、不同阶段、不同区域的深入推进阶段。2018 年 3 月，中共中央印发《深化党和国家机构改革方案》，决定组建自然资源部，要求对自然资源开发利用和保护进行监管，建立空间规划体系并监督实施，履行全民所有各类自然资源资产所有者职责，统一调查和确权登记，建立自然资源有偿使用制度，负责测绘和地质勘查行业的管理等。至此，国家空间规划和管控体制改革迈出关键性、实质性的一步，将彻底解决空间规划“九龙治水”的管理局面，以自然资源管理部门为主的空间规划的新管理体制将全面建立。在新的管理体制要求下，深入总结多规合一、空间规划试点经验，进一步研究国土空间规划技术路径和体系，推动国土空间规划进一步落地实施将显得尤为重要。

内蒙古自治区（以下简称“内蒙古”）地处祖国北部边疆，独特的区情条件决定了其在我国总体经济社会发展战略格局中具有特殊的地位和作用。内蒙古横跨我国“三北”，东西长 2400 多公里，南北宽 1700 多公里，是我国北方地区重要的生态屏障。同时，内蒙古煤炭、金属、稀土和各种非金属矿产资源十分丰富，耕地、草原等农牧业资源充裕，既是我国重要的能源供应和保障基地、能源重化工产业集聚区，又是国家重要的粮油乳肉等农畜产品生产加工输出基地，生产和生态功能等都很重要。此外，作为少数民族集聚区和北部边疆地区，内蒙古的发展好坏不仅涉及 2500 万内蒙古人民的自身福祉，更涉及国家的安全稳定及对外开放大局。因此，实现国土空间开发和管控科学化、合理化，不仅对实现内蒙古本地美丽与发展双赢十分重要，而且对全国经济社会发展产生深远影响。但是，目前内蒙古在国土空间开发方面存在着较为严峻的生态环境脆弱、环境污染加剧、空间开发无序、人产城布局不合理、用地矛盾突出等问题，极大地影响着内蒙古经济和社会的可持续发展。虽然形成这些问题的原因有多种，但长期以来空间规划不科学、各类规划不衔接、空间规划职能多头管理是其中的重要原因。因此，在新形势下加快推进内蒙古空间规划管理体制改革和方法创新显得尤为迫切。

但是，目前内蒙古在空间规划管理改革探索方面相较于全国其他省份仍显滞后，只是在2015年2月，根据主体功能区划分，启动了准格尔旗、杭锦后旗和扎兰屯市三个县级多规合一试点工作，后续既没有深入总结推广，也没有再参与国家省级试点。因此，目前内蒙古既缺乏空间规划多规合一的基础理论知识、成熟的设计思路，又缺乏统一的技术规程和人才基础等。在基于国家试点技术路径和借鉴先进地区经验的基础上，研究探索符合内蒙古区情特点和实际需求的多规合一规划理论、方法、标准及技术路径，对促进内蒙古建立合理的空间开发格局和管控机制具有重大现实意义。

### （二）研究目的和意义

开展空间规划的多规合一，既是党中央、国务院全面深化改革的一项重大举措，也是内蒙古目前深化改革的重中之重。加快推进空间规划改革和多规合一工作，完善内蒙古国土空间规划的总体思路和技术路径，是为了更好地贯彻落实五大理念，确保以“生态优先、绿色发展”的理念协调推进内蒙古经济和社会发展，保障“两个屏障”[①] 和“北疆亮丽风景线”[②] 等建设稳步推进，实现美丽与发展双赢目标。同时，对于有效解决目前内蒙古所辖各旗县市区及各行业主管部门规划交叉重复、布局冲突、相互矛盾，国土空间管理低效、管控粗放等突出问题，优化资源配置、提高行政效能、全面建成小康社会等均具有重要促进作用，是一项既利于引导长远科学发展，又利于解决目前空间开发和管理中存在的问题，战略意义与现实意义兼备的必需举措。具体意义主要表现在以下6个方面。

#### 1. 多规合一是新时代转变发展方式、实现持续发展的要求

在我国发展进入新时代的背景下，转变传统的粗放型发展方式，以创新驱动推动产业转型升级，走集约型、节约型、创新型高效发展道路，实现高质量发展成为迫切任务。既往规划乱象折射的各种问题必须彻底解决，以多规合一为基础的规划体制改革是适应、影响和推动转变发展方式的客观需要。

---

① 景如月、贾立斌等：《内蒙古：“两个屏障”守边疆》，新华网呼和浩特2014年8月15日电。“两个屏障”指“我国北方重要的生态安全屏障”和“祖国北疆安全屏障”。

② 陈沸宇、吴勇：《守护好祖国北疆亮丽风景线》，《人民日报》，2020年5月22日12版。

2. 多规合一是解决规划诸多弊病、矛盾、不畅问题的现实需要

目前内蒙古横向、纵向、综合、专项等规划种类繁多，各个管理职能部门自成体系，以规划指导发展本身没有问题，但各种各类规划之间内容冲突、边界重叠或空白、缺乏衔接协调等问题较多，影响了规划的有效实施。多规合一将从技术上、管理上根本解决这些问题，确保规划有效落地实施。

3. 多规合一是实现国土空间集约、高效、可持续利用的需要

国土空间具有唯一性和不可再生性，规划无序导致发展无章，乱建乱占、乱拆乱挖等造成各种经济社会要素空间布局不科学、不合理，环境破坏、生态侵扰造成不可挽回的损失，挑战着生态底线和开发秩序。多规合一旨在站在空间管控和科学、合理、和谐的角度，确保国土空间可持续利用。

4. 多规合一是深化公共空间管理体制，重构良好规划体系的需要

规划所显现的诸多现实问题，造成的诸多发展问题和国土空间不节约问题已经非常严重。实现对公共管理秩序尤其是对自然空间的良好管控，是公共管理的基本和根本职责。多规合一是深化公共空间管理体制的基础性工作，也是改革重构统一衔接、功能互补、相互协调的空间规划体系的需要。

5. 多规合一是贯彻落实依法治国，实现依法执政、依规办事的要求

从中共十八届四中全会关于依法治国的决定，到“四个全面”的布局要求，都离不开对各种规章制度的制定和执行。规划乱象折射的无序发展，映射的是法治观念和法治思维缺失，关键是缺乏严肃强硬的法治保障。以多规合一为基础深化规划体制改革是强化、严肃和加强规划立法及严肃执法的要求。

6. 多规合一是推进“互联网 +”，建设数字内蒙古、智慧内蒙古的需要

以互联网、物联网、移动互联网、大数据、智慧、人工智能等为代表的新一代信息通信技术是当前及未来发展的重要方向，推进“互联网 +”政务、信息化、数字化及智慧化是内蒙古的重要战略部署。多规合一最终必须以大数据为支撑，以业务平台为

载体，实现全域空间边界的有效管控。因此推进多规合一试点工作，建设多规合一信息平台是建设数字内蒙古、智慧内蒙古的重要支撑、主要内容及核心领域。

## 二、相关研究综述

### （一）国外空间规划研究综述

#### 1. 国外空间规划思想的演进

空间规划（spatial planning）作为专有名词，首次出现在 1983 年欧洲区域规划部长级会议上通过的《欧洲区域 / 空间规划章程》中。1997 年，《欧盟空间规划制度概要》中进一步指出，空间规划是由公共部门使用的，用于影响未来活动空间分布的政策；空间规划的目的是创造一个更合理的土地利用及功能关系的地域组织，平衡发展和保护环境两个需求，实现社会和经济发展目标。但若从严格意义上来讲，空间规划的思想开始于 19 世纪末 20 世纪初的德国。德国将全国划分成若干个相互联系的区域并进行全面的空间规划；之后，英国、法国、日本、荷兰等国家才陆续开展全国性的空间规划。

在现代空间规划发展的近 100 年中，“空间规划”的内涵不断演进，不同时期的空间规划理论思想基础不同，故发展出了不同的空间规划模式。

首先，影响空间规划的是理想主义思想，即传统的乌托邦主义。该思想的典型理论产物之一，即 19 世纪末英国人埃比尼泽·霍华德（Ebenezer Howard）提出的田园城市理论。霍华德在其著作《明日的田园城市》中系统分析城市和乡村的各自优点，从人民的利益出发，提出一种兼有城乡优点又摒弃两者缺点的理想社会城市，即田园城市。田园城市的理论虽没有完全实现，但对后续空间规划的理念产生了深远的影响，例如 21 世纪以来我国提出的生态城市、城乡一体、区域协调等均是理想主义规划的传承和延续。

其次，理性主义认为逻辑推理也是发现真理的方法之一，通过系统分析可得到对事物的本质认识，从而掌握规律，并用这些规律来指导实践。由此发展出“系统规划理论”和“理性过程规划理论”，两者虽有差异，但其共性是强调对规划和土地利用深层次的探索，注重规划的“科学性”，例如将区位理论、地租理论等运用到规划中。但理性的规划不免增加了规划的前提条件和基础假设，一定程度上脱离了现实条件，所以，麦克劳林（Maclaurin）才会质疑，“规划不只是一系列理性的过程，而且在某种程度上，它不可避免地是特定的政治、经济和社会历史背景的产物”①。

与理性主义相对的人本主义于20世纪初起源于欧洲大陆，20世纪50年代后传入美国。其基本特征是更加注重人的内在意识和非理性情感，在规划过程中更加凸显人的本性、社会历史的文化价值。将重点放在人的身上后，生存环境和生活质量成为空间规划关注的重点，尤其在20世纪60年代，人们开始反思工业化城市的发展历程，人本主义地位再一次提高。简・雅各布斯（Jane Jacobs）在《美国大城市的生与死》中否定了“理想城市”设计，因为其忽视了大都市的复杂性、公众的差异性和城市的本质。

再次，生态思想，相当于人本主义思想的衍生。在工业化、城市化飞速发展，环境、资源、能源等问题不断涌现的大背景下，生态学作为研究生物和环境间相互关系的学科而受到关注。生态学是一个庞大的学科，其对空间规划最具影响的是景观生态学、生态经济学和可持续发展理论这几个分支。1992年6月，在巴西里约热内卢召开的联合国环境与发展大会通过《地球宪章》，提出“人类要生存，地球要拯救，环境与发展必须协调”的新的人类发展观，标志着人类在生态思想的指导下开始步入可持续发展时代。

最后，权威主义贯穿空间规划的发展。权威主义最初被提出时，代表的是一种介乎极权主义政治和现代民主政治之间的过渡型政治体制，表现特点是倡导公共权威与公民自由的共存和兼容。在土地私有制国家，空间规划作为对私人土地产权的约束，须通过借助具有权威性的工具来保证空间规划的落实。比如以立法的方式制定规划，或是令空间规划成为法律的“第二准则”或“准法律”，或是通过法律赋予空间规划权威性。除此之外，各国也通过赋予行政机关相应的规划权力，以使规划的制定和执行具有可靠的保障。空间规划是国家治理体系的重要组成部分，而规划的权威性则是规划实施和治理有效的根本保障。

思想的演进是空间规划发展的基础和内涵，结合每个国家的历史、经济和社会发展阶段、资源环境禀赋和文化传统，对外形成多种多样的空间规划模式。通常，将世界空间规划模式划分为地方自治（美国和澳大利亚）、国家干预（法国、日本和韩国）和适度干预（德国和英国）三种类型。但严格来说，这种划分并不十分准

① （英）J. B. 麦克劳林：《系统方法在城市和区域规划中的应用》，中国建筑工业出版社，1998年。

确。因为本地软、硬条件皆不相同，每个国家和地区的空间规划模式并非一成不变，而是随着时代主题、内外环境、政治变化而动态调整。

2. 国外空间规划技术的发展

1949 年，美国学者福格特（W. Vogt）所著《生存之路》一书中首次把人类对自然资源环境的过度开发造成的生态变化称为“生态失衡”，并明确提出区域承载力概念，以反映区域资源环境的人口与经济发展的容量。直到 1953 年美国生态学家奥德姆（Eugene P.Odum）在《生态学基础》中才赋予承载力概念较精确的数学形式。

1960—1970 年，美国麻省理工学院梅多斯指导的研究小组，引入系统动力学模型对全球的环境发展问题进行探索，模拟人口增长、工业化、粮食生产、自然资源消耗和环境污染之间的复杂反馈关系，并提出“零增长”的发展模式。后来，英国科学家马・斯莱塞（M. Sleeser）提出计算资源环境承载力的新方法——增加承载力的策略模型，该方法基于新的资源环境承载力定义，综合考量人口、资源、环境和发展之间的关系，并建立了系统动力学模型，通过模拟不同发展策略下的关系变化制订以长远发展为目标的区域发展优选方案。

空间开发适宜性评价的研究可以追溯至 20 世纪初，美国景观科学家运用手工绘图和叠加的方式完成了空间适宜性评价。20 世纪 60 年代，景观建筑师伊恩・麦克哈格（Ian Mcharg）提出土地适宜性评价方法，将地理信息系统（GIS）技术应用到土地适宜性评价中，旨在强调对土地的合理利用；1972 年，毕克（Beek）等遵循这一理念对土地质量满足某一用途的程度进行评价，并提出为农业土地利用规划服务的土地适宜性评价分类体系。1976 年，联合国粮农组织颁布《土地评价纲要》，该纳要将土地适宜性评价分为当前适宜性评价和潜在适宜性评价两个方面，是当前国际影响最为广泛的土地适宜性评价纲要。随后世界各国参照这一纲要建立各自的土地评价体系，广泛开展土地适宜性评价。

## （二）国内空间规划研究综述

1. 国内空间规划思想的演进

在国内，空间规划的发展正盛，一套完整的空间规划体系即将确立；但回溯我国的发展历程，会发现从古代起便已经有了空间规划的思想。与国外理想主义相对应的是儒家所提出的“大同”愿景。儒家学派创始人孔子曾言：“大道之行也，天下为公，选贤与能，讲信修睦。故人不独亲其亲，不独子其子，使老有所终，壮有所用，幼有所长，矜、寡、孤、独、废疾者皆有所养……是谓大同。”可以看出，理想主义的思想早已扎根于中华民族文化精神的沃土中。规划是一种合理的预期，通过实践将其转变成事实，提升整个国家和地区的发展水平，所以这个规划不仅要立足于现实，更要超越现实，只有这样才能促成有效创新；理想主义思想在“超越现实”的预期上功不可没。

此外，还有中国的人本主义思想。从自古就有的“民为邦本，本固邦宁”“仁者爱人”“民为贵，社稷次之，君为轻”等思想，影响着政治家在治国兴邦上的探索；到如今的“以人为本”，将人民的利益放在首位，充分体现对人的尊严、价值和权利的尊重和保护。以这些理念为基础，当环境问题、生态问题涌现时，才会有“科学发展”“五个理念”等发展理念的提出和确立，以“人”为前提发展、完善国家的空间规划体系。

前文所述，生态思想对国外空间规划理念影响深远，其主要表现在以下三个方面。其中的“可持续发展理论”对国内经济社会发展理念产生了极大的影响。1992年6月，联合国在里约热内卢召开的环境与发展大会，通过了以可持续发展为核心的《里约环境与发展宣言》《21世纪议程》等文件；随后，中国政府就编制了《中国21世纪议程——中国21世纪人口、环境与发展白皮书》，并首次把“可持续发展战略”纳入我国经济和社会发展的长远规划。此后，可持续发展战略成为国家空间布局规划的战略重点之一，在国家各类规划类文件中均会强调、体现可持续发展战略对决策的影响。

进入21世纪后，在国家推行的多规合一试点工作中反映出诸多矛盾和问题，其中之一是我国规划体系法制化不足，即规划的权威性不够，在一定程度上影响了规划的落实落地。

通过呼应比较国内空间规划思想与国外空间规划思想，可以看出，“空间规划”的概念相对来说是新的，但影响它的思想由来已久。戴吾三教授根据我国的特点，将其分为礼制秩序思想、因地制宜思想、功能分区思想、形式主义象征思想、集中主义思想、意识形态思想、农本思想、中庸思想、尚祖思想等。这些思想不断演化，至今仍闪耀着空间规划的光芒，影响着空间规划发展的历程。

2. 国内空间规划技术的发展

空间规划的研究对象，既是制度本身，也是城市和区域，是一个复杂的耦合系统，综合评价技术水平将直接影响规划的落实途径和实施过程中矛盾的解决思路。有学者将我国国土空间规划待破解的技术问题归纳为以下几个方面：资源环境承载能力、国土开发强度、用途管制的逻辑、管制规则及弹性以及国土空间的演变规律。

资源环境承载力是优化国土空间要素配置的基础。自 20 世纪 80 年代，承载力的概念引入国内，便掀起了大规模的以“以多少土地、粮食，养活多少人”为核心的土地资源承载力研究；土地资源承载力是我国开展最早、最为广泛的资源环境承载力研究。20 世纪 80 年代末期，伴随着经济社会的发展对水资源需求的增加，我国北方干旱地区相继出现了生态环境恶化等问题。在此背景下，以施雅风院士为代表的中国社会科学院水资源新疆课题组于 1989 年率先提出水资源承载力的概念。由此，国内广泛开展水资源承载力研究工作，特别是对北方干旱地区的研究居多。20 世纪末期，随着中国区域环境问题的不断出现，人们开始关注中国的环境问题。1991 年，在北京大学完成的《福建省湄洲湾开发区环境规划综合研究总报告》中首次提出“环境承载力”的概念，指明“环境承载力”是“在某一时期、某种状态或条件下，某地区的环境所能承受的人类活动的阈值”。后来，环境承载力逐渐成为区域规划与评价的基础。随着国内对资源环境承载力研究的深入，越来越多的国内学者注意到资源或环境单要素承载力的片面性，开始将综合评价方法引入要素承载力的研究中，研究的方法也变得精准化、数学化和模型化。此外，由于区域之间的差异，也有学者根据区域的不同，运用不同的方法进行资源环境承载力评价的测算。

我国的国土开发适宜性研究工作起步较晚。起初，国土空间适宜性评价主要服务于农林业，相关理论与评价方法尚不成熟；20 世纪 80 年代引入了国外方法，随后也形成自己的土地评价系统并迅速发展，关于国土开发适宜性评价的理论和方法研究取得不少进步并累积了丰富的经验，适宜性评价范围从农用地向非农用地转变。20 世纪 90 年代以来，随着改革开放的全面推进，建设用地的开发适宜性评价越来越广泛，技术手段和评价方法也得到飞速发展，诸如计算机应用技术、地理信息系统（GIS）与遥感（RS）技术、计量统计在国土开发适宜性评价方面得到广泛应用，适宜性评价向精确化、定量化、数字化方向发展。

近几年，在探索国土空间规划体系的进程中，开始有学者进行一系列的交叉研究。卫思夷等人利用耦合协调模型分析评判国土开发强度与资源环境承载力之间的协调发展及交互耦合的程度，研究结果表明国土开发强度与资源环境承载力之间并不存在必然的对立和制约关系，应该因势利导，实现两者之间的协调发展。刘凯等人在评价指标的基础上，运用耦合度和耦合协调度模型，定量研究 1979—2014 年中国城镇化与资源环境承载力耦合关系及其演变过程，得到的结论显示，两者之间并不是单纯的制约关系，而是存在中度失调、轻度失调和临界协调三个阶段，两者之间相互影响、相互约束。

## 三、相关概念界定

### （一）国土空间

国土空间是国家主权与主权权利管辖下的地域空间，是国民生存的场所和环境，包括陆地、陆上水域、内水、领海、领空等。从空间可提供产品的类别来分类，国土空间可以分为城镇空间、农业空间、生态空间和其他空间四类。

#### 1. 城镇空间

城镇空间以提供工业品和服务产品为主体功能，包括城镇建设空间和工矿建设空间。城镇建设空间的特点是人口多，居住集中，开发强度较高，产业结构以工业和服务业为主；工矿建设空间则是独立于城镇建成区之外的独立工矿区。

#### 2. 农业空间

农业空间以提供农产品为主体功能，主要包括农业生产空间和农村生活空间。农业生产空间以耕地为主，以园地和其他农用地等为辅：农村生活空间以农村居民点为主，以农村公共设施和公共服务用地为辅。相对于城市空间，农业空间的人口较少，居住分散，开发强度较小，产业结构以农业为主。

3. 生态空间

生态空间以提供生态产品或生态服务为主体功能。根据可提供生态产品的多寡又可将生态空间分为绿色生态空间和其他生态空间。绿色生态空间主要是指天然草地、林地、水面、湿地、内海，其中有少量是人工建设的，如人工林、水库等。其他生态空间主要是指沙地、裸地、盐碱地等自然存在的自然空间。相对农业空间，生态空间人口稀少，开发强度很小，经济规模很小，居民点形态为点状分布的数量很少的村庄。

4. 其他空间

其他空间指除以上三类空间以外的其他国土空间，包括交通设施空间、水利设施空间、特殊用地空间。交通设施空间包括铁路、公路、民用机场、港口码头、管道运输等占用的空间。水利设施空间即水利工程建设占用的空间。特殊用地空间包括居民点以外的国防、宗教等占用的空间等。

## （二）规划

对于政府来说，规划是一种公共政策，规划的过程是一种制定公共政策和公共行政的过程，它必须在一定的法律框架内进行。在我国，规划是体现国家和地方未来发展意图的蓝图，是国家和地方治理体系的重要内容。考察一个城市首先看规划，规划科学是最大的效益，规划失误是最大的浪费，规划折腾是最大的忌讳。这是从战略高度对规划重要性作出的深刻阐释。在我国，目前编制的规划门类众多，按照内容、层级可划分为不同的类别，具体见表 1–1。

**表 1-1　　我国主要规划类别**

| 分类维度 | 具体类别 |
| --- | --- |
| 按规划内容 | 发展规划、空间规划、专项规划、区域规划 |
| 按规划层级 | 国家规划、省级规划、市县规划、乡镇规划 |

省（自治区、直辖市）作为我国的一级行政区划和地方最高行政单位，其规划不仅承担着落实国家发展战略的重要任务，而且要主动融入地方区情，为下一层级制定政策体系和搭建环境，是指导下级市县政府部门行使其职能的重要依据，具有

承上启下的重要作用。我国《宪法》第99条、第107条明确规定，地方各级人民代表大会在本行政区域内，依照法律规定的权限，审查和决定地方的经济建设、文化建设和公共事业建设的计划，管理本行政区域内的经济、教育、科学、文化、卫生、体育事业、城乡建设事业和财政、民政、公安、民族事务、司法行政、计划生育等行政工作。我国《宪法》第118条、第119条也明确规定，民族自治地方的自治机关在国家计划的指导下，自主地安排和管理地方性的经济建设事业，民族自治地方的自治机关自主地管理本地方的教育、科学、文化、卫生、体育事业，保护和整理民族的文化遗产，发展和繁荣民族文化。这些规定从法律上赋予省级行政单位行使其规划的职责和权利，是其开展规划工作的重要法律依据。

### （三）空间规划

在20世纪80年代之前，“空间规划”（spatial planning）并不是一个专用的名词概念，其一般泛指与物质形体空间相关的规划设计，如外部空间（outer space）规划设计、城市空间（urban space）规划设计、城市开敞空间（open space）规划设计等。从这个意义上讲，空间规划主要是城市设计的内涵。空间规划作为一个特定含义的专用概念和名词正式出现于20世纪80年代。如1983年《欧洲区域/空间规划宪章》把空间规划定义为“经济、社会、文化和生态等政策的地理表达”；1997年《欧盟空间规划制度概要》将空间规划定义为“由公共部门使用的影响未来活动空间分布的方法”；欧洲区域间计划（INTERREG）之一的西北欧洲区域空间规划项目将空间规划定义为“通过管理领土开发和协调行业政策的空间影响，影响空间结构的行动”等。可见，空间规划的基本含义是协调空间发展、整合目标、对空间要素进行综合或专项安排的技术手段和政策方法，职能是整合各类政策的重要空间手段。

中共中央、国务院于2015年9月印发的《生态文明体制改革总体方案》指出，“空间规划是国家空间发展的指南、可持续发展的空间蓝图，是各类开发建设活动的基本依据”。从规划内容上说，空间规划是对城镇、农业和生态等国土空间的综合统筹优化，对土地、水体、林木、矿产、能源、生物等空间资源进行合理安排的战略手段；从规划性质上说，空间规划是政府公共管理部门的一种公共政策，是政府实施空间治理的手段和方法；从规划对象上来说，空间规划的对象是国土空间，其规划对象的特性具有唯一性（见图 1–1）。概括来说，空间规划是指一个国家或地区政府对所辖国土空间（包括陆域和海域）资源和布局进行的长远谋划和统筹安排，旨在实现对国土空间的有效管控及科学治理，促进发展与保护的平衡。具体来讲，国家开展空间规划的基本目标有四个。一是完善和落实主体功能区战略和制度。发挥主体功能区作为国土空间开发保护基础制度作用，推动主体功能区战略在市县层面精准落地。二是建立空间规划体系。以主体功能区规划为基础统筹各类空间性规划、推进多规合一，建立健全全国统一、相互衔接、分级管理的空间规划体系。三是健全用途管制制度。构建以空间规划为基础、以用途管制为主要手段的国土空间开发保护制度。四是提升政府管控能效。以空间治理和空间结构优化为主要内容，提升国家国土空间治理能力和效率。

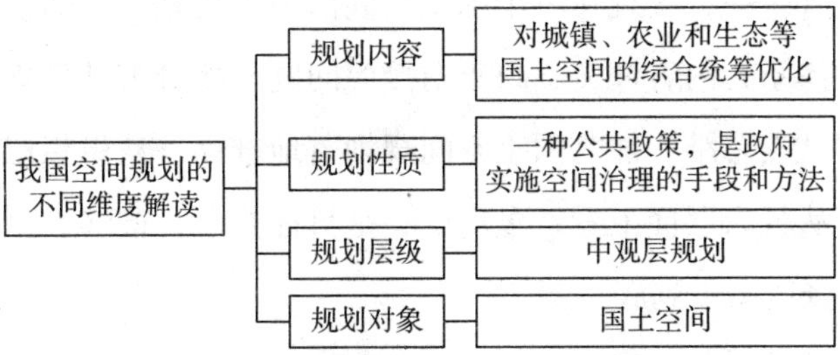


**图 1-1　我国空间规划的不同维度解读**

### （四）空间规划体系

空间规划体系是以国土空间资源的合理保护和有效利用为核心，从空间资源（土地、海洋、山川、水系、生态等）保护、空间要素统筹、空间结构优化、空间效率提升、空间权利公平等方面为突破，探索在“多规融合”模式下的规划编制、实施、管理与监督机制。具体包括编制体系、技术体系、法规体系和管理体系，分别构成规划编制与实施的依据、载体和内容。空间规划体系有助于厘清各层级政府的空间管理事权、打破部门藩篱和整合各部门空间责权、提高国土资源合理开发利用、完善生态环境保护有效监管，并助推新型城镇化有序建设和统筹跨区域重大设施投资。

按照《生态文明体制改革总体方案》，未来我国将建立统一衔接的空间规划体系。空间规划体系分为国家、省、市县三级，各级空间规划各有分工、各有侧重。其中，省级空间规划要立足于服务大局，重点在于承上启下，着重宏观管理，突出基础性功能，突出地方特色和规划体系的上下协调。如在土地利用分类、“三区三线”划定、管控要求、配套体制和法规建设等方面，是布局“棋盘”、融入地方特色，实现蓝图指引的过程，以保证省级空间规划与市县空间规划协同推进，上下联动。按照《中共中央 国务院关于建立国土空间规划体系并监督实施的若干意见》，我国国土空间规划分为国家、省、市、县、乡（镇）五级和总体规划、详细规划及专项规划三类，各级、各类规划相互协调，统筹落实。

### （五）多规合一

多规合一是指在国土空间内将城乡建设规划、土地利用规划、生态环境保护规划等多个规划融合统一，实现在一个国土空间内一本规划、一张蓝图，解决现有各个部门规划自成体系、内容冲突、缺乏衔接等问题。随着市县多规合一的深入试点和省级空间规划试点总结，加之国土空间规划落地推动，从思想层面上看，多规合一是理念方式；从行为层面上看，多规合一是目标要求，最终，要落实一个区域空间一本规划，一张蓝图干到底。

## 四、研究思路及内容

本书研究的基本思路是，立足内蒙古区位交通、自然地理、资源禀赋等方面的独特区情特点，结合国家近几年空间规划管理体制改革方面的政策、标准、技术及体制机制设计，借鉴国内外和试点省区、市县的相关经验，研究制定内蒙古空间规划及管理方面的总体思路、基本遵循、重大方向，对比梳理内蒙古现行主体功能区、国民经济和社会发展等方面的综合性规划，与土地、城乡、农牧、环保等方面专项规划的差异和矛盾，分析产生矛盾及问题的原因，提出既遵循国家统一要求又体现内蒙古特色需求的技术路径、标准方法、体系构成、运行管理机制及相应的对策措施，为优化内蒙古的国土空间开发及科学管控，既提出战略性的引导方向，又提出可操作的技术性方案和对策。

### （一）涉及的主要规划及部门

根据我国空间管理部门设置及职能划分，各级政府涉及空间规划管理职能的部门以发展改革、住建、国土、环保等为主，同时涉及空间承载要素的有农业、林业、水利、交通、工信、文物、旅游、民政、测绘等部门。涉及的相关规划以主体功能区规划、城乡规划、国土及土地利用规划、环境保护规划四类规划为主，同时涉及农业、林业、水利、交通、工信、文物、旅游、民政、测绘等部门部分空间要素落地的专项规划。在处理各项规划的关系方面，根据国家《省级空间规划试点方案》的要求，开展空间规划改革以空间性规划为主，推进多规合一，其他宏观发展类及专项类等规划，如国民经济和社会发展五年规划、产业发展规划等以协调衔接为主。

### （二）主要研究内容

空间规划体系作为一套规划编制和监督机制的集合，包括编制体系、技术体系、法规体系和管理体系。本书研究重点聚焦在内蒙古开展国土空间规划的宏观总体战略和技术方法体系，主要任务是根据国家关于国土空间规划确定的指导思想、基本原则、主要任务、技术指南等的具体要求，结合内蒙古资源环境的本底条件、空间开发的现状与问题、现行空间规划体系的差异与矛盾，针对“多规不合”的成因缘由，制定一套符合区情特点的空间开发战略，构建一套科学的技术路径、一套可量化的指标体系，通过“两个评价”，形成一套专题规划研究报告、一本规划、一个平台和一套机制，旨在用多规合一的思路完善内蒙古的空间规划体系。

## 五、研究框架与研究方法

### （一）研究框架

根据上述研究任务和目标，本书在坚持分析现状问题、借鉴先进经验、提出解决方案研究逻辑的基础上，具体分为以下九章研究内容。

第一章，引言。重点介绍本书的选题背景及意义，界定相关概念的内涵和外延，综述相关研究成果，提出本书的研究思路、研究目标、重点内容和研究方法等，为本书研究提供研究基础和逻辑主线。

第二章，规划演进历程及理论基础。重点是分阶段介绍我国国民经济和社会发展规划体系的演进历程，理解各类规划的变迁过程及相互关系。阐释并述评马克思主义的城市空间规划理论、古典及现代区位理论、人地关系理论及规划理论，为研究内蒙古的空间规划问题提供理论基础和方法论。

第三章，内蒙古国土空间本底条件及开发现状。重点研究内蒙古国土空间的本底条件及特征，分析内蒙古经济社会发展及空间开发现状，总结梳理空间开发方面存在的主要问题。

第四章，内蒙古国土空间开发的战略思路和优化方向。重点针对内蒙古国土空间的本底条件和开发中存在的问题，明确国土空间开发的总体目标、原则要求、宏观架构及功能分区等战略性问题。

第五章，国内外空间规划经验及对内蒙古的借鉴。重点总结近年来我国开展的省级和市县级空间规划多规合一的试点情况，选择有代表性的地区进行典型剖析，为内蒙古下一步开展空间规划多规合一工作提供经验借鉴。

第六章，内蒙古空间规划多规合一的思路和任务。重点总结现行的空间规划体系的矛盾及冲突表现，发现造成这些矛盾及冲突的成因缘由，提出实现多规合一的总体思路、原则要求和重点任务。

第七章，内蒙古空间规划的技术、路径及体系。重点是从技术层面提出内蒙古空间规划多规合一的规划编制、环境承载力及国土空间适宜性评价、“三区三线”划定、信息平台建设及国土空间管控等方面的技术路径和方案要点。

第八章，内蒙古空间规划保障制度的改革与创新。重点对目前内蒙古空间规划行政管理和法律法规方面存在的问题进行梳理，提出完善空间规划的相关法律法规和优化空间规划管控职能的方向和工作建议。

第九章，研究结论与建议。针对空间规划体系和资源禀赋的现状提出完善空间规划体系的建议，展望国土空间规划多规合一的社会经济价值和生态收益。

### （二）研究方法

本书主要采用以下五种研究方法。

一是文献研究法。对空间规划相关政策、基础理论、技术方法等进行文献分析研究；对内蒙古自治区规划现状体系进行分析对比，发现存在的问题及差异。

二是实地调查法。深入基层，集中调研收集基层各级组织在空间性规划落地实施中反映的突出矛盾、现实问题以及推进难点，赴空间规划试点代表性地区进行考察学习，系统学习其空间规划的研究过程、技术路径以及成果体系等。

三是案例研究法。针对空间规划试点地区的成功经验，进行研究对比借鉴，从中得出启示，以更好地指导内蒙古自治区空间规划研究。

四是定量与定性分析法。在定性分析内蒙古资源环境、社会经济发展现状基础上，主要运用定量分析方法评价内蒙古资源环境承载力和国土空间适宜性、预测人口、经济社会、用地等发展指标。

五是专家访谈法。针对完善空间规划的战略目标定位、技术路径等，邀请专家进行访谈和指导。

# 第二章　规划演进历程及理论基础

## 一、我国规划体系的演进历程

我国调控和管理国民经济与社会发展是一套十分复杂的规划体系，从类型上看有总体规划和专项规划，从时间上看有短期规划、中长期规划和年度计划，从空间上看有全国性规划、区域性规划甚至一个点上的城市规划、园区规划等。要全面了解空间规划的性质、作用和机理，必须对我国整个规划体系的演变历程有系统、全面的了解。此外，我国未来规划体系改革的方向是促进各类规划多规合一，那么为了探索多规合一的思路原则和技术路径，也必须全面、系统地了解我国各类规划的演变及其相互关系。

### （一）第一阶段（1949—1978 年）：发展起步期

1949 年，中华人民共和国成立初期有 5 亿多人口，粮食产量仅 1.13 亿吨，人口众多、生产力低下、经济基础薄弱，这是新中国经济发展的起点。中央政府用近 3 年的时间，多方面着手恢复国民经济，于 1952 年成立国家计划委员会[①]，为规划事业发展拉开序幕，也为大规模经济建设创造了基础条件。我国通过学习、借鉴苏联经验，实行高度集中的计划经济体制，在规划层面上具体表现为：国民经济计划统揽一切，计划指标具有指令性，地方五年计划附属于国家五年计划；城市规划、土地利用规划从属于五年计划，一切工农业生产和分配活动都需要按国民经济计划执行。

---

① 由于政府部门经历了多次撤并、调整、改名等，为保障阅读体验，下文中的大多部门名称仍沿用当时旧称。

国家计划委员会1953—1980年共组织编制五个国民经济五年计划。“一五”计划的编制自1951年2月正式开始，历时5年才在第一届全国人大二次会议上审议通过，颁布实施时计划涵盖时间已经过半。这一时期以规模化工业建设为主，同时发展部分集体所有制的农业生产合作社，资本主义工商业基本转变成国家资本主义。1957年，“一五”计划任务提前超额完成，五年间国内生产总值年均增长率为9.2%，工业布局不合理的局面得到初步改变。在此基础上，“二五”前期实现两位数的年均增长率（17.13%），但由于“二五”计划中部分目标任务过高、过重，国家连年财政赤字，国民经济比例严重失调，人民生活困难，“二五”后期不得不对年度计划边编制、边实施、边调整。针对“二五”时期出现的国民经济失衡，中央决定把1963—1965年作为继续调整、整顿的过渡时期，把1966—1970年作为“三五”计划的实施期。针对长期以来计划任务“重工业、轻农业”的特点，“四五”计划纲要（修正草案）中特别强调夯实农业基础，降低了计划指标，淡化了经济建设备战色彩，开始强调经济效益。

城市规划同期起步。中华人民共和国成立后，虽然大规模的城市建设尚未正式展开，但在“生产性城市”的建设方针指引下，城市规划编制和实施活动已经开启，并初步建立了城市规划和城市建设管理机构。1953年，伴随着“一五”计划启动工业化发展，工业化带动城市化发展，城市化全面引入“苏联模式”，此时全国的规划工作由建筑工程部的城市建设局领导。1954年6月，建筑工程部召开全国第一次城市建设会议，明确城市建设要为国家的社会主义工业化、为生产、为劳动人民服务，建设工作应与工业建设相适应。1955年，国务院设立城市建设总局，下设城市规划局和城市设计院；1956年，城市建设总局扩大为城市建设部，统一管理全国的城市规划和城市建设工作。截至“一五”计划结束，全国编制城市建设总体规划的城市达150多个，工业发展所需的各项市政公用设施、住宅和生活服务设施得到提高和完善，通过城市发展和城市改造，一批工业城市逐渐兴起，这对我国的产业布局和规划制度影响至今。1958年，国家建设委员会撤销，其下设的城市规划局划归国家计划委员会，同时城市建设部建筑材料工业部和建筑工程部合并为建筑工程部，即城市规划工作分属国家计委和建筑工程部主管，前者负责城市规划标准定额，编制办法和总体规划审批，后者负责城市规划的业务指导，并组织编制重点城市规划。有学者认为，这可能是后来形成多部门主导空间规划体系的源头。

在此后长达18年的时间里，国家城市规划事业实际推进工作陷入停滞，但这段时间在城市规划法制建设方面取得的成果不容忽视。主要有1962年国务院颁发的《关于编制和审批基本建设设计任务书的规定（草案）》，1972年国家计委等部门出台的《关于加强基本建设管理的几项意见》，1974年国家建委下发的《关于城市规划编制和审批意见》和《城市规划居住区用地控制指标（试行）》等。

中华人民共和国成立后，结合基本国情、土地公有制特点和土地用途管制制度，土地利用规划与城市规划相独立。这一时期，土地利用规划的管理职责隶属于农业部土地管理局。从1949年到土地改革任务完成，中国人口在4年间增加了4000余万，百姓吃饭问题压力巨大，但可用耕地面积却日益减少，如何加强土地管理和利用成为各级政府工作的重点。1954年，通过从苏联引进人才和技术，开荒建农场，并首先在农业合作社内开展土地利用规划试点工作，试点工作有效提升了生产力，一定程度上缓解了土地利用不合理、粮食生产不足的问题。这一阶段，土地利用规划类型主要有区域性、人民公社（企业）间、人民公社（企业）内三种，既有土地利用总体规划，又有土地利用详细规划，在县级以上地区开展了农业区划工作，为各类土地利用规划奠定了重要基础。1970年，农业部和林业部合并为农林部，土地利用局被撤销，行政机构被解散，土地利用规划发展陷入低谷。虽然土地利用规划的发展和实施不尽顺利，但在相关技术领域仍作出一定成绩，尤其是在土地整治和土地分类领域。颇具代表性的事件是1961年第一部城乡规划教材《城乡规划》的出版。该书由清华大学等四校编著，城乡规划设计研究院参与审查修订，在诸多方面弥补了当时土地利用技术在学术支撑上的短板。

### （二）第二阶段（1978—1997年）：调整积淀期

随着社会经济发展水平的不断提高，计划经济体制难以满足生产力和生产关系进一步发展的要求。中共十一届三中全会明确提出“改革开放”的政策，使我国经济迎来了前所未有的高速发展。农村是经济体制改革的起始点，通过实行“分田到户，自负盈亏”的家庭联产承包责任制（大包干），激发土地活力和农民劳动生产的积极性；城市则以国营企业经营权改革为主要发力点，党政企不分、以政代企等问题被逐个击破，企业自主权逐渐扩大。经过试办经济特区、进一步开放沿海城市、进一步扩大沿海开放区域、开发开放上海浦东新区和沿边、沿江及内陆省会城市的全面开放五个阶段，逐步形成了全方位、多层次、宽领域的对外开放格局。1978—1997年，国内生产总值从3678.7亿元增长至78802.9亿元，年均增长18.56%；其中第三产业产值占比从24.6%增长至35%，超过第一产业，成为国民经济总量第二大支柱。中共十一届三中全会是中国历史的转折点，也意味着规划事业进入了调整积淀期。

调整积淀期内，中国逐渐进入体制转轨、新旧体制并存的时期，经济体制格局和国民经济运行机制都发生了重大变化，国民经济与社会发展计划适时调整。"六五"计划（1981—1985年）正式更名为"国民经济和社会发展计划"，改变了以往只重视经济发展、忽视社会发展的倾向，开始强调两者的协调发展。重要举措主要包括：将社会发展和第三产业纳入考量范畴，成功推进农村经济体制改革，开始了以城市为重点的经济体制全面改革。"七五"计划（1986—1990年）提前三年开始编制，成为我国社会主义计划经济史上首个在新的五年计划刚刚起步之时就制定出台的国民经济和社会发展计划；计划内容更注重发展战略和方针政策的制定，将原本僵硬的数字化考核体系调整为更灵活的研究化、发展化体系，通过增加国内生产总值（GDP）和三次产业划分，有效加强了国民经济核算体系的构建。进入20世纪90年代以后，以邓小平同志"南方谈话"和中共十四大为标志，构建社会主义市场经济体制的目标正式确立，农村剩余生产力进一步得到解放，城市经济体制进一步改革，对外开放带来市场繁荣和经济发展。"八五"计划（1991—1995年）处在特殊的节点上，计划的战略性也与以往有所不同，从实现20世纪末战略目标的要求出发，制定经济社会的发展指标，并将计划重点调整为"突出治理经济环境、整顿经济秩序和全面深化改革"。稳健计划、扎实落实，"八五"计划时期成为推进"改革开放"最快的时期，也成为新中国成立以来经济增长速度最快、波动最小的时期，总体开放格局基本形成。

这一阶段，城市建设工作迅速恢复。1978年3月，国务院召开第三次全国城市工作会议，并在会上制定了《关于加强城市建设工作的意见》，城市规划工作重新步入正轨。此后，城市规划发展可大致分为两个阶段。第一个阶段即20世纪80年代：一是全国324个设市城市提前完成了第二轮总体规划，规划实践取得积极成果；二是1989年12月26日通过《城市规划法》，该法是我国第一部城市规划法，它总结了40年的城市规划经验，对往后近20年城市规划的制定、目的、任务、方针、原则和各项工作要求影响深远，标志着我国城市规划工作已进入法制化轨道。第二个阶段即 20 世纪 90 年代：该阶段城市规划的主要任务是适应计划经济体制逐步向商品经济体制过渡的新形势，既满足经济发展的空间需求，又缓和解决城市建设矛盾。通过近 20 年的努力，规划内容积极迭代，规划发展环境兼容并包，一套逐步完善的开放式城市规划体系正在形成，城市化率在调整发展积淀期增长了 12 个百分点。

改革开放初期，随着人民公社解体和家庭联产承包责任制的推行，不再进行以人民公社为主体的土地利用规划，转而开展县级农业区划。1982 年农业部、农垦部、国家水产总局合并设立农牧渔业部，并探索在农业区划基础上编制县级土地利用总体规划，并部署在黑龙江省集贤县、辽宁省康平县、河南省光山县和四川省眉山县（现眉山市）开展规划编制试点工作，并草拟《县级土地利用总体规划要点（讨论稿）》，推动土地利用规划发展进入新阶段。之后，国务院在农牧渔业部设置土地管理局，负责推进土地利用总体规划。

“建设用地扩张，耕地大幅减少”是伴随着中国经济发展长期存在的问题，这是任何一个国家都无法避免的。20 世纪 80 年代中期，乡镇企业崛起，工矿、乡镇建设、农村建房等建设用地需求大量增加，造成耕地大幅减少，土地、耕地被侵占、自然资源损耗、环境污染等问题日益严重。针对这些问题，国家建设部门召开了“全国农村房屋建设会议”，提出要正确处理生产和生活的关系。1984 年经国务院批准，第一次全国土地调查工作启动。1986 年 6 月第六届全国人大常委会第十六次会议审议通过《中华人民共和国土地管理法》，将编制土地利用总体规划作为各级政府的重要职责写进法律，标志着我国土地利用总体规划工作开始步入法制化、规范化、统一化的阶段。

1987 年，城乡建设环境保护部作出以集镇建设为重点的决策，对村镇进行综合规划，着力解决发展中的环境污染问题；在内容和范围上，村镇的总体规划和建设规划开始向大区域的经济、环境和社会等综合层面靠拢，初步完成法规编制和实施体系框架的构建。1993 年，国务院先后发布《村庄和集镇规划建设管理条例》和《村镇规划标准》，进一步规范土地规划发展；并通过设立村镇建设管理机构，加强对土地规划实施的指导、管理和监督，1996 年底，机构建设基本覆盖全国的省市县乡四级。可以看出，土地规划的重点任务已经从服务农业生产转向统筹协调各业开发用地和耕地保护之间的关系、协调各部门用地矛盾和化解利益冲突，规划性质从技术性的微观指导转向宏观性管控。

与发展起步期相比，国土规划在调整积淀期内实现了突破性发展。1981 年，中共中央和国务院首次明确提出加强国土整治工作的决定；同年 10 月，原国家基本建设委员会下设国土局，以领导各省（自治区、直辖市）有序开展国土规划工作[①]。起始阶段，国土规划旨在实现经济的可持续性发展，其职能是在空间有限的条件下，通过规划统筹水源、能源、交通等重大基础设施的建设，搞好环境保护和环境整治，综合发挥地区优势，使人口、生产和城镇的布局合理。1982 年 4 月，国土规划工作正式由国家计委接管，从管理层面上阐明了国土规划“经”字头的属性。1990 年国家计委完成《全国国土总体规划纲要（草案）》的编制，之后短短 3 年，全国 100% 的省、67% 的市、30% 的县均开展了国土规划编制工作，国土规划编制进展顺利。

总体来看，此阶段规划事业为适应改革开放和经济体制转变作出以下调整：一是国民经济与社会发展计划全面覆盖经济生产行业，经济核算体系逐渐完善，与世界核算体系同步；二是城市规划在目标、原则和内容上均顺应新形势发展趋势作出调整，解除农民与土地的桎梏，农村生产力快速提升，农村剩余劳动力作为一批城镇建设的新力量流入城市；三是土地规划角色转变明显，在规划体系中的角色从“技术指导”转向“协调多方关系”；四是国土规划在国土整治需求的催促下初步探索形成国土规划体系。

### （三）第三阶段（1997—2012 年）：多元发展期

从 1978 年改革开放到 20 世纪末，国家在促进经济增长、体制机制改革、文化多元发展等方面成效显著，人民积极且富有活力。1997 年 9 月，作为跨世纪承前启后的中国共产党第十五次全国代表大会在北京召开，会议提出要加快国民经济市场化进程，促进市场进一步活化。1998 年 7 月 3 日，国务院下发了《国务院关于进一步深化城镇住房制度改革加快住房建设的通知》，中国住房制度的改革从此进入新阶段，城镇建设进入高涨期，敦促规划领域加强体系建设，向着标准化和规范化方向发展，推进规划事业多元发展。

---

① 肖金成：《建设国土空间规划体系的设想》，《今日国土》，2013年12月。

1996年3月，第八届全国人民代表大会第四次会议通过了《国民经济和社会发展“九五”计划和2010年远景目标纲要》。这是我国在社会主义市场经济条件下的第一个中长期计划，也是一个跨世纪的发展规划。“九五”计划通过精简核算指标、专项规划和建设项目，将“经济体制向社会主义市场经济体制转变，增长方式向集约型经济增长方式转变”落到实处，各行业经济活力竞相迸发——1997年比预期目标提前3年实现人均国民生产总值比1980年翻两番的目标，人民生活总体水平达到小康，完成社会主义现代化建设第二步战略目标。从“十一五”开始，“国民经济和社会发展计划”更名为“国民经济和社会发展规划”，一字之差，反映我国在经济体制、发展理念、政府职能等方面的重大变革。“十一五”规划，内容更具战略性、指导性和原则性，首次将指标属性区分为预期性和约束性，并提出编制全国主体功能区规划，明确主体功能区的范围、功能定位、发展方向和区域政策的任务，再次提升市场在资源配置中的作用。“十一五”期间，综合国力大幅提升，中国经济总量跃居世界第二，经济、政治、文化、社会和生态文明建设取得显著成就。

为进一步统筹城镇化和社会主义新农村建设，2008年1月1日废止《中华人民共和国城市规划法》，并施行《中华人民共和国城乡规划法》。该法是按照城乡统筹的思路，在总结《中华人民共和国城市规划法》与《村庄和集镇规划建设管理条例》的实践经验基础上形成的。这是城乡一体化建设过程中的重要里程碑，“城市”规划被推向“城乡”规划，规划理念也从关注城市“空间变化过程”和“空间集聚过程”转移到关注城乡“空间关联过程”和“空间重组过程”，城乡统筹发展成为城乡有序化发展的前提条件和城乡发展全过程的基本模式。2011年，国务院学位委员会和教育部印发的《学位授予和人才培养学科目录（2011年）》中增加了“城乡规划学”一级学科，“城乡规划学”正式从传统的“建筑学”中独立出来，为培养城市建设人才创造了专业环境和途径。

在城镇建设过程中，对有限土地资源的争夺引发一系列诸如违法批地、土地浪费等问题，如何做到“保护与发展并重”仍是重要议题。针对该现象，中共中央、国务院印发《关于进一步加强土地管理切实保护耕地的通知》，强调“保护耕地”是开展土地规划编制、修订和实施的原则和要求。同时推行建设占用耕地补偿制度和补充耕地储备制度，多方面着手严格保护耕地和基本农田。2007年7月，开展第二次全国土地调查，摸清土地“家底儿”；2008年8月，在《全国土地利用总体规划纲要（2006—2020年）》中基本落实18亿亩耕地红线目标。截至2013年底，国家、省、市、县、乡（镇）五级土地利用规划的编制和审批工作全面完成，同时建立起全覆盖的规划数据库和信息平台，规划管理规范化、制度化和法制化取得突破性进展。

多元发展期，国土规划以2009年为转折点经历了过渡和重启两个阶段。过渡阶段，负责该规划的部门再次变动。1998年，国土规划职能由国家计委转至新设立的国土资源部（现自然资源部）。工作重点以“国土空间”为出发点，由辅助经济发展转为空间约束，着力推进国土空间整合、优化国土开发格局、提升国土空间治理能力。具体实践分为两个部分：一是组织编制各级土地、矿产和海洋资源规划，减少国土规划缺位的现状；二是积极开展国土规划试点工作。2002年以深圳市和天津市为试点，首先开始国土规划试点工作。此后，国土资源部（现自然资源部）相继在辽宁、广东、福建、重庆、河南等多地部署开展了国土规划试点工作，这一时期的试点经验成为后续多规合一和“空间规划”试点的主要参考和依据。

2009年9月，以实践经验为基础，国土资源部（现自然资源部）和国家发展改革委牵头财政部、环境保护部（现生态环境部）、住房和城乡建设部等28个部门和单位，共同开展新一轮全国国土规划纲要编制工作，这成为我国国土规划工作发展历程中的重要转折点，国土规划工作进入重启阶段。新时期国土规划工作的一项重要实践就是探索编制实施主体功能区规划。自2006年“十一五”规划中提出“编制全国主体功能区规划”，到2010年12月《全国主体功能区规划》经国务院批复实施，历经4年多的时间，国土规划从经验到理论、从局部到全体，逐渐形成一套适合中国国情的国土规划体系。

规划体系多元发展不仅涵盖现有规划在内容和体系上的变革，还包括国家规划体系上的调整。2008年，国家环保总局升格为环境保护部（现生态环境部）。该部门在成立初期从推进环境保护五年规划编制工作和探索环境功能区划及城市环境总体规划的编制技术入手，为下一阶段环境规划发展做好准备。

总体来看，这15年间，中国这个庞大的经济体已经勾勒出社会主义市场机制的基本框架，规划事业多元发展进入高密度实践期，多领域、多行业处于积攒实力、蓄势待发状态。

### （四）第四阶段（2013—2018 年）：改革整合期

改革是社会主义制度实现自我完善和良好发展的最佳途径，是解决社会矛盾并推动社会全面积极稳定发展的活力源泉。2012 年 11 月，中国共产党第十八次全国代表大会在北京召开，本次会议针对中国发展的不平衡、不协调、不可持续问题，将议题重点转向生态文明建设、城乡一体化建设、协同创新和深化经济体制改革等。2013 年 11 月，中共十八届三中全会贯彻落实党的十八大关于全面深化改革的战略部署，审议通过《中共中央关于全面深化改革若干重大问题的决定》，提出到 2020 年全面深化改革的指导思想、总体思路、主要任务、重大举措，目标是到 2020 年，在重要领域和关键环节改革上取得决定性成果，形成系统完备、科学规范、运行有效的制度体系，使各方面制度更加成熟更加稳定。这标志着我国从 1978 年开始的改革开放进入新阶段，规划事业也进入深化改革和突破发展阶段。

自"五年计划"更名为"五年规划"，发展规划的宏观把握性、指导引领性、规范系统性均逐渐加强。"十二五"规划的内容有效做到"长短结合"，既关注既有问题，妥善应对国际金融危机的后续影响，又着眼长远发展，围绕到 2020 年要全面建成小康社会的目标制定规划内容。规划中，经济工作主线作出方向上的调整，规划目标从"促进经济发展"转变为"促进经济发展方式转变"，突出了扩大内需、城镇化、节能减排和包容性增长等问题。"十三五"规划作为我国经济发展新常态下的第一个五年规划，意义特殊，职责艰巨。在国际环境不利的境况下追求发展目标难上加难，针对于此，提出"五大发展理念"，并在内容上着重突出"创新"的引擎作用，"创新发展"单独成篇，从科技创新到构建激励创新体制机制均有涉及。发展理念的转变，标志着中国经济发展由数量型增长阶段迈入质量型增长阶段，并将引发我国发展全局的深刻变革。

这一时期，我国正处于新型城镇化背景下，城镇化建设是提高国民生活水平以及国家经济水平的重要前提，所以进行城乡规划的转型成为目前我国一项基本的发展目标。2014 年出台《国家新型城镇化规划（2014—2020 年）》，明确了未来城镇化的发展路径、主要目标和战略任务，并统筹相关领域制度和政策创新。该规划成为指导全国城镇化健康发展的宏观性、战略性、基础性规划。2015 年 12 月，时隔 37 年的中央城市工作会议再次在北京召开，此次会议强调，生态文明体制下的空间规划改革、城市设计、乡村振兴等，是尊重城乡发展规律，在创新城乡关系、规划关系、理念关系等方面的变革，是以人民城市为落脚点的新征程。新型城镇化背景下城乡规划转型发展进一步加快。2017 年 4 月 11 日，《城市设计管理办法》经住建部第 33 次部常务会议审议通过，自 2017 年 6 月 1 日起施行。该办法标志着我国开始探索城市设计制度的建设，城市发展理念将再次更新。通过管理现代化和体制机制协调化，提升城市的宜居性，进一步扩充城市在各方面的承载力。

中国要强，农业必须强；中国要美，农村必须美；中国要富，农民必须富。要实现这一目标，就需把“农业、农村、农民”与“生产、生态、生活”有机统筹起来推进。这一导向基本决定了我国农村建设今后一段时间的发展方向，“协调”和“统筹”为重要关键词。突破期内，乡村规划工作有两个重点：一是全面落实“两个最严格制度”（最严格的耕地保护制度和最严格的用地节约制度），协调土地利用和生态建设之间的关系，保护和合理利用农用地；二是在新型城镇化建设的大背景下，“特色小镇”与“美丽乡村”成为乡村振兴战略的重要落脚点。2016 年，以住房和城乡建设部公布第一批中国特色小镇名单、国家发展改革委发布《关于加快美丽特色小（城）镇建设的指导意见》和住房和城乡建设部发布《关于做好 2016 年特色小镇推荐工作的通知》等为标志，乡村建设形成了一股新合力，产业兴、生态佳、生活富、民风和成为新农村建设的新标杆。可以看出，在这段时间，城乡规划呈现工作重心后移的趋势，更加注重规划传导和理念落实。

随着省级主体功能区规划编制的完成和市级主体功能区规划编制工作的开展，主体功能区规划已经成为国家生态文明制度体系的重要一环，对重建空间规划体系具有基础性作用。2012 年 11 月，党的十八大报告中提出“加快实施主体功能区战略，推动各地区严格按照主体功能定位发展，构建科学合理的城市格局、农业发展格局、生态安全格局”。为贯彻党的十八大精神，国家发展改革委于 2013 年 6 月下发《贯彻落实主体功能区战略推进主体功能区建设若干政策的意见》，旨在完善和推进主体功能区建设方面的配套政策。2013 年 11 月，党的十八届三中全会明确全面深化改革的总目标，通过了《中共中央关于全面深化改革若干重大问题的决定》（以下简称《决定》）。《决定》中明确了要建立系统完整的生态文明制度体系，坚定不移实施主体功能区制度，建立国土空间开发保护制度；通过建立健全制度体系，进一步完善生态文明制度体系内容，多方面推进主体功能区建设和生态文明体制建设；最终目标是要建立起科学的决策和责任制度、有效的执行和管理制度、内化的道德和自律制度。

2013年12月，中央城镇化工作会议第一次提出建立统一的空间规划体系。2014年8月，国家发展改革委、国土部（现自然资源部）、环保部（现生态环境部）、住房和城乡建设部联合下发《关于开展市县多规合一试点工作的通知》。2015年9月，中共中央、国务院印发《生态文明体制改革总体方案》。多规合一试点工作正积极、科学、有序、稳步推进。试点实践中出现的诸多矛盾其本质在于自然资源管理体制呈现的横向适度分离、纵向相对统一的特点，要将多规合一做到位，就需要从资源权属入手，彻底厘清其中的关系。2018年3月，根据第十三届全国人民代表大会第一次会议批准的国务院机构改革方案，住房和城乡建设部的城乡规划管理职责整合，组建形成自然资源部；自然资源部的重要职责就是统一行使全民所有自然资源资产所有者职责，统一行使所有国土空间用途管制和生态保护修复职责，着力解决自然资源所有者不到位、空间规划重叠等问题。既保证了规划的前期筹划，又保证了后期规划的落实落地和职责追查。

尤其重要的是，为了适应国内外的新环境、新形势和新要求，加快建设现代化经济体系和推动新型城镇化发展，规划体系作为国家意志和愿景的落实和工作任务的引领，厘清现有规划关系，促进规划事业规范化发展将尤为重要。此外，由于高新技术日新月异，规划编制、规划管理和规划决策的工作也将进入智能化时代，以求有效推进经济体系现代化、产业发展绿色化、城乡发展互补融合化和居住环境宜人化。为了明确各类规划的关系，2018年12月，随着《关于统一规划体系更好发挥国家发展规划战略导向作用的意见》的出台，要求建立制度健全、科学规范、运行有效的规划体制，形成以发展规划为统领，以空间规划为基础，以专项规划和区域规划为支撑，由国家、省、市县各级规划共同组成，定位准确、边界清晰、功能互补、统一衔接的国家规划体系。通过统一的国家规划体系，建立空间规划体系并监督实施，强化国土空间规划对各专项规划的指导约束作用，推进多规合一，实现土地利用规划、城乡规划等有机融合，为创新和完善宏观调控、推进国家治理体系和治理能力现代化、建设社会主义现代化强国提供有力支撑。

总之，纵观我国规划发展历程，各个阶段取得的成果越来越丰硕，但所需时间却越来越短：发展起步期为30年，调整积淀期为20年，多元发展期为15年，改革整合期为5年。在经历改革探索、多轮试点后，快速整合构建以规范发展为基础的规划体系，充分发挥规划的龙头引领作用，强化空间规划在空间开发保护方面的基础和平台功能，是实现高质量发展的重要手段。通过建立空间规划体系，完善新时代有中国特色的国土空间开发保护制度，促进经济、社会、文化、生态各项建设在不同地域空间的综合协调，协调不同地域发展与人口、资源、环境的相互关系，把国家建设成全国人民共享的富裕、和谐、文明、安全、宜居的美丽家园，是实现"两个一百年"奋斗目标和中华民族伟大复兴中国梦的必然要求。同时，可以预计，我国的规划事业也会随着经济社会不断发展和改革的不断深化继续规范和完善。

## 二、国土空间规划的理论基础

国土空间规划直接服务于空间治理。如何将有关思想观念、规律认识、价值观点落实到规划实践，是空间规划理论必须回答的问题。本书重点选取马克思主义城市空间理论、人地关系论和规划论等几个方面的理论来阐释空间规划。

### （一）马克思主义城市空间理论

伴随着西方社会科学的空间转向（从时间到空间），对马克思主义空间思想的研究开始升温，大卫·哈维（David Harvey）、亨利·列斐伏尔（Henri Lefebvre）和曼纽尔·卡斯特（Mamuel Castells）被誉为马克思主义城市空间理论的三剑客。中国学者郑柏青认为"转向"的形成一定程度上是现代地理学与西方马克思主义理论相结合的产物。

从古代开始，地理空间现象的分异、结构、排布乃至背景，一直是空间研究的中心课题，因为地球表面上的一切地理现象、地理时间、地理效应以及过程等，都发生在以地理空间为背景的基础之上。列斐伏尔的《空间生产》是当代系统论述"空间"的巨著，是关于人类空间的历史、社会重要性和空间想象的杰作，他提出了"空间三元辩证法"："空间实践""空间表征"和"表征空间"，空间研究必须涵盖物质、精神和社会这三个维度。他通过区分自然空间和绝对空间，认为自然空间是社会过程的源头并且不会完全消亡，但现在主宰人类生活的却是社会空间。他进而提出一种关于空间的社会生产理论，即空间在根本上是依靠并通过人类的行为生产出来的。他指出，每个社会都生产自己的空间；反过来，空间也暗示对社会关系的容纳和掩盖。他使辩证唯物主义的基础由时间变为空间，使马克思的社会分析批判空间化，并开创了当代新马克思主义空间地理学派。

“空间及其生产”也始终是大卫·哈维关注的核心问题，作为当代西方有影响力的马克思主义学者，哈维发现了马克思主义经典著作《共产党宣言》中的空间思想，将其视为资本积累的地理学，以“不平衡地理发展”批判资本主义空间生产。大卫·哈维的另一个重要理论是“时空压缩”，试图将时空并置，使时间空间化。由于人们跨越空间上的时间急剧缩短，空间收缩成为“地球村”。马克思主义始终是哈维空间分析的方法论基础，他认为时间和空间的客观性在各种情况下都是由社会再生产的物质实践活动所赋予的，他将“空间”及“空间生产”作为一个积极的因素整合到历史唯物主义中，将历史唯物主义上升到“历史—地理唯物主义”。

哈维的空间生产理论也为我国空间规划改革提供了有益的理论启示。如何在我国空间中谋求空间正义，构建人类和谐与生态文明的空间，是摆在我们面前的重要课题。从我国发展现实来看，我国正处在以空间资本化为特征的空间矛盾的凸显期，建构中国特色社会主义新时期的空间体系是一项全新的伟大实践。时代呼唤对当代我国空间发展进行马克思主义的反思，而哈维的空间生产理论无疑给我们提供了一种很好的思路。

### （二）国土空间布局理论[①]

关于国土空间区位的理论很多，比较有影响的包括古典区位理论、现代区位理论、空间开发理论、城市土地利用布局模式理论等。

#### 1. 古典区位理论

古典区位理论可以追溯到19世纪初，德国经济学家杜能（1823年）探索因地租不同而引起的农业分带现象，创立了农业区位论。后来德国经济学家韦伯（1909年）的工业区位论、德国地理学家克里斯塔勒（1933年）等的中心地理论和市场区位论相继出现了。其中农业区位论的提出者杜能在《孤立国》一书中指出，将影响农业区

① 本节内容出自董祚继、吴次芳、叶艳妹、杨昔著《“多规合一”的理论与实践》，经课题研究人员整理、归纳、缩减、梳理以阐述经典的国土空间布局理论和理论的演变过程。

位的复杂条件加以简化，只考察市场距离的作用，指出距离城市远近的地租差异即区位地租，是决定农业土地利用方式的关键因素，由此证明了城市的周围将形成某一圈层以某种农业为主的同心圆结构，由里到外依次为自由式农业、林业、轮作式农业、谷草式农业、三圃式工业、畜牧业，畜牧业圈之外，则为无人利用的荒地。工业区位论的提出者韦伯在其著作《工业区位论》中分三阶段构建了工业区位论的框架：运费、劳动运费、集聚与分散因子的存在，会影响工业区位格局的偏移。但这一理论没有考虑技术因素和劳动力素质在工业布局中的重要作用。中心地理论将区位理论扩展到聚落分布和市场研究，认为组织物质生产和流通的最有效空间结构，是一个以城镇为中心地、由多级市场区组成的网络体系。城镇是区域的中心地，不同等级中心地的地位与作用不同，不同等级中心地在外形上相互衔接。

2. 现代区位理论

第二次世界大战以后，现代区位理论学派结合国家范围和区域范围的经济条件、自然条件、技术条件等进行更为具体的分析，其中较有影响的有社会区位学派和政治区位学派。社会区位学派基于人的非完全理性，认为热门的土地利用行为和区位决策从来都没有使自己的利益最大化，同时最佳效用和最优经济效益也不是土地利用决策的唯一动因。其代表性理论为决策分析模型和土地利用互动理论。政治区位学派运用政治经济学的理论和方法来揭示土地利用的内在动力机制，解释土地利用的空间模式受制于特定的政治经济结构和社会生产复杂方式，通过这种方式来把握和揭示深藏在背后的内在动力机制和演变规律。

3. 空间开发理论

空间开发理论是将区位选择、区域经济等理论应用于国土空间和地区开发所形成的理论，按照从小到大的尺度主要有边缘效应、据点式开发、点—轴开发等。边缘效应源于生态学，是指在不同性质的生态系统的交错区域中，由于生境条件的特殊性、异质性和不稳定性，导致系统某些组分及行为（如种群密度、生产力）等出现较大变化的现象。空间开发治理中，应充分利用边缘效应，做大其对人类之利而降低其对人类之弊。如在干旱半干旱地区加强退耕还林还草，在平原地区尽可能保护天然湿地等。划定城市开发边界、永久基本农田红线和生态保护红线，也不失为利用边缘效应的有效举措。据点式开发，即在一个地区中，首先选择具备条件的一个或数个“点”，在资金、土地、人才等方面重点支持，加快形成区域发展的中心城镇，强化集聚优势，发挥增长极作用，逐步带动周边地区的发展。点—轴开发理论是增长极理论的拓展，强调将“点”和“轴”两个空间要素相结合。点即增长极，轴即交通干线，其中心思想是建立连接各种中心地理的重要交通干线等，形成有利区位，促使人口和产业向交通干线聚集，形成新的增长极。

#### 4. 城市土地利用布局模式理论

城市土地由于功能相似，且扩张的动力机制基本一致，因此不仅土地利用结构有相对固定的比例关系，土地利用空间布局也呈现明显的规律性。城市土地利用布局理论，可以归结为同心圆、扇形和多核心三大模式。同心圆模式是伯吉斯（1923年）在分析芝加哥土地利用空间结构的基础上提出的。城市空间结构以中心区为核心，由内至外出现 5 种不同土地用途，形成有规则的圈层结构。5 个环带依次是中央商务区、过渡区、工人居住区、高端住宅区、通勤人士住宅区。扇形模式由霍伊特（1939 年）根据对美国 64 个中小城市及纽约、芝加哥等著名城市的居住分析提出，各类居住用地趋向于沿主要交通线路和自然障碍物最少的方向呈扇形向外扩展。多核心模式由哈里斯和乌尔曼（1945 年）根据对美国多数大城市土地利用活动的研究提出，认为城市土地利用因城市活动的不同而呈多核心分布，如中央商务区、住宅区、绿地、仓库等。

### （三）人地关系理论

人地关系理论是对人与地理空间相互作用的基本过程与方式的理论探讨，比地理空间论又递进了一步，涉及人与自然环境的作用。其价值取向直接影响到空间规划体系的内容要素与时空范畴，表达了人地相互作用的模式与进程。

在人类发展的不同阶段，人类主观世界对客观世界的认知观点在不断改进，西方“人地关系”基本理论，如表 2-1 所示。从理论上看，除了中国古代关于“天地人神”一体人地观外，西方关于人地关系的理论观点主要有地理环境决定论、地理环境可能论、地理环境适应论、文化景观论和人地共生论。

表 2-1　　西方“人地关系”基本理论

| 主要理论 | 地理环境决定论 | 地理环境可能论 | 地理环境适应论 | 文化景观论 | 人地共生论 |
|---|---|---|---|---|---|
| 主要观点 | 人类的自身特征、民族特征、社会组织受自然影响和气候支配 | 自然环境仅提供可能机会，人类具有选择自由，人是积极力量，不能用环境控制解释人生，环境提供选择可能 | 自然与人类之间存在相互作用关系，自然对人类有限制，同时人类对自然应改造利用 | 文化景观是地面上可以感受的人文现象形态，应研究人类及其经济文化景观 | 人类对自然的开发利用必须谨慎，以保持自然的和谐与平衡 |
| 代表人物 | （希腊）柏拉图、亚里士多德<br>（德）拉采尔<br>（美）亨廷顿 | （法）P. 维达尔<br>（法）J. 白吕纳 | （英）P.M. 罗世培<br>（美）H.H. 巴罗斯 | （德）拉采尔<br>（美）C.O. 索尔 | （德）G.P. 马什<br>（英）R.J. 本耐特 |

人地关系理论泛指人类活动与地理环境的相互关系，是人文地理学重要的基础理论和中心课题。人地关系是人类起源就存在的客观存在。随着人类发展到现代社会，由于工业化和城镇化的发展，人类对自然的开发利用和改造的规模、范围和速度都在不断增加，与此同时，地理环境对人类社会经济发展的影响也越来越大，导致全球性的人口、资源、环境、生态、国土、经济、社会关系的严重不协调，人地关系处于对抗之中。19 世纪后期，德国学者洪堡（Humboldt）、李特尔（Ritter）是研究人地关系的先驱，他们把自然现象与人文现象结合在一起研究。

人地关系视角下的空间规划问题，我国相关学者认为“协调”是人与自然并存和发展的唯一合理途径，并且规划目标和价值取向要服从于生态和社会目标。实际上，空间规划对人地关系地域系统的调控，本质上是对“人居环境”塑造从宏观到微观的渐进推进。在我国，传统的以“国土规划—区域规划—城乡规划”为核心的空间规划体系中，都包含着对自然与人类的直接和间接的协调，这就为空间规划体系的改革提供了价值基础和逻辑动力。在空间规划体系研究中除了人与地的关系之外，还存在着人与人的关系，这实际上是人与地关系在时空和社会层面上的延伸。人与人之间关系实际上就是人们的规划活动与规划、规划体系之间的关系，而人的规划活动本质上是人与地之间关系的互动。综合起来，空间规划体系的研究涉及直接的人地关系，也涉及间接的人地关系。人地关系理论价值视角的时代转移，也成为系统化分析空间规划体系范畴与价值的理论基础。

### （四）规划理论

规划理论较之于地理空间理论和人地关系理论，更加贴近于对实践和空间过程的干预，是对空间发展运行的基本选择与预测，以及这种预测与选择的模式。关于“规划”的本质含义，一直存在着巨大的争论。由于规划是一项综合性的应用实践活动，对于“规划”核心命题的争论也成为“规划专业”领域里讨论的焦点，特别是在空间快速变迁和转型的背景下，讨论更趋激烈，并且集中在“规划的核心领域是什么”这一根本命题上。

关于规划核心的争论主要有以下几种不同的观点。一是认为规划学科特定的核心研究领域根本就不存在，甚至认为目前没有必要去界定一个明确的研究对象，应该把解决城乡与国土空间发展中的实际问题作为首要任务。二是坚持规划学科应当像其他具有独立研究领域的学科一样，形成自己的研究领域。三是把规划当作一项重要的公共政策和公共服务，并且规划的本质内容和含义，以及公众的利益在不同的发展阶段和不同的发展目标下是不同的。四是认为规划学科的发展方向应该重新回归，并立足空间这个本质。立足空间这个本质的规划学科需要对周边本学科的空间属性进行挖掘，将空间的多重属性与相关学科的空间化指导意义相融合。因此，与空间相关的交叉领域成为规划学科亟待解决的拓展方向。同时，规划必须与传统的物质空间概念相区别，必须试图建立规划行动和空间文脉在政策和场所之间的一种新的平衡。

另外，也有学者对规划的合法性问题进行探讨。孙施文在2007年出版的《现代城市规划理论》中，从经济领域、实践领域和知识领域进行了分析。在经济领域，规划是保障市场运行长期有效的一种机制。在实践领域，无论是发展规划为主体的英国体系、以区划法规为主体的美国体系，还是二者结合起来的欧洲大陆体系，规划的合法性都在于对社会公共利益所提供的保证。在知识领域，西方对于规划的合法性依据人类社会的发展有不同认识，即规划遵循对空间规律的把握而实现和遵循人的理性和主观意志而实现。

实际上，快速城镇化时期空间急剧变化与规划调控手段之间的错位，造成了人们对规划本质、规划合法性和规划有效性的极大质疑。20世纪80年代以后，随着城镇化、工业化等进程的大规模推进，人们较之以前须处理更多的人地关系问题，而主导这些建设的基本工具就是“规划”“规划活动”等。在快速发展进程中，由于价值定位无法适应空间的内在需求，必然造成把“规划”作为一种“虚假前提”的定位而强加于空间。但是，一旦出现悲剧性后果，必定随之引发人们对“规划”本质的普遍质疑，“规划”受到的指责体现的是一种“人地矛盾”。

### （五）各类空间规划理论述评

综上所述，现代空间规划产生 100 多年来，理论上深受世界思潮的影响。较早出现并对现代规划的产生具有深刻影响的思潮，是建立在乌托邦传统基础之上的理想主义，其代表是英国人埃比尼泽・霍华德 1898 年提出的“田园城市”。即一种兼有城市和乡村优点而又摒弃二者缺点的理想社会城市。“田园城市”理念虽然由于资本主义制度固有矛盾而无法实现，但试图通过理想空间的塑造营造理想人居环境的信念却被一代又一代规划师承继。与理想主义带有某种乌托邦“空想”成分不同，建立在近代自然科学基础之上的理性主义，对现代规划的发展更具有决定性作用。理性主义者从自然科学领域所取得的巨大成就中相信，任何关于事物的规律通过不懈探索最终都能被揭示出来。理性主义规划的典型代表是系统规划理论和理性过程规划理论，二者在 20 世纪 60 年代同时出现并非偶然——它们都是崇尚科学理性的现代主义的产物。但规划思想并未就此终结。过分强调技术理性而忽视人文精神、强调科学过程而忽视政治过程，并不能适应全部规划实践的需要，加之人的“智识”不足，规划实践中失败的例子屡见不鲜，从而加剧了人们对理性规划的不信任。与理性主义相对立的哲学思想是人本主义。20 世纪中后叶，在对工业化城市的反思中，以关注人的生存环境和生活质量为中心的人本主义规划受到重视，简・雅各布斯的《美国大城市的生与死》和刘易斯・芒福德（Lewis Mumford）的《城市发展史——起源、演变和前景》是其代表性著作。前者批评乌托邦式规划否定了复杂多样的都市文化，机械的功能分区抑制了城市的多样性与活力；后者强调城市的本质在于文化，通过文化的吸引、融合、储存和传播而不断丰富人性，促进人的全面发展。人本主义逐渐成为当代空间规划的核心思想。此外，西方马克思主义、生态思想、权威主义、实用主义等对当代规划也有重要影响。

后现代社会各种思潮的交汇、激荡，推动空间规划理论不断发展，各种流派林立、学说纷呈，出现了类似“管理理论丛林”的“规划理论丛林”现象。总体上看，过去那种能够主宰一切的规划准则和规划教条不复存在，多元性和差异性已成为当代规划文化的主流；规划观念已由机械理性观转到注重社会文化，包含理性与非理性的多元规划观；规划视角已由专注物质环境转向关注社会、经济、生态、环境、人文等多因素、多方面；规划主题已由经济发展、城市建设转向产权保护、社会公正、包容性发展、可持续发展、全球化、信息化等；规划方法已由蓝图设计、分区控制转向战略分析、情景模拟、社会分析、利益协调和过程控制的综合运用；规划学科已由建筑学分支转到与管理学、经济学、政治学、地理学、社会学、生态学等学科相互借鉴、相互渗透。

本书重点介绍的上述理论是空间规划理论演进中具有代表性的观点，承载着空间研究、空间规划等方面的理论实践，将作为本书研究的理论依据和方法指导。其中新马克思主义地理空间论是空间规划体系立论的基础；人地关系理论是探讨人地作用模式下空间规划体系定位的基础，亦即将空间规划体系当作一种重要的人地关系作用范式；规划论是界定空间规划体系中空间规划“元”基本属性的重要理论。空间布局演化理论中的区位理论、空间开发理论以及城市空间布局利用模式对空间规划中如何划定“三区三线”[①]以及划分三类空间，具有重要启示意义。结合不同的地区区情及空间资源分布，尊重土地的自身规律和动力机制，可以侧重某一种理论或结合几种理论，选择较优路径。

① “三区三线”的表述，在《关于建立国土空间规划体系并监督实施的若干意见》中和《省级空间规划试点方案》中有出入，本书默认两者均可。

# 第三章　内蒙古国土空间本底条件及开发现状

## 一、内蒙古国土空间本底条件概述

### （一）地理区位及行政区划

内蒙古自治区位于我国正北方，范围介于北纬 37°24′ 至 53°23′，东经 97°12′ 至 126°04′，东西直线距离 2400 多公里，南北跨度 1700 多公里，横穿 29 个经度，纵跨 16 个纬度，土地总面积为 118.3 万平方公里，占全国土地总面积的 12.3%。北部与蒙古国、俄罗斯接壤，国境线长 4221 公里，是我国北部边疆省份。对内横跨东北、华北、西北三大区域，分别与黑、吉、辽、冀、晋、陕、宁、甘 8 省区毗邻。广袤的国土空间和承东启西、北开南联、连通内外的独特区位条件，使内蒙古在我国的区域经济格局、内外开放协作、交通通道联结、生态安全屏障、边疆安全稳定、国防军事安排等各个方面均具有不可替代的地位和作用。

内蒙古自治区现行政下辖 12 个地市级行政区划单位，包括 9 个地级市、3 个盟，即呼伦贝尔市、通辽市、赤峰市、乌兰察布市、呼和浩特市、乌海市、包头市、鄂尔多斯市、巴彦淖尔市、阿拉善盟、兴安盟、锡林郭勒盟。另外有满洲里市、二连浩特市 2 个自治区级计划单列市。全区合计有 103 个县级行政区划单位，其中包括 49 个旗、17 个县、11 个县级市、22 个市辖区、3 个自治区旗（见表 3–1）。

表 3-1 内蒙古自治区县级行政单位

| 盟市 | 所属县级行政单位 | 合计 |
|---|---|---|
| 呼和浩特市 | 回民区、新城区、玉泉区 赛罕区、土默特左旗、托克托县、和林格尔县、武川县、清水河县 | 4 市辖区、1 旗、4 县 |
| 包头市 | 昆都仑区、东河区、青山区、石拐区、白云鄂博矿区、九原区、土默特右旗、固阳县、达尔罕茂明安联合旗 | 5 市辖区、2 旗、1 县、1 矿区 |
| 乌海市 | 海勃湾区、海南区、乌达区 | 3 市辖区 |
| 赤峰市 | 红山区、元宝山区、松山区、阿鲁科尔沁旗、巴林左旗、巴林右旗、林西县、克什克腾旗、翁牛特旗、喀喇沁旗、宁城县、敖汉旗 | 3 市辖区、7 旗、2 县 |
| 呼伦贝尔市 | 海拉尔区、满洲里市、扎赉诺尔区、牙克石市、扎兰屯市、额尔古纳市、根河市、阿荣旗、鄂伦春自治旗、莫力达瓦达斡尔族自治旗、鄂温克族自治旗、陈巴尔虎旗、新巴尔虎左旗、新巴尔虎右旗 | 2 市辖区、5 县级市、3 自治旗、4 旗，其中满洲里市为计划单列市 |
| 兴安盟 | 乌兰浩特市、阿尔山市、科尔沁右翼前旗、科尔沁右翼中旗、扎赉特旗、突泉县 | 2 县级市、3 旗、1 县 |
| 通辽市 | 科尔沁区、霍林郭勒市、科尔沁左翼中旗、科尔沁左翼后旗、开鲁县、库伦旗、奈曼旗、扎鲁特旗 | 1 市辖区、1 县级市、5 旗、1 县 |
| 锡林郭勒盟 | 锡林浩特市、二连浩特市、阿巴嘎旗、苏尼特左旗、苏尼特右旗、东乌珠穆沁旗、西乌珠穆沁旗、太仆寺旗、镶黄旗、正镶白旗、正蓝旗、多伦县 | 2 县级市、9 旗、1 县，其中二连浩特市为计划单列市 |
| 乌兰察布市 | 集宁区、丰镇市、卓资县、化德县、商都县、兴和县、凉城县、察哈尔右翼前旗、察哈尔右翼中旗、察哈尔右翼后旗、四子王旗 | 1 市辖区、1 县级市、4 旗、5 县 |
| 鄂尔多斯市 | 康巴什区、东胜区、达拉特旗、准格尔旗、鄂托克前旗、鄂托克旗、杭锦旗、乌审旗、伊金霍洛旗 | 2 市辖区、7 旗 |
| 巴彦淖尔市 | 临河区、五原县、磴口县、乌拉特前旗、乌拉特中旗、乌拉特后旗、杭锦后旗 | 1 市辖区、4 旗、2 县 |
| 阿拉善盟 | 阿拉善左旗、阿拉善右旗、额济纳旗 | 3 旗 |

## （二）地形地貌及土地类型

内蒙古地域东西狭长，呈带状分布，地形地貌复杂，内部结构差异明显，属亚洲中部蒙古高原的东南部及其周沿地带，即内蒙古高原。地形以高原为主，大多数地区海拔在 1000 米以上。区内地势西高东低、南高北低，由西向东北缓缓倾斜。自东北向西南走向的大兴安岭、东西走向的阴山、南北走向的贺兰山等山脉构成内蒙古高原的“脊梁”，也是内蒙古农业区和牧业区的天然分界线。山脉空间分隔总体上将内蒙古分为五类地形区，即北部高原区、中部山地丘陵带、大兴安岭岭东丘陵平原区、阴山南麓河套—土默川平原区及鄂尔多斯高原区，呈现高原—山地—平原带状分布及山地、丘陵、平原相间分布的地貌结构。随着由东向西降水量逐步减少，气候条件也依次由湿润、半湿润逐步向半干旱、干旱过渡，生态景观总体上也呈现由森林到草原到荒漠再到戈壁的规律性分布。呼伦贝尔、科尔沁、乌珠穆沁、浑善达克、毛乌素五大沙地由东向西分布。巴丹吉林、腾格里、乌兰布和、库布齐和巴音温都尔五大沙漠分布在西部盟市。

## （三）气候特点及自然灾害

内蒙古深居亚洲大陆腹地，来自海洋的暖湿气流难以深入，大部分地区属于温带干旱大陆性季风气候，依次跨越寒温带、中温带和暖温带。具有降水量少而不均、寒暑变化剧烈的特点，春季气温骤升，夏季短暂温热，秋季温度剧降，冬季漫长严寒。年均气温为 -4.4℃ ~ 9.8℃，无霜期 60 ~ 160 天。其中 1 月最冷，月平均气温由南向北从零下 10℃递减到零下 32℃；最热在 7 月，月平均气温在 16℃ ~ 27℃，最高气温为 36℃ ~ 43℃。降水量受地形和海洋远近的影响，自东向西由 500 多毫米递减为 50 毫米左右。蒸发量则相反，自西向东由 3000 毫米递减到 1000 毫米左右。晴天多，阴天少，日照时数普遍都在 2700 小时以上，长时达 3400 小时。冬春季多风，年平均风速在 3 米 / 秒以上，蕴藏着丰富的光热、风能资源，为全国风能最丰富的地区之一。

全区地形地貌和气候植被特点使内蒙古自然灾害的发生频率较高、灾害种类较多，且区域性、季节性特征突出，灾害共生性和伴生性显著。其中干旱是常见和多发的灾害，并在一定程度和范围上起主导作用，旱灾之中往往伴随着虫害、霜害、风灾等灾害发生；风、雪灾害强度大，危害剧烈，破坏性强；风蚀沙化、水土流失、土壤盐渍化直接引起土壤墒情下降，土壤生产力降低或完全丧失；除此之外，洪灾、地震等灾害也偶有发生。总体来看，自然灾害分布特点可总结为：东南水，西北雪，中东部霜涝，西部旱。

## （四）河流水系及水资源

内蒙古境内共有大小河流千余条，分属松花江、辽河、海河、黄河等水系，全区按自然条件和水系的不同，分为大兴安岭西麓黑龙江水系地区，呼伦贝尔高平原内陆水系地区，大兴安岭东麓山地丘陵嫩江水系地区，西辽河平原辽河水系地区，阴山北麓内蒙古高平原内陆水系地区，阴山山地、海河、滦河水系地区，阴山南麓河套平原黄河水系地区，鄂尔多斯高平原水系地区，西部荒漠内陆水系地区。全区流域面积在1000平方公里以上的河流有107条，流域面积大于300平方公里的有258条，有近千个大小湖泊。全区地表水资源量为406.60亿立方米，与地表水不重复的地下水资源量为139.35亿立方米，水资源总量为545.95亿立方米，占全国水资源总量的1.92%。另外黄河分水可利用量为58.6亿立方米，黑河分水量为8亿立方米。全区多年平均水资源可利用量为285亿立方米，其中地表水量为170亿立方米，地下水量为115亿立方米。年人均占有水量为2200立方米，耕地每公顷平均占有水量为0.76万立方米，平均产水模数为4.61万立方米/平方公里。内蒙古水资源在地区、时程的分布上很不均匀，且与人口和耕地分布不相适应。东部地区黑龙江流域土地面积占全区的27%，耕地面积占全区的20%，人口占全区的18%，而水资源总量占全区的67%，人均占有水资源量为全区均值的3.6倍。中西部地区的西辽河、海滦河、黄河3个流域总面积占全区的26%，耕地占全区的30%，人口占全区的66%，但水资源仅占全区的24%，大部分地区水资源紧缺（见表3–2）。

**表3-2　内蒙古各盟市水资源情况**　单位：万立方米

| 地区 | 地表水资源量 | | 地下水资源量（m ≤ 2g/l） | 地下水可开采量 | 水资源总量（m ≤ 2g/l） | 多年平均水资源可利用量 | 重复计算量（m ≤ 2g/l） |
|---|---|---|---|---|---|---|---|
| | 地表水多年平均径流量 | 地表水可利用量 | | | | | |
| 呼和浩特市 | 47877 | 21984 | 97313.6 | 60086.41 | 118779.17 | 76525.41 | 26411.43 |
| 包头市 | 21320 | 10308 | 61306.85 | 51205.66 | 72619.65 | 61364.66 | 10007.20 |
| 乌海市 | 1228 | 86 | 5548.30 | 5045.19 | 2722.05 | 5131.19 | 4054.26 |
| 赤峰市 | 259125 | 159901 | 218563.60 | 133902.36 | 389788.31 | 286518.36 | 87900.29 |
| 通辽市 | 79901 | 43729 | 353083.07 | 279615.28 | 374688.63 | 294008.28 | 58295.44 |
| 呼伦贝尔市 | 2981887 | 1092426 | 753616.81 | 124271.45 | 3161895.46 | 1215986.45 | 573608.35 |
| 兴安盟 | 396710 | 269280 | 159184.69 | 103294.64 | 494960.77 | 369300.64 | 60933.93 |
| 锡林郭勒盟 | 73885 | 39853 | 287584.88 | 163449.62 | 317700.61 | 196984.62 | 43769.28 |
| 乌兰察布市 | 69440 | 35914 | 81918.88 | 61295.14 | 129049.9 | 95051.42 | 22308.98 |
| 鄂尔多斯市 | 112026 | 16633 | 205487.79 | 122222.19 | 292260.78 | 138855.19 | 25253.01 |
| 巴彦淖尔市 | 18948 | 9389 | 91527.17* | 72099.31 | 71803.49* | 81299.31 | 38671.68 |
| 阿拉善盟 | 3690 | 0 | 47058.71 | 30435.44 | 33256.09 | 29191.44 | 17492.62 |
| 全区总计 | 4066037 | 1699503 | 2362194.35 | 1206922.69 | 5459524.91 | 2850216.97 | 968706.47 |

注：* 其中包含黄河分水可利用量58.6亿立方米，黑河分水量8亿立方米。

## （五）动植物资源及植被类型

内蒙古生物多样性十分丰富，植物主要有种子植物、蕨类植物、苔藓植物、菌类植物、地衣植物等。目前搜集到的种子植物和蕨类植物共2351种，其中野生植物2167种，引种栽培的有184种。这些植物分属于33科、720属，其中被列为国家保护的珍稀野生植物有24种。内蒙古还有丰富的森林草原植物草甸、沼泽及水生植物，其中草原共有维管束植物1668种，隶属于121科、504属。内蒙古的野生植物按经济用途可分为十几类，其中纤维植物有樟子松、落叶松、甜杨、荨麻、大叶草、芦苇、蒲、沙柳、红柳等70多种，中草药有人参、天麻、麻黄、肉苁蓉、柴胡、甘草、黄芪、枸杞、黄芩、赤芍、杏仁等500多种。全区野生动物有兽类24科114种，占全国兽类种类的25.3%，鸟类51科365种，占全国鸟类种类的31%，其中被列入国家一、二、三类保护的兽类和鸟类共49种。兽类主要有驼鹿、马鹿、驯鹿、野驴、野马、野骆驼、梅花鹿、兔狲、貂熊、猞猁、麝、雪豹、盘羊、黄羊、青羊、狍子、獐子、黑熊、雪兔、虎、野猪、赤狐、水獭、北山羊、岩羊等，鸟类有丹顶鹤、白鹤、白鹳、黑鹳、大天鹅、金雕、玉带海雕、大鸨、中华秋沙鸭、红嘴松鸡、兰马鸡、榛鸡、鸳鸯等。蒙古野驴和野骆驼居世界上最珍贵的兽类之列，驯鹿是内蒙古特有的动物，百灵鸟是自治区区鸟。此外，鼠类是内蒙古草原的优势居住者，全区有啮齿动物54种，约占全国种数的35%。

多样的生物资源决定了内蒙古植被类型的多样性，总体来说，由东向西地表植被依次为森林、草原、荒漠。据2013年第七次森林资源清查结果显示，全区林地面积为6.6亿亩，森林面积为3.73亿亩，均居全国第一位，森林覆盖率为21.03%。人工造林保存面积为9732万亩；活立木总蓄积量为14.84亿立方米，森林蓄积为13.45亿立方米，均居全国第5位。天然林主要分布在内蒙古大兴安岭原始林区和大兴安岭南部山地、燕山山脉的七老图山、阴山和贺兰山等11片次生林区，人工林遍布全区各地。全区乔灌树种丰富，有杨树、柳树、榆树、樟子松、油松、落叶松、白桦、栎类等乔木和锦鸡儿、白刺、山杏、柠条、沙柳、梭梭、杨柴、沙棘等灌木。全区草原总面积达8666.7万公顷，草原综合植被盖度为44.00%，其中可利用草场面积为6800万公顷，占中国草场总面积的1/4。草原由东向西依次为呼伦贝尔森林草原，呼伦贝尔和锡林郭勒草甸草原，科尔沁、锡林郭勒和乌兰察布典型草原，鄂尔多斯半荒漠草原和阿拉善荒漠草原；荒漠主要分布于鄂尔多斯市和巴彦淖尔市西部、乌海市和阿拉善盟。此外，内蒙古还有丰富的湿地资源，有河流、湖泊、沼泽、人工湿地4大类19种类型，湿地面积为9015.9万亩，占全国湿地总面积的11.25%，居全国第三位。

## （六）矿产资源赋存及其分布

内蒙古自治区是我国矿产资源最为丰富的省区，矿产类型多样、品种齐全、分布广泛、储量丰富，开发条件较好，是我国重要的能源、稀土、有色金属基地。截至2017年底，全区已发现矿产144种（不含亚矿种），占全国已发现矿产（173种）的83.24%，已查明矿产资源储量的矿产共109种（含亚矿种），占全国查明矿产资源储量矿产（230种）的47.39%，列入《内蒙古自治区矿产资源储量表》的矿产有105种。其中保有矿产资源储量居全国之首的有18种，居全国前3位的有43种，居全国前10位的有92种。全区稀土查明矿产资源储量居世界首位，占全国稀土矿产资源储量的98.77%（见表3-3）。全区煤炭累计勘查估算矿产资源总量为9120.32亿吨，其中查明矿产资源储量为4331.57亿吨，煤炭保有资源储量为4205.25亿吨，占全国总量的25.03%，居全国第二位。全区金矿保有资源储量为815.14吨，银为86867.90吨，铜、铅、锌3种有色金属保有资源储量为5831.66万吨。非金属矿产种类繁多，分布广泛，矿种优势明显。

**表3-3　内蒙古自治区已发现矿产资源分析**

| 矿产种类 | 查明资源储量矿产 | | 已发现尚未查明资源储量矿产 | |
|---|---|---|---|---|
| | 种数 | 矿产名称 | 种数 | 矿产名称 |
| 能源矿产 | 6 | 煤、石油、天然气、油页岩、铀、地热 | 4 | 页岩气、煤层气、天然沥青、钍 |
| 黑色金属矿产 | 5 | 铁、锰、铬、钛、钒 | | |
| 有色金属矿产 | 11 | 铜、铅、锌、镁、镍、钴、钨、锡、铋、钼、锑 | 1 | 铝土矿 |
| 贵金属矿产 | 8 | 金、银、铂、钯、铱、铑、锇、钌 | 1 | 汞 |
| 稀有稀土稀散元素矿产 | 15 | 铌钽、铌、钽、锂、铍、锆、铷、铯、稀土（钇等10种元素）、锗、镓、铟、镉、硒、碲 | 2 | 锶、铼 |
| 冶金辅助原料非金属矿产 | 12 | 蓝晶石、红柱石、普通萤石、熔剂用灰岩、冶金用白云岩、冶金用石英岩、冶金用砂岩、铸型用砂岩、铸型用砂、冶金用脉石英、耐火黏土、铁矾土 | 12 | 自然硫、硅灰石、刚玉、滑石、石棉、蓝石棉、叶蜡石、透辉石、透闪石、重晶石、明矾石、粉石英 |
| 化工原料非金属矿产 | 14 | 硫铁矿、芒硝、天然碱、电石用灰岩、制碱用灰岩、化工用白云岩、化肥用蛇纹岩、泥岩、盐矿、镁盐、溴矿、砷矿、硼矿、磷矿 | 9 | 含钾岩石、菱镁矿、泥灰岩、凹凸棒石黏土、伊利石黏土、累托石黏土、钾盐、黑耀岩、松脂岩 |

续表

| 矿产种类 | 查明资源储量矿产 | | 已发现尚未查明资源储量矿产 | |
|---|---|---|---|---|
| | 种数 | 矿产名称 | 种数 | 矿产名称 |
| 建筑材料及其他非金属矿产 | 38 | 石墨、云母、长石、电气石、石榴子石、蛭石、沸石、石膏、方解石、冰洲石、玉石（巴林石）、玛瑙、水泥用灰岩、制灰用灰岩、玻璃用石英岩、玻璃用砂岩、水泥配料用砂岩、玻璃用砂、建筑用砂、玻璃用脉石英、硅藻土、水泥配料用页岩、高岭土、陶瓷土、膨润土、砖瓦用黏土、水泥配料用黏土、建筑用橄榄岩、饰面用辉石岩、饰面用玄武岩、饰面用辉绿岩、饰面用闪长岩、建筑用花岗岩、饰面用花岗岩、珍珠岩、饰面用大理岩、水泥用大理岩、水泥配料用板岩 | 14 | 压电水晶、熔炼水晶、工艺水晶、水泥用凝灰岩、建筑用凝灰岩、辉长岩、粗面岩、火山岩、火山渣、片麻岩、浮石、宝石、麦饭石、磨刀石 |
| 水气矿产 | | | 3 | 地下水、矿泉水、二氧化碳气 |
| 合计 | 109 种（含亚矿种）、92 种（不含亚矿种） | | 46 种（含亚矿种）、43 种（不含亚矿种） | |
| | 全区发现矿产 155 种（含亚矿种），135 种（不含亚矿种），将 10 种稀土元素单独统计，则全区发现矿产 144 种（不含亚矿种），统计到亚矿种则为 164 种 | | | |

从矿产资源的分布情况看，全区 12 个盟市均有矿产分布，但各盟市的资源禀赋差异很大。煤炭资源主要分布在鄂尔多斯市、呼伦贝尔市（含满洲里市）、锡林郭勒盟、通辽市等盟市，其中鄂尔多斯市、锡林郭勒盟和呼伦贝尔市保有资源储量分别占全区的 51%、25.3% 和 17.7%。黑色金属主要分布在包头市、锡林郭勒盟、赤峰市和巴彦淖尔市，四个盟市的铁矿保有资源量占全区的 84.5%。有色金属铜主要分布在呼伦贝尔市、赤峰市、巴彦淖尔市、锡林郭勒盟和乌兰察布市，五个盟市铜金属保有资源储量占全区的 93.6%；铅、锌金属主要分布在赤峰市、巴彦淖尔市、呼伦贝尔市、锡林郭勒盟，四盟市铅、锌金属保有资源储量占全区的 90% 以上；钼金属资源主要分布在乌兰察布市、锡林郭勒盟、呼伦贝尔市和巴彦淖尔市，四个盟市钼金属保有资源储量占全区的 89.9%；锗金属资源主要分布在锡林郭勒盟。金、银等贵金属也是内蒙古自治区的优势矿产，金资源除乌海市外其余 11 个盟市均有分布，其中岩金主要分布在赤峰市、巴彦淖尔市和包头市，三个盟市占全区岩金保有资源储量的 81.9%，伴生金主要分布在乌兰察布市、呼伦贝尔市、赤峰市和锡林郭勒盟，四个盟市占全区伴生金保有资源储量的 87.6%。银矿资源主要分布在赤峰市、呼伦贝尔市和锡林郭勒盟，

三个盟市银矿保有资源储量占全区的85.3%。稀土资源主要集中分布在包头白云鄂博矿区，白云鄂博矿区占全区总量的99.48%，此外在通辽市和乌兰察布市也有零星分布。

## 二、经济社会发展及空间布局现状

### （一）综合经济发展及区域分布

进入21世纪以来，内蒙古依托得天独厚的资源优势，抓住我国工业化和城镇化加速发展带动能源重化工产品市场需求快速扩张的市场机遇，借助国家西部大开发、东北振兴等一系列政策机遇，强力实施资源转化战略。2002—2009年曾经取得经济增长速度8年领跑全国、人均GDP排名全国前6、总量排名前进9位的增长奇迹，依靠“羊煤土气”实现了“扬眉吐气”。2010年以后，伴随着美国金融危机、欧债危机相继爆发等国际环境变化和国内经济发展进入新常态，内蒙古经济增长速度也出现大幅度下滑。但与改革开放初期相比，全区综合经济实力、政府公共财力、城乡居民收入、民生及公共服务、基础设施状况均实现了重大跨越，人民的获得感、幸福感空前提升。如图3-1所示，2018年，全区实现地区生产总值（GDP）17289.22亿元，同比增长5.3%，人均生产总值为68302元，同比增长5.0%。全年全社会固定资产投资同比下降20.4%；社会商品零售总额为7311.07亿元，同比增长6.3%；一般公共预算收入为1857.54亿元，同比增长9.1%；城镇居民可支配收入为38305元，同比增长7.4%；农牧民可支配收入为13803元，同比增长9.7%。

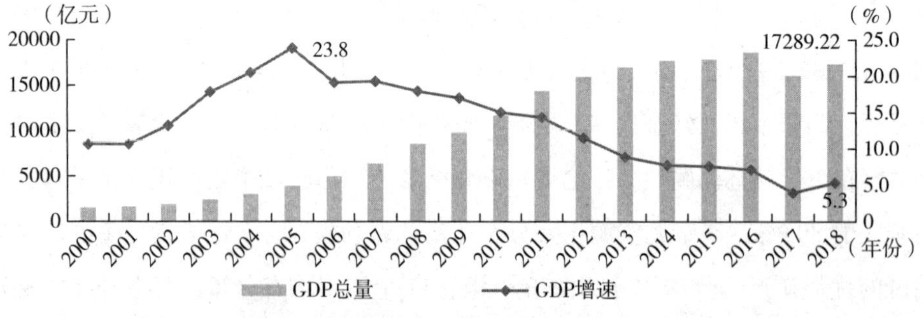


**图3-1 2000—2018年内蒙古自治区经济增长情况**

受全国各地区资源禀赋、人口规模、土地面积、发展基础等因素的不均衡性影响，内蒙古自治区各盟市经济发展也呈现较大的不均衡性，全区生产总值在区域分布上极不均衡且近年来呈现逐步扩大趋势，各盟市经济规模差距明显。从东西部两大区域板块分布看，2018 年，内蒙古自治区西部七盟市完成地区生产总值为 11975.3 亿元，占全区生产总值的 69%；而蒙东五盟市完成地区生产总值为 5390.7 亿元，仅占全区生产总值的 31%。尤其是呼和浩特市、包头市、鄂尔多斯市三市（以下简称呼包鄂三市）是内蒙古自治区经济总量最主要的承载区，2018 年呼包鄂三市生产总值占全自治区生产总值的 55.4%。从空间分布格局看，内蒙古的生产总值主要集中分布于沿公铁交通干线的城市地区和南部与其他省区市接壤的农业旗县等；而北部边疆旗县人口规模和经济总量普遍偏小。从各盟市的总量差距看，2018 年，地区生产总值最高的鄂尔多斯市是地区生产总值最低的阿拉善盟的 13.3 倍，盟市间经济总量差距巨大。而动态地看，由于各地区经济增长速度的差异，近年来内蒙古自治区生产总值向各重点地区进一步集聚和极化的趋势明显（见表 3-4）。

**表 3-4　近年来内蒙古自治区各盟市生产总值情况**　单位：亿元，%

| 地区 | 2005 年 | 占全区百分比 | 2010 年 | 占全区百分比 | 2015 年 | 占全区百分比 | 2018 年 | 占全区百分比 |
|---|---|---|---|---|---|---|---|---|
| 呼和浩特市 | 743.7 | 18.1 | 1865.7 | 14.5 | 3090.5 | 15.0 | 2903.5 | 16.7 |
| 包头市 | 848.7 | 20.6 | 2460.8 | 19.1 | 3721.9 | 18.1 | 2951.8 | 17.0 |
| 呼伦贝尔市 | 324.1 | 7.9 | 932.0 | 7.2 | 1596.0 | 7.8 | 1252.9 | 7.2 |
| 兴安盟 | 120.4 | 2.9 | 261.4 | 2.0 | 502.3 | 2.4 | 472.5 | 2.7 |
| 通辽市 | 329.3 | 8.0 | 1176.6 | 9.1 | 1877.4 | 9.1 | 1301.6 | 7.5 |
| 赤峰市 | 347.6 | 8.4 | 1086.2 | 8.4 | 1861.3 | 9.1 | 1549.8 | 8.9 |
| 锡林郭勒盟 | 169.2 | 4.1 | 592.1 | 4.6 | 1000.1 | 4.9 | 813.9 | 4.7 |
| 乌兰察布市 | 230.2 | 5.6 | 567.6 | 4.4 | 913.8 | 4.4 | 764.5 | 4.4 |
| 鄂尔多斯市 | 594.8 | 14.5 | 2643.2 | 20.5 | 4226.1 | 20.6 | 3763.2 | 21.7 |
| 巴彦淖尔市 | 217.0 | 5.3 | 603.3 | 4.7 | 887.4 | 4.3 | 813.1 | 4.7 |
| 乌海市 | 125.5 | 3.0 | 391.4 | 3.0 | 559.8 | 2.7 | 495.9 | 2.9 |
| 阿拉善盟 | 64.6 | 1.6 | 305.9 | 2.4 | 322.6 | 1.6 | 283.3 | 1.6 |

资料来源：历年《内蒙古自治区统计年鉴》。

## （二）人口分布及城乡体系

2018 年内蒙古自治区总人口约 2534.0 万人。从人口分布规律看，受自然条件、交通道路、经济状况和历史文化等因素影响，内蒙古人口和城镇主要布局在阴山山脉以南、大兴安岭以东和以南，拥有河流、交通枢纽的平原地区，如位处西部河套平原、土默川平原的呼包鄂地区，辽河平原的赤峰通辽地区，总体呈“双峰”集聚特征。2017年呼包鄂三市和赤峰市、通辽市常住人口为1550万人，占内蒙古自治区总人口比重为62%。其中，赤峰市、通辽市两市常住人口为744万人，占比约为30%；而呼包鄂三市常住人口达806万人，占比为32%，是内蒙古自治区人口空间分布上的两个高峰地区，人口密度相对较高，阿拉善盟、乌海市、巴彦淖尔市、乌兰察布市、呼伦贝尔市、兴安盟和锡林郭勒盟等地区人口较少，主要分布在沿交通、沿河流的城镇地区。从各盟市人口数量变化看，呼包鄂三市在过去15年间人口规模增长最快，分别增长65万人、56万人和66万人。而其他盟市，除了乌海市、阿拉善盟和通辽市人口少量增加外，其余盟市人口均处于减少状态，减少最大的地区是乌兰察布市和呼伦贝尔市，分别减少22万人和21万人。由于增减差异的影响导致各盟市人口分布格局日益向呼包鄂地区集中，使其成为自治区人口、城镇集聚的核心区，而且预计今后相当长时期内这种趋势还会进一步强化（见图3-2）。

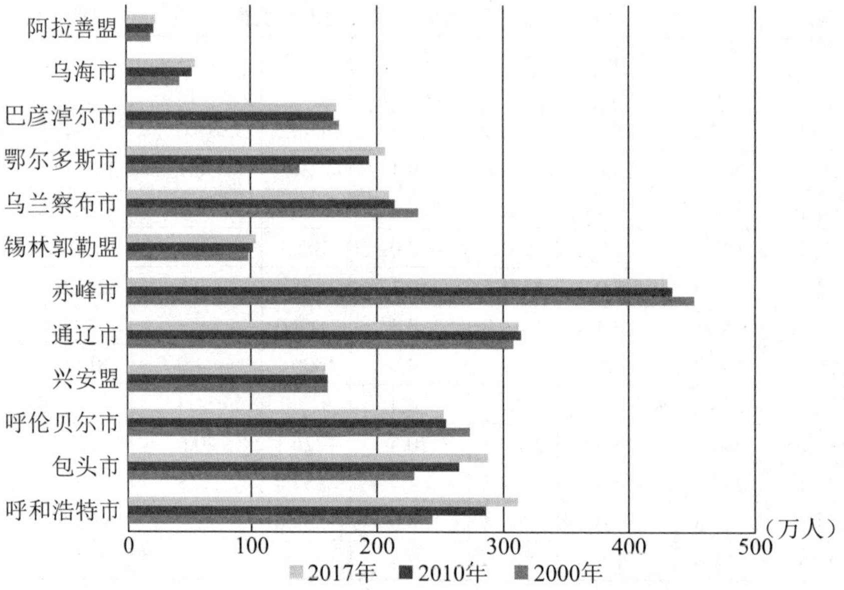


**图3-2 内蒙古自治区各盟市常住人口情况**

资料来源：历年《内蒙古自治区统计年鉴》。

改革开放以来内蒙古经济社会快速发展，全区人口结构和城乡分布也在发生着趋势性变化，2018年，全区城镇人口为1589.1万人，乡村人口为944.9万人，常住人口城镇化率达到62.7%，人口向城镇集中趋势明显，形成了以盟市政府所在地中心城市为核心、旗县区政府所在地中小城市为重点、专业化特色小城镇为补充、农村牧区居民点点式分布为特征的城乡体系格局。但总体看内蒙古自治区的中心城市规模偏小，按国家城市分类标准，目前，除呼和浩特市、包头市和赤峰市属于Ⅱ型大城市，通辽市、巴彦淖尔市属于中等城市外，其余大部分城市属于人口规模从几万到几十万人不等的中小城市（见表 3-5）。

**表 3-5　2018 年内蒙古自治区城镇体系及人口分布**　单位：万人

| 类别 | 标准 | 2018 年主要城市市区常住人口 |
|---|---|---|
| 超大城市 | 城市人口 1000 万人以上 | 无 |
| 特大城市 | Ⅰ型大城市：城市人口 300 万 ~ 500 万人 | 无 |
| | Ⅱ型大城市：城市人口 100 万 ~ 300 万人 | 呼和浩特市（138），包头市（156），赤峰市（127） |
| 中等城市 | 城市人口 50 万 ~100 万人 | 通辽市（84），巴彦淖尔市（52） |
| 小型城市 | Ⅰ型小城市：城市人口 20 万 ~ 50 万人 | 乌海市（44），鄂尔多斯市（30），呼伦贝尔市（37），乌兰察布市（31），乌兰浩特市（32），丰镇市（32） |
| | Ⅱ型小城市：城市人口 20 万人以下 | 满洲里市（17），二连浩特市（3.2），阿尔山市（4.6）各旗政府所在中心镇及一般城镇 |

注：括号内数字为市区常住人口；

资料来源：《中国城市统计年鉴（2019）》。

## （三）产业结构及产业布局

随着经济规模的不断扩大，内蒙古的三次产业结构也在不断演进升级。第一产业对经济增长贡献总体呈逐步下降态势，尤其 21 世纪以后随着工业经济的快速增长，第二产业成为支撑全区经济发展的主要力量，但近几年工业增长速度下降。2017 年，第三产业（服务业）增加值占 GDP 的比重再次超过第二产业，到 2018 年内蒙古自治区三次产业结构之比为 10.1 ∶ 39.4 ∶ 50.5（见图 3-3）。

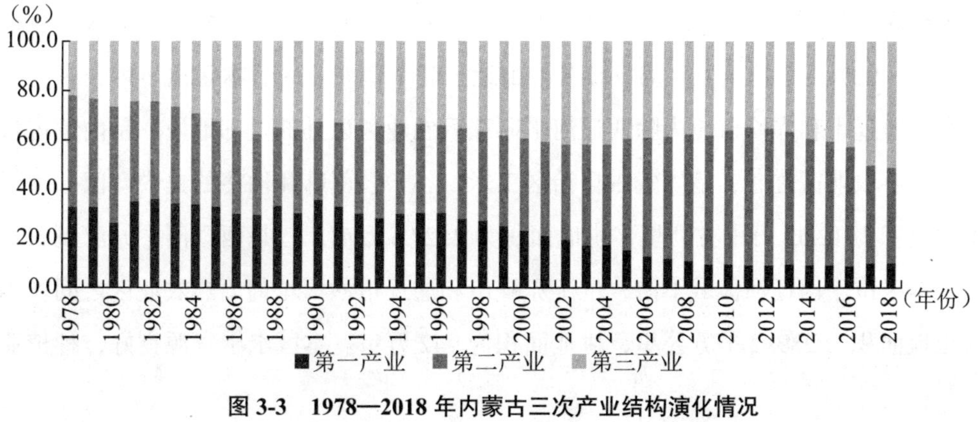


**图 3-3　1978—2018 年内蒙古三次产业结构演化情况**

1. 农牧业发展及区域布局

内蒙古是我国的传统农牧业大区，依托得天独厚的耕地、草原、森林等农牧业资源优势，内蒙古的农牧林渔等产业在全国农畜产品供应中具有重要而独特的地位，是全国重要的农畜产品生产加工和输出基地。在种植业方面，2018 年，全区农作物总播种面积为 882.4 万公顷，其中粮食作物播种面积为 679.0 万公顷。全年粮食产量为 3553.3 万吨，主要粮食品种包括小麦、玉米、稻谷、大豆和薯类等。同时，甜菜、油料、冷凉蔬菜和特色瓜果也具有全国影响力。目前内蒙古自治区已经成为全国 13 个粮食主产省份和 6 个粮食净调出省份之一，在全国的粮食安全大局中具有重要地位。在畜牧业方面，内蒙古自治区坚持草原畜牧业和农区畜牧业并重，2018 年全区年末牲畜存栏 7277.9 万头（只），其中大牲畜 778.7 万头，羊存栏 6001.9 万只，生猪存栏 497.3 万头。全年生产肉类 267.2 万吨，牛奶 565.6 万吨，绵羊毛 11.8 万吨，山羊绒 6606.8 吨，牛羊肉、牛奶、毛绒等特色畜产品产量处于全国领先地位，产品品质更是享誉国内外。

由于内蒙古地域广袤，各地区水肥气热等农牧业自然条件差异巨大，农牧民长期的自然选择与特定的自然条件相适应，形成诸多具有天然合理性的优势农畜产品产业带，从而形成内蒙古自治区独具特色的农牧业生产区划。农牧业生产区划主要有八个地区。一是大兴安岭丘陵农牧业区。本区位于内蒙古自治区东北部，北以额尔古纳河为界，西邻中蒙边界，南接锡林郭勒盟和通辽市，东部与黑龙江和吉林两省比邻。行政区划主要包括呼伦贝尔市和兴安盟。大兴安岭丘陵农牧业区是内蒙古自治区生态条件最好、水资源保障最优、单产水平最高的旱作农业区，土地资源丰富，农业开发潜力大，草场面积大，草质好，畜牧业发达，农牧业紧密结合。本区土地面积为 32.04 万平方公里，耕地面积为 4000.8 万亩，占内蒙古自治区总耕地面积的 32.2%。二是燕山北部、岭东南山地丘陵旱作农业区。本区位于内蒙古自治区东部通辽市和赤峰市境内除西辽河平原灌溉农业区以外的全部地域，是内蒙古自治区主要农业区之一，是内蒙古自治区玉米、谷子、蓖麻和油葵的集中产区。本区土地面积为 12.05 万平方公里，耕地面积为 2527.6 万亩。三是西辽河平原灌溉农业区。本区位于西辽河流域下游，位于赤峰市和通辽市沙沼坨甸温热农业区之间。本区土地面积为 28992 平方公里，耕地面积为 942 万亩。本区水土资源良好，种植业生产潜力大，粮食总产和商品率居内蒙古自治区首位，是重要的商品粮、油、糖基地。四是阴山丘陵旱作农业区。本区位于内蒙古自治区中部，东起锡林郭勒盟的多伦县，南以长城为界与山西、河北省相连，西至包头市的固阳县，北至蒙古高原南缘，阴山山脉横贯东西。本区土地面积为10.56万平方公里，占内蒙古自治区总面积的8.8%。耕地面积为2567万亩，占内蒙古自治区耕地面积的20.6%。本区土地资源丰富，旱坡地和中低产田面积大，农田草牧场相间分布，是内蒙古自治区农牧交错的典型地区，又是内蒙古自治区降水少、变异大、旱作农业面积最大且亩产最低的地区。五是沿黄平原灌溉农业区。本区位于内蒙古自治区中西部，北靠阴山山脉，南邻鄂尔多斯高原，西接乌兰布和沙漠，东部为土默特平原灌区，西部为河套平原灌区。本区土地面积为87249平方公里，耕地面积为1980万亩，占内蒙古自治区总耕地面积的15.9%，绝大部分是水浇地，是玉米、向日葵、小麦等粮食作物主产区。六是鄂尔多斯高原旱作农业区。本区位于内蒙古西南部鄂尔多斯境内。地处黄河以南，300~350毫米降水量等值线以东和东南部的“梁外”地区，属沙地旱作农业区，土地面积为3万多平方公里，耕地面积约为240万亩。七是典型草原和干草原类型区。分布于呼伦贝尔高平原中西部、锡林郭勒高平原大部、阴山北麓丘陵一线、鄂尔多斯高平原东部和西辽河平原东南部。土地面积为2767.35平方公里，占全区草地总面积的35.12%，年均降水量为300毫米以上。该类草原自然肥力较高，质量较好，是全区面积最广的优良天然牧场。八是西部荒漠草原及沙漠区。本区位于内蒙古自治区最西端，西南与甘肃省相连，东南与宁夏毗邻，北与蒙古国交界，南至腾格里沙漠南缘，包括乌拉特中旗北部、乌拉特后旗大部、阿拉善左旗、阿拉善右旗、额济纳旗、鄂托克前旗、鄂托克旗等旗县区。

2. 工业发展及区域布局

内蒙古在21世纪以前一直是一个以农牧业为主的地区，改革开放以后工业经济虽然有所发展，但门类不多、体量很小，对总体经济的贡献不大。2000年全区GDP不过1500亿元，其中工业增加值不到500亿元。内蒙古自治区真正的工业化进程始于之后基于资源开发转化的资源型产业快速发展。2002年以后，伴随着我国能源重化工产品的需求扩张，内蒙古自治区矿产资源富集的优势得到发挥，工业经济进入快速增长时期。从 2002 年到 2009 年，规模以上工业年均增长率达 26.77%，2005 年度增长率达 38.5%，创造了内蒙古自治区工业经济增长最为辉煌的一个时期。近几年，受国内经济进入新常态、能源重化工产品需求增长趋缓慢的影响，工业经济增长速度出现了大幅度下滑，但 2018 年内蒙古自治区工业增加值已经较 2000 年增长了 10.3 倍（见图 3–4）。

受内蒙古工业发展的特殊路径影响，目前内蒙古工业主要结构呈现明显的资源型产业占比较高的特点，能源产业、化学工业、冶金建材和农畜产品加工业等资源开发及加工产业占规模以上工业增加值的 80% 以上，装备制造、高新技术等产业占比仍然较小（见图 3–5）。

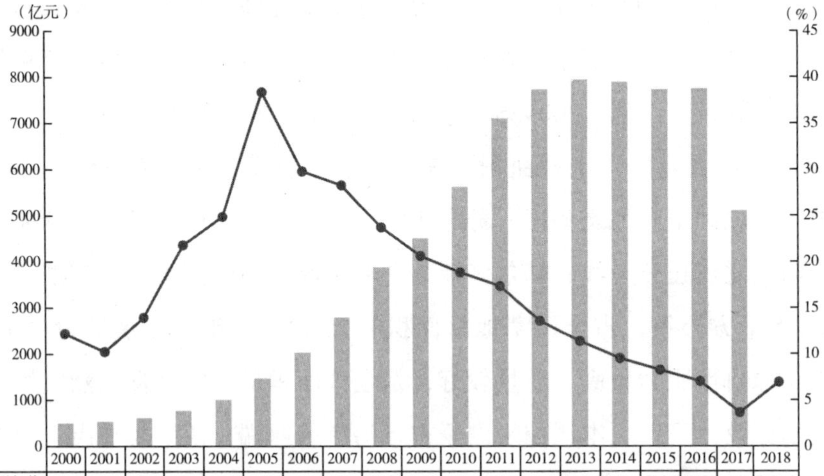


| | 2000 | 2001 | 2002 | 2003 | 2004 | 2005 | 2006 | 2007 | 2008 | 2009 | 2010 | 2011 | 2012 | 2013 | 2014 | 2015 | 2016 | 2017 | 2018 |
|---|---|---|---|---|---|---|---|---|---|---|---|---|---|---|---|---|---|---|---|
| 工业增加值 | 484 | 541 | 615 | 774 | 1015 | 1478 | 2026 | 2782 | 3879 | 4503 | 5618 | 7102 | 7736 | 7944 | 7904 | 7739 | 7758 | 5109 | 5104.2 |
| 增长率 | 12.2 | 10.2 | 13.9 | 21.8 | 24.9 | 38.5 | 29.8 | 28.3 | 23.6 | 20.5 | 18.8 | 17.3 | 13.5 | 11.3 | 9.4 | 8.2 | 7 | 3.6 | 6.9 |

**图 3-4　2000—2018 年内蒙古工业增加值及增长率**

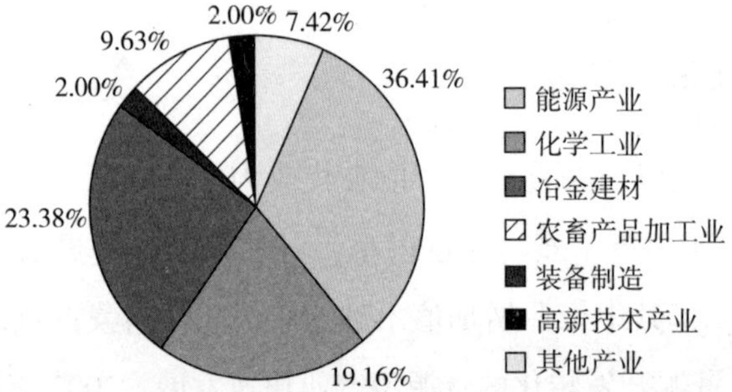


**图 3-5　2018 年内蒙古工业经济六大支柱产业占比情况**

从内蒙古总体工业布局看，资源开发主导工业经济增长的发展路径也决定了内蒙古工业布局须与各地区矿产资源禀赋相吻合，总体呈现“一带为主、多点开发”格局。“一带”主要是指以呼包鄂三市为核心，沿黄河、沿交通干线为主要产业发展带，形成能源重化工、稀土高新技术、冶金建材、装备制造和农畜产品加工业为主的产业集聚区，工业产值约占全区的一半。“多点”主要指一些沿交通干线形成的点状开发的工业发展格局。如蒙东地区主要依托呼伦贝尔、霍（林河）白（音华）胜（利）、赤峰等资源富集地区，形成了能源化工、有色金属冶炼加工、农畜产品加工等主导产业集聚区。其余盟市工业经济发展不足，阿拉善盟、兴安盟、锡林郭勒盟工业占全区的比重分别仅为2.64%、2.26%和4.77%。从具体产业园区看，按照工业向园区集中的原则，全区沿交通干线、沿重要河流、沿口岸及资源富集地区建成各级各类工业开发区（工业园区）103个，其中国家级和自治区级开发区（工业园区）62个，基本形成以国家级开发区为引领、自治区级开发区为主体、盟市级和旗县级开发区为补充的开发区架构体系。目前工业开发区产值占全部工业产值的80%左右，成为支撑全区经济增长、提高财政收入、扩大城乡就业、强化科技创新的重要支撑和平台。

3. 服务业发展及区域布局

改革开放以来，内蒙古综合经济实力增强和人民生活水平提升带动了生活性服务业快速发展，一、二产业物质生产部门持续增长带动生产性服务业跟进提升。近年来，内蒙古服务业呈现规模持续扩张、结构不断优化、新兴行业蓬勃兴起态势，服务业增加值占GDP的比重不断提高，对全区经济增长、社会发展的贡献日益增大。按可比价计算，从1978年到2017年全区服务业增加值增长了150.7倍，2018年服务业增加值达8728亿元，占GDP的比重为50.5%，对当年经济增长的贡献率达75%，成为拉动内蒙古经济增长的主动力。服务业全部就业人员达610.7万人，是1978年的6.5倍，已成为内蒙古吸纳就业的重要渠道（见图3-6）。

从服务业内部结构看，内蒙古自治区服务业目前仍然呈现传统服务占据主导的格局，批发和零售业，交通运输、仓储和邮政业，住宿和餐饮等传统行业仍然是服务业的主体。但随着近几年供给侧结构性改革的持续推进，促进服务业加快转型升级，服务业新动能也在不断孕育壮大，农、林、牧、渔服务业，信息传输、软件

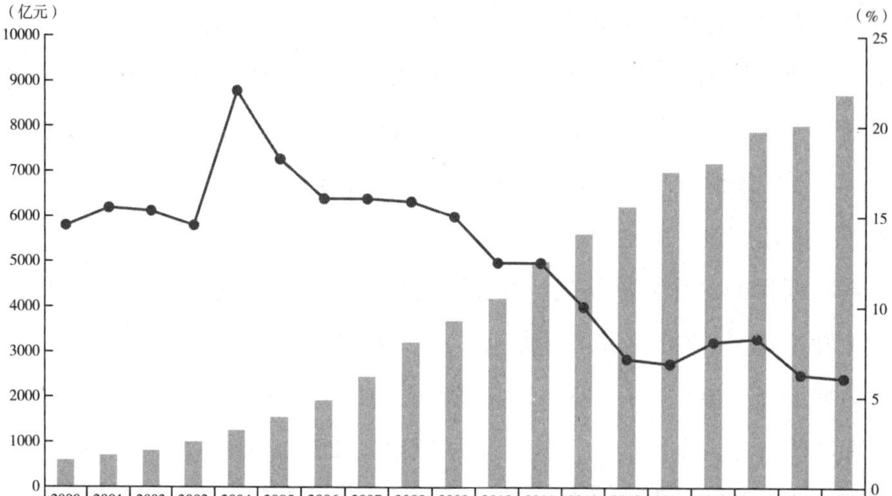


| | 2000 | 2001 | 2002 | 2003 | 2004 | 2005 | 2006 | 2007 | 2008 | 2009 | 2010 | 2011 | 2012 | 2013 | 2014 | 2015 | 2016 | 2017 | 2018 |
|---|---|---|---|---|---|---|---|---|---|---|---|---|---|---|---|---|---|---|---|
| 服务业增加值 | 606 | 699 | 811 | 1001 | 1270 | 1542 | 1934 | 2467 | 3212 | 3697 | 4209 | 5016 | 5631 | 6237 | 7023 | 7214 | 7925 | 8047 | 8728 |
| 增长率 | 14.5 | 15.5 | 15.3 | 14.5 | 22 | 18.1 | 15.9 | 16 | 15.8 | 15 | 12.4 | 12.4 | 10 | 7.1 | 6.8 | 8.1 | 8.3 | 6.2 | 6 |

**图 3-6　2000—2018 年内蒙古服务业增加值及其增长率**

和信息技术服务业，租赁和商务服务业，金融业，科学研究和技术服务业等现代服务业也在蓬勃兴起，有效带动了全区服务业提质增效（见图 3–7）。

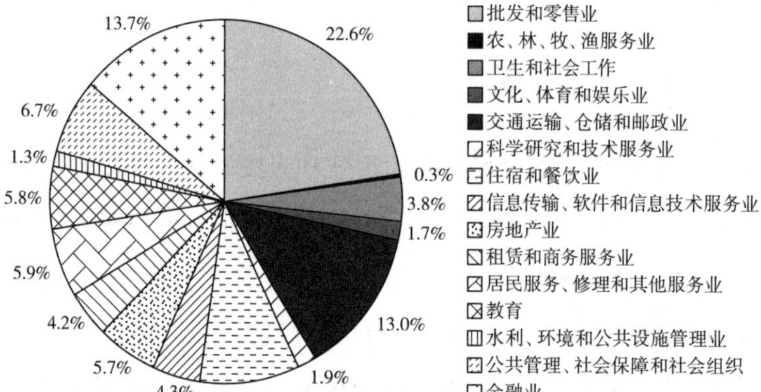


**图 3-7　2017 年内蒙古服务业增加值构成情况**

注：由于 2018 年的内蒙古数据中未核算服务业细分行业增加值构成，故数据仅截至 2017 年。

由于服务业在某种意义上具有被动成长性，即往往依托于一、二产业物质生产部门发展形成的人流、物流、资金流和信息流，因而服务业发展与各地区的城市发展水平、人口规模与消费能力、产业规模及结构等因素高度相关，决定了内蒙古自治区的服务业布局总的来说与人口、城市和产业的分布情况高度统一。即主要分布在呼包鄂城市群、赤峰市和通辽市等人口稠密地区。尤其是近年来，内蒙古自治区大力推动服务业集聚区建设，进一步强化了服务业向中心城市集聚的趋势，形成了若干相对集中集聚的服务业产业集群。

## （四）基础设施水平及布局

为了改善经济社会发展的基础支撑条件，近年来内蒙古自治区大力加强铁路、高速公路、航空、管道及走廊等立体交通、物流及运送通道体系建设，基本形成“横贯东西、畅通三北、连接俄蒙”的辐射区域，建立较为便捷的交通运输体系。从铁路建设看，内蒙古自治区铁路网络已经覆盖12个盟市，运营里程达1.4万公里，占全国铁路网总营业里程的比重达11%，居全国各省份第一位。其中作为国家铁路网络的西北部大通道，呼昆大通道及京兰快速铁路的建设，呼包鄂乌等中西部盟市在内蒙古自治区铁路网络格局中的地位更加突出。从公路建设看，全区公路通车总里程达19.6万公里，其中高速公路为5153公里，一级公路为6682公里。以109、110、111、201、207、208、301等国道为骨干，京藏、京新、包茂等高速公路为支撑，基本形成了以内蒙古自治区中部为核心，东西南北贯通、周边多点辐射的公路网。从航空机场建设看，目前，内蒙古自治区已经拥有民用机场28个，实现了12个盟市民用运输机场全覆盖。其中往返呼和浩特机场的航线和航班总量分别占内蒙古自治区区内直飞的38%和80%左右。从电力及油气网络看，锡林郭勒盟至山东、蒙西至天津南、锡林郭勒盟至江苏、上海庙至山东、扎鲁特至山东青州5条特高压输电通道全部竣工，中俄原油管道二线全线贯通。从水利基础设施看，以嫩江、西辽河、海河、黄河四大流域为重点，建成了水利枢纽、重点水库、大型灌区节水改造、引水等，一大批蓄水、取水、节水、调水工程。

从内蒙古自治区重大基础设施空间格局看，与自治区的城市、人口和产业布局情况相适应，全区交通体系布局呈现“中密边疏”的空间特征，即自治区中西部地区公路和铁路网、航班航线较为集中，而呼伦贝尔、兴安盟和阿拉善盟等周边两翼地区相对较疏。

## （五）国土开发现状及利用类型

根据内蒙古自治区土地利用现状变更调查数据，2015年，全区土地总面积为

11545.52 万公顷。其中农用地面积 8139.73 万公顷，占土地总面积的 70.50%；建设用地面积为 160.90 万公顷，占土地总面积的 1.39%；其他土地面积为 3244.89 万公顷，占土地总面积的 28.11%。

从具体用途看，全区农用地中耕地面积为 916.08 万公顷，占土地总面积的 7.93%；园地面积为 5.66 万公顷，占土地总面积的 0.05%；林地面积为 2181.71 万公顷，占土地总面积的 18.90%；牧草地面积为 4954.76 万公顷，占土地总面积的 42.91%；其他农用地面积为 81.52 万公顷，占土地总面积的 0.71%。建设用地中城乡建设用地面积为 129.92 万公顷，占土地总面积的 1.12%；交通运输用地面积为 21.08 万公顷，占土地总面积的 0.18%；水利设施用地面积为 6.82 万公顷，占土地总面积的 0.06%；其他建设用地面积为 3.08 万公顷，占土地总面积的 0.03%。其他土地中水域面积为 182.62 万公顷，占土地总面积的 1.58%；自然保留地面积为 3062.27 万公顷，占土地总面积的 26.53%。具体如表 3-6 所示。

**表 3-6　2015 年内蒙古自治区土地资源开发利用现状及土地总面积占比**　单位：万公顷，%

| 土地利用类型 | | 现状与结构 | |
|---|---|---|---|
| | | 2015 年现状 | 土地总面积占比 |
| 农用地 | 耕地 | 916.08 | 7.93 |
| | 园地 | 5.66 | 0.05 |
| | 林地 | 2181.71 | 18.90 |
| | 牧草地 | 4954.76 | 42.91 |
| | 其他农用地 | 81.52 | 0.71 |
| | 小计 | 8139.73 | 70.50 |
| 建设用地 | 城乡建设用地 | 129.92 | 1.12 |
| | 交通运输用地 | 21.08 | 0.18 |
| | 水利设施用地 | 6.82 | 0.06 |
| | 其他建设用地 | 3.08 | 0.03 |
| | 小计 | 160.90 | 1.39 |
| 其他土地 | 水域 | 182.62 | 1.58 |
| | 自然保留地 | 3062.27 | 26.53 |
| | 小计 | 3244.89 | 28.11 |
| 土地总面积 | | 11545.52 | 100.00 |

总体来看，2015 年内蒙古自治区已经开发利用土地面积为 8300.63 万公顷，占土地总面积的 71.89%；还未开发利用土地面积为 3244.89 万公顷，占土地总面积的 28.11%。未开发利用土地中可利用未利用地主要为其他草地、盐碱地、沙地、裸

地，四类未利用地面积共计 2742.39 万公顷，占全区未利用地总面积的 84.51%。未利用地空间分布区域差异明显。

## 三、内蒙古国土空间特征及开发状况综合评价

### （一）内蒙古在全国功能地位的特殊性

在当今经济全球化和经济一体化大趋势下，任何一个地区的经济社会发展都不可能脱离其他地区而独善其身，谋划一个地区的空间开发和经济社会发展战略必须客观地认识其在全国甚至全球的功能地位。内蒙古具有边疆地区、少数民族集聚区、生态功能区、国防军事特区的多项区域功能叠加特点，决定了内蒙古国土空间开发和经济高质量发展不仅关乎内蒙古 2500 万人民自身的福祉，更关乎全国开放协作、强边固防、民族团结、生态保护等国家大局。

#### 1. 内蒙古区位特点决定其在新时代开放协作中的独特功能

一个地区的地理区位是一种客观条件，一般并无绝对意义上的好与差之分，而是需要放在特定的历史条件下去评价，且随着时代变迁而变化。在古代，北方草原是我国蒙古、契丹、女真、回鹘等多个少数民族的生存繁衍之所，而现在的内蒙古大多是当时中原农耕民族与北方游牧民族之间长期必争的战略要地，战乱频发导致经济社会发展长期落后于中原大地。中华人民共和国成立后，内蒙古与各民族一道，团结共进、和谐共荣。国家“一五”时期也在内蒙古布局一系列重大工业项目，为内蒙古发展奠定良好基础。但进入 20 世纪 60 年代后，由于中苏关系交恶，内蒙古作为边疆地区发展不得不让位于备战，建设投入减少导致内蒙古与其他省区市的发展差距也在扩大。改革开放以后，我国重点实施东向和南向的沿海开放战略，内蒙古深处我国内陆，在全国的经济地理分工格局中也始终处于边缘地位。但是，随着改革开放以来我国经济快速发展、综合国力提升和国际影响力日益扩大，在为人类和平与发展做出重大贡献的同时，发展中也不得不面临着诸多“成长的烦恼”。目前世界单边主义、民族民粹主义、贸易保护主义空前抬头，经济全球化趋势受到严峻挑战。我国和平发展的国际环境变得有忧有变，WTO（世界贸易组织）规则受到冲击，过去重点推动的沿海开放战略遇到困难。为了适应国际政治经济环境和国

际安全形势的新变化，党中央审时度势、科学决断，在准确研判国内外形势变化的基础上，及时提出构建“一带一路”的伟大构想，目的是在继续巩固沿海开放成果的同时，进一步提升沿边陆路开放的地位，通过政策沟通、设施联通、贸易畅通、资金融通、民心相通的“五通工程”把欧亚大陆两大经济体连接起来，拓展我国发展新空间。伴随着我国向北向西的陆路开放上升到更加重要的地位，内蒙古的区位也由过去沿海开放的腹地一下变身为陆路开放的前沿。内蒙古凭借内联八省、外接两国、边境口岸众多、国际通道过境、民族文化同源等优势条件，在“一带一路”建设尤其是在中蒙俄经济走廊建设中凸显了独特的地位和作用。内蒙古要提高对外开放合作水平，既要算好经济账，更要算好政治账，着力解决口岸经济的“酒肉穿肠过”问题，把区位优势转化为经济优势[①]。内蒙古在全国开放协作、安邻睦边等国家战略中，具有重要地位。

2. 资源优势决定内蒙古在新时代全国经济分工中的重要地位

从一般意义上讲，任何产业都是把特定的资源转化为市场需要的产品和服务的过程，世界上并没有绝对不消耗资源的产业，即使是金融、科技等现代服务业表面上不消耗资源或很少消耗资源，但其生成和发展也对以资源为主体的物质生产部门存在着很强的依赖性。我国虽然地大物博，矿产资源总量约占世界的 12%，仅次于美国和俄罗斯，居世界第 3 位，但人均占有量仅为世界平均水平的 58%，居世界第 53 位，因而我国总体上是个矿产资源相对贫乏的国家。尽管随着经济进入新常态我国对能源矿产产品需求有所减少，但作为世界上最大的发展中国家，发展不充分不平衡仍然是我国的主要矛盾，工业化、城镇化进程远未结束，人均能源矿产产品消费量远低于发达国家水平，大规模城乡建设、基础设施配套和制造业发展对矿产资源的绝对需求仍然很大。在此背景下，内蒙古对于全国的经济分工至少具有两方面的重要意义。

一方面，内蒙古作为我国矿产资源大区，是全国重要的能源重化工产品供应基地。内蒙古目前煤炭产量占全国的 1/4，电力装机和外送电量全国第一，煤化工产品及有色金属冶炼产能居于全国前列，已经在全国制造业产业链中形成难以替代的

① 《自治区召开新闻发布会，解读内蒙古自治区“十四五”规划纲要》，内蒙古自治区发展和改革委员会，http://fgw.nmg.gov.cn/xxgk/zxzx/fgdt/202103/t20210326_1312580.html，2021年3月12日。

基础地位。尽管为了减轻环境压力和推动经济高质量发展会积极促进资源型产业清洁化转型和延伸升级，但内蒙古在全国制造业产业分工中的基础地位只能强化不会弱化。

另一方面，在加强对俄蒙矿产资源的利用方面具有重要作用。目前，我国国内资源供应倒逼问题日益严重，石油、天然气、铁矿石、铝土矿、铜矿石等多种矿产资源的对外依存度逐年提高，经济安全受到严峻挑战，加强境外资源利用，补充国内资源不足，是我国对外经济合作的重要战略导向。蒙古国和俄罗斯都是矿产资源大国，丰富且优质的油气、焦煤、铜矿、铁矿、萤石和木材等都是我国缺少且急需的战略资源，加强对俄蒙两国资源利用可以有效缓解国内矿产资源紧缺局面，降低我国对远洋资源来源地和运输通道的依赖风险，实现我国能源资源战略通道的多元化，保障国家能源和经济安全。在此背景下，内蒙古依托地理相接、口岸相通、人文相亲等先天优势，可以在全国的资源保障多元化战略中大有作为。因此，习近平总书记指示内蒙古要做好现代能源经济这篇大文章[①]，客观地反映了内蒙古在全国能源矿产资源供应保障中的战略地位。

### 3. 生态功能决定内蒙古在新时代全国环境保护中的重要作用

生态系统是一个长时间周期、大空间尺度的命题，了解一个地区的生态功能地位小则需要放在区域、流域层面，大则需要放在全国、全球层面思考问题。内蒙古区位独特且地域广大，生态资源丰富，但生态系统脆弱，决定了其生态功能对全国的生态状况具有重要影响。

内蒙古处于我国的气候上游。我国幅员辽阔，气候复杂多样，但总体上大陆性季风气候特征明显，来自西北方向西伯利亚的冷空气与来自东南方向太平洋的暖湿气流对冲移动，决定着我国大部分地区的四季更替和阴晴冷暖。内蒙古地处祖国正北方的气候上游地区，由东部大兴安岭、中部阴山、西部贺兰山、龙首山等山脉构成的天然生态屏障，在阻止西北风沙东移南下，保护东北、华北、西北等京畿要地、经济重心、粮仓腹地方面，具有不可替代的生态功能。京津冀地区的风沙防护、雾霾治理等，也离不开内蒙古的协作和配合。

---

① 乔金亮：《做好现代能源经济这篇文章》，中华人民共和国中央人民政府网站，http://www.gov.cn/xinwen/2018-03/13/content_5273572.htm，2018年3月13日。

内蒙古是我国许多大江大河的水系源头。黄河流经内蒙古 843 公里，中上游大部分在内蒙古境内；东部大兴安岭是嫩江、松花江、黑龙江等多条中蒙俄三国河流的发源地；发源于赤峰的西拉木伦河、老哈河在通辽汇成西辽河成为辽河的主要支流；发源于锡林郭勒的滦河是海河的上游；等等。可以说，内蒙古是“三北”地区主要大江大河的源头或流域主体，内蒙古生态环境的好坏直接决定着我国“三北”地区水源供应的数量和质量。内蒙古的生态状况如何，不仅关系到全区各族群众的生存和发展，而且关系到华北、东北、西北乃至全国的生态安全。把内蒙古建成我国北方重要生态安全屏障，是立足全国发展大局确立的战略定位，也是内蒙古必须自觉担负起的重大责任。

4. 内蒙古的其他功能地位在全国具有不可替代的作用

首先，绿色优质农畜产品生产加工基地功能。我国作为一个拥有 14 亿人口的大国，饭碗必须牢牢掌握在自己手中，因而粮食安全比天大。内蒙古土地资源丰富，草牧场和森林资源广袤，不仅在我国农畜产品数量安全保障上具有重要地位，而且由于其纯天然、少污染的自然环境，使我国的农畜产品在质量安全方面也具有独特优势。

其次，强国强军和守土戍边功能。内蒙古作为我国北部边疆省份，边境线长 4200 多公里，是我国反分裂、反渗透、反颠覆斗争的前沿地区，在我国航空航天和强军强国战略中具有不可替代的作用。

再次，是民族团结进步示范功能。民族团结进步是一个国家长治久安的基石，我国历来重视各民族团结进步和共同繁荣，共享改革发展成果。习近平总书记多次强调，2020 年全面建成小康社会，绝不让一个少数民族、一个地区掉队[①]。内蒙古要守望相助，扎实做好民族团结和边疆稳定工作，努力守护好“模范自治区”荣誉。内蒙古是一个以蒙古族为主体、多民族聚居的少数民族自治区，通过实现经济社会协调发展建设好“模范自治区”，可以为国家的民族团结进步事业做出贡献。

最后，多元文化繁荣功能。由于受蒙古、满、汉等民族交流融合程度差异和特定自然环境及生产方式上的差异影响，内蒙古形成了交融荟萃的地域文化特征。蒙东地区由于历史上先受满、后受汉文化的影响，与东北地区文化更为相似，形成具

---

① 李克济：《全面小康，不让一个少数民族掉队》，人民网，http://opinion.people.com.cn/n/2015/0310/c1003-26666220.html，2015年3月10日。

有鲜明特点的呼伦贝尔和科尔沁草原文化。锡林浩特历史上几乎没有受满汉文化的影响，保留了较多的游牧文化与察哈尔宫廷文化传统。呼包鄂、乌兰察布和巴彦淖尔地区，长期接收陕西、山西地区向该区域的移民，形成以蒙汉文化混合形态为主的文化特征，与晋陕甘三省文化交往较为紧密。灿烂多彩的民族文化作为中华文化“一体多元”的重要组成部分，蒙元文化的开发也会为中华文化的繁荣发展贡献力量。

上述这些独特的功能地位使内蒙古在任何经济社会政策设计中都不能仅考虑经济效益，而必须把民族团结、社会稳定、边疆安宁、强国强军等“政治账”放在首要位置，从而使发展战略设计和政策手段运用受到更多的条件约束，内蒙古制定空间发展战略也必须充分考虑上述多重目标的统筹。

### （二）内蒙古高质量发展的必要性

改革开放以来，内蒙古经济社会发展取得辉煌成就，全区综合经济实力明显增强，人民群众的获得感、幸福感空前提升。但与国内发达省区市甚至是全国平均水平相比，内蒙古发展不平衡、不充分的矛盾仍然突出，实现高质量发展，尽快缩小差距是解决一切问题的基础。

#### 1. 发展不充分

一是内蒙古经济总量规模偏小，在全国经济分工体系中地位偏弱。区域经济分工一般遵循“体量决定地位”的基本原理。我国 2018 年人均 GDP 在世界排 70 名左右，是个不折不扣的发展中国家。但由于经济总量已突破 80 万亿元人民币，居世界第二位，尤其是制造业产值、主要工业品产量及贸易量均居世界第一位，从而决定我国的世界经济大国地位。作为后发地区的内蒙古，通过 21 世纪初以来资源开发推动的经济爆发式增长，人均 GDP 曾经排名全国前 6，目前仍高于全国平均水平 50% 以上，排名也居全国前 10 之内，但在全国经济分工中仍然摆脱不了“小省”地位。问题在于 2018 年 1.73 万亿元的 GDP 仅占全国经济总量的 1.9%。当然，政治经济地位与占全国 GDP 约 10% 的上海、广东等经济大省不可同日而语。

二是经济增速持续下滑，发展动能亟待转换。随着我国经济发展进入新常态，内蒙古经济增长出现了快速下滑态势，从增长辉煌时期最高的 20% 以上断崖式滑落到 2017 年的 4%，位列全国倒数第 3。经过统计“挤水分”后，2017 年内蒙古人均 GDP 排名已跌至全国第 10，经济总量跌至第 22 名。2018 年增速虽然回升到 5.3%，但经济增长低迷不振的颓势仍未有效扭转。如果任由这种趋势扩大，内蒙古经济增长或将面临严峻的“失速”风险，进而引发财政支付、就业民生等一系列问题。内蒙古经济增长趋缓的根源在于受到市场需求萎缩、企业投资下降影响，资源型产业这一传统增长动力放缓，而新产业、新业态、新模式培育不足。2018 年，全区战略性新兴产业占 GDP 的比重不超过 5%，短期内很难对经济增长形成支撑作用。

三是经济增长效率效益不高，富民强区效应较弱。经济效率和效益状况是反映一个地区发展质量和核心竞争力的主要指标。从反映经济效率的指标看，目前内蒙古每百元固定资产投资创造 GDP 的能力、全要素生产率、农畜产品加工转化率、资源就地加工转化率、工业园区土地产出率等都显著低于全国平均水平。从反映经济效果的指标看，有关机构发布的 GDP“含金量”指标一直处于全国各省份第三梯队靠后的位次。尽管人均 GDP 高于全国平均 50%，但 2018 年内蒙古与全国城乡居民收入的差距分别为 946 元和 814 元，不仅连续两个五年规划要达到全国平均水平的目标没有实现，且发展差距还在逐年扩大。一般公共预算收入占 GDP 的比重只有 10% 左右，比全国平均水平差一半，说明经济增长的强区效果也相对较低。

四是城乡基础设施欠账多。现有铁路网通达度有待提高，部分重要口岸等没有铁路通达，复线率和电化率低于全国平均水平。点线配套不完善，主要铁路枢纽规划、建设没有引入相关线路，制约了路网整体能力。高速铁路刚刚开通但既没有在区内形成网络又未能融入全国高铁网络。公路整体等级水平比较低，高速公路占公路里程的比重仅为 2.86%，农村牧区交通设施更为落后。运输机场密度只有 0.17 个 / 万平方公里，仅为国家平均水平的 71%，区内支线、通用短途运输航空网络尚未形成。交通基础设施的滞后，不仅使人流不畅，也极大地增加了物流成本，降低了物流效率。2017 年，全区社会物流总费用占 GDP 的比重为 17.3%（全国平均水平为 14.6%），其中运输费用（主要包括人力成本、运输车辆燃油费用、过桥过路费等费用）占社会物流总费用的 72.2%（全国平均水平为 51.2%）。

#### 2. 发展不平衡

一是区域发展不平衡。在大的区域板块方面，蒙西地区尤其是呼包鄂地区是内蒙古经济发展的主要空间板块。2016 年蒙西、蒙东经济总量之比约为 7∶3，其中，呼包鄂三市经济总量占内蒙古生产总值的 53.8%，一般公共预算收入合计占内蒙古财政收入的 57.8%，蒙西地区集聚了内蒙古 70% 的电力装机容量、80% 的炼钢和 50% 的有色金属。如果以旗县级空间板块衡量，内蒙古经济发展的不平衡性更为显著。2016 年，全区人均 GDP 值最高的旗县（伊金霍洛旗）为最低旗县（商都县）的 17.9 倍，地区 GDP 前 5 名的旗县（伊金霍洛旗、乌审旗、准格尔旗、霍林郭勒市、鄂托克旗）平均人均 GDP 是后 5 名旗县（科右中旗、阿尔山市、扎赉特旗、兴和县和商都县）的 10.96 倍。103 个旗县区人均 GDP 的标准差系数为 0.7319，属于内部发展不协调的典型省份之一。

二是城乡发展不平衡。近 20 年来，全区城乡居民平均收入比基本保持在 3 ∶ 1 的水平上，如果是富裕盟市旗县的城镇收入与较为贫困盟市旗县的乡村居民收入相比，差距更大。

三是产业发展不平衡。产业发展的多元化、均衡化对于区域经济增长具有“东方不亮西方亮”的稳定器作用，但内蒙古的产业结构单一性问题较为突出。全区玉米产量占到粮食产量的一半以上，羊的存栏量占牲畜存栏数量的 80% 以上。工业内部结构中能源工业占 38.8%，冶金建材工业占 21.4%，化学工业占 10.9%，农畜产品加工业占 14.3%，其他产业对经济发展的贡献相对较小。产业结构存在着种植业一粮独大、粮食生产玉米独大、畜牧业生产“一羊独大”、工业生产“一煤独大”等突出问题。

综上所述，处理好生态保护与加快发展的关系，实现高水平保护和高质量发展双赢，是今后相当长时期内蒙古经济社会发展的主题主线，更是内蒙古制定空间开发和优化战略的基本出发点和立足点。在保护好生态环境的条件下，为经济社会发展尽可能提供充裕、良好的空间土地支撑，并通过科学的空间和区域战略谋划增强经济发展的均衡协调性，是内蒙古制定空间战略的重要任务。

### （三）内蒙古优化空间开发格局的紧迫性

内蒙古的国土空间的本底条件相对较差，生态系统的脆弱性较为突出，从内蒙古的国土空间开发现状看，存在的问题也较为突出。

1. 国土空间的开发利用效率较低

尽管内蒙古土地面积较大，但土地利用效率和质量总体较低，生态环境比较脆弱。从利用效率看，内蒙古已经开发利用的土地面积达 8300 多万公顷，占土地总面积约为 72%，但仍有 28% 的土地没有开发利用，与全国其他省区市相比，可利用而未利用土地所占比重较高。其中未开发利用的土地主要包括草地、盐碱地、沙地、裸地，占全区未利用地总面积的 84.5%，并且主要分布在呼包鄂地区和巴彦淖尔市、乌海市、阿拉善盟、乌兰察布市等西部盟市，约占可利用而未利用土地的 79%，锡林郭勒和东部四盟市仅占可利用而未利用土地的 20%。从利用质量看，在已开发利用的土地中，农林牧用地约 8140 万公顷，占已开发利用土地面积高达 98%，更能体现发展质量和效益的建设用地面积仅为 161 万公顷，占已开发利用土地面积不足 2%，特别是城乡和工业建设用地面积不足 130 万公顷，占已开发利用土地面积仅为 1.5%。土地利用质量不高，直接导致内蒙古经济发展质量和效益低下，土地产出率远低于全国平均水平。

2. 生态系统保护的形势依然严峻

从生态环境看，内蒙古地处欧亚大陆架腹地，受气候干旱、风力强劲等影响，整体土地自然生态环境比较脆弱，加之历史上人为不合理的开发利用，自然环境遭到不同程度的破坏，土地沙漠化、荒漠化、土壤盐渍化、草场退化、水土流失等土地退化问题比较严重。近年来，随着治理力度的加大，虽然全区生态状况初步实现了“整体遏制、局部好转”的局面，但由于历史欠账多、分布面积广、治理难度大、经济技术力量有限等，土地生态环境恶化的趋势仍未从根本上得到有效控制。根据《内蒙古国土资源综合承载力评价专题研究》可知，全区有 91 个旗县（市区）的生态条件承载状态为可载，8 个旗县（市区）承载状态为超载，2 个旗县（市区）状态为临界，超载区域主要分布于东北部，按超载及临界状态土地总面积来看，内蒙古生态条件承载状态一般。

3. 矿产资源分布不均衡

作为欠发达地区，矿产资源开发是地区经济腾飞崛起的重要路径。内蒙古虽然总体上属于矿产资源富集地区，但地理分布却极不均衡。如煤炭资源主要集中在鄂尔多斯市、锡林浩特市、乌海市、呼伦贝尔市和通辽市等地区，矿产资源储量约占全区的95%，仅鄂尔多斯市一地就占全区的近40%；而巴彦淖尔市、乌兰察布市、赤峰市、兴安盟等盟市煤炭资源比较缺乏。铁、铝、铜等主要金属矿产资源分布也主要集中在少数地区，且普遍存在着贫矿多、伴生矿多、难选矿多、富矿少的“三多一少”特点，导致开发利用难度较大。

4. 节能减排和环境治理任务较重

目前，内蒙古单位GDP的能耗、水耗、污染物排放等水平也显著高于全国平均水平，节能减排压力较大。《内蒙古自治区矿山地质环境详细调查》显示，截至2017年底，全区煤矿开采形成地面塌陷地1127处，总面积为237.18平方公里，其中损毁耕地面积9.77平方公里，林地面积58.94平方公里，草地面积158.38平方公里，园地面积0.27平方公里，其他土地面积9.82平方公里。全区每年新增煤矸石、煤泥约7000万吨，累计煤矸石及煤泥堆放量5亿吨以上，占用了大量土地并造成大气、水体和土壤污染。据估算，全区每开采1吨煤大约直接破坏地下水1吨以上，恢复开采一吨煤破坏的地表需要投资50元以上，而目前财政从1吨煤中得到的效益也不过50～60元，扣除环境成本已经得不偿失。较高的资源环境代价客观上与脆弱的生态环境条件和生态优先、绿色发展为导向的高质量发展要求存在较大的矛盾。

综上所述，内蒙古既存在国土自然生态本底条件相对较差的问题，又存在之前的开发过程和结果不规范、不合理、不科学等问题，同时，目前重型化、初级化的产业特征也客观上造成了产业体系自身对环境的影响较大的问题。实现高水平发展与高水平保护双赢目标，既需要深谋远虑地统筹设计，又需要立足当下务实推动，坚持产业结构调整与空间开发格局优化协同发力，久久为功地促进经济社会的高质量和自然生态环境的可持续发展。

# 第四章　内蒙古国土空间开发的战略思路和优化方向

## 一、优化国土空间开发格局的原则要求

### （一）坚持统筹全域，发挥整体效能

任何一个地区的经济社会发展都是在特定的地理区域范围和空间格局下进行的，除非国家层面通过战争强行扩张或国内层面通过行政区划调整，这一地域范围及空间本底条件一般是不会发生变化的。也就是说，一个国家或地区要科学合理地布局人口、城乡、产业等经济活动，一般会把区域内部空间范围和国土本底特点作为一个恒定的变量，充分考虑让每一寸土地和每一种自然要素能够发挥其应有的最大效能。

对于内蒙古来说，拥有 118.3 万平方公里的土地面积，总人口只有 2500 多万人，占全国不到 1.8% 的人口却拥有全国 12.3% 的土地面积，人口密度相对较低，由此内蒙古自治区的空间布局好似应该相对简单且容易规划。但其实不然，内蒙古自治区自然地理环境的特殊性，决定了内蒙古自治区的空间开发、城乡布局、产业发展等既要遵循一般地区空间开发的普遍规律，更要突出内蒙古自治区的区域特点。

#### 1. 空间本底条件相对较差

土地类型中山地、丘陵、沙漠、荒漠等不可利用土地占比较大。这些地区地处偏远且自然条件相对恶劣，或缺水、缺地、缺资源，或风沙、雨雪、干旱等自然灾害频发，空间本底条件并不太适合人类生存，更不适合经济开发活动，导致全区土

地面积可利用的优质空间土地资源占比并不是很高。一些条件较好的区域往往是在总体恶劣的大环境下呈现小规模、零散化分布，并不具备较大城市发展和人口集聚的空间和要素支撑条件，从而使城乡及产业布局必须站在全域视角进行总体统筹。

2. 自然生态规律使然

一方面，生态空间本身就是一个大尺度、跨区域的问题。内蒙古自然地理特点表现为大山脉、大草原、大湖泊、大河流等，自然生态空间、河流流域空间等与行政区划空间及经济地理空间并不一致，一个地区单一化地谋划空间利用很难达到整体优化效果，必须从上下游、左右岸、干支流的角度进行跨行政和经济区域的统筹。另一方面，从哲学原理上分析，自然生态系统本身就是一个整体演化的开放型系统，人的命脉在田，田的命脉在水，水的命脉在山，山的命脉在土，土的命脉在林和草。山水林田湖草本身就是一个生命共同体，需要从系统论思想出发，按照生态系统的整体性、系统性和规律性，统筹考虑自然生态的各个要素，进行系统整体规划，分类保护，综合治理，维护生态系统动态平衡。

3. 空间内资源和生产要素分布不平衡

内蒙古的地域空间内资源和生产要素分布极不均衡，优势要素的叠加性差，许多地区呈现优势特别突出但短板也尤其明显的特点，提高资源要素的利用效率必须进行全域统筹和顶层设计。此外，由于各种优势要素和经济开发点的空间分布相对零散，客观上也存在着为实现区域效率最优而必须实现有机联通的问题，这也需要全域一体化的总体设计。

因此，内蒙古的空间规划必须坚持以发挥整体效能为目标进行基于全行政区域空间开发战略的顶层设计。即以国家和自治区确定的主体功能区战略和规划为指引，在统筹分析各类国土空间特点及功能作用的基础上，科学确定全区的生态功能区、经济中心、交通廊道、发展轴线、城镇群落、产业集聚区等，形成以点带面、重点突破、引领带动机制，实现区域功能协同、要素匹配和人与自然的协调。

## （二）落实生态优先，坚守生态底线

在全域统筹视角下，内蒙古的空间规划第一层次需要考虑的问题就是生态优先原则的落实问题。从经济学的角度讲，世界上每一种资源都既有稀缺性，又有多种用途。如何把有限的资源用到经济社会最需要的领域、最高效率地生产最需要的产品和服务，是经济学永恒不变的研究命题。内蒙古拥有 118.3 万平方公里的土地面积，按什么原则进行生态功能、产业功能、居住功能等方面的划分必须遵循生态优先理念指导下的经济、社会、生态效益相统一的原则。

内蒙古矿产资源富集、土地资源充裕，目前是国家重要的能源、化工、冶金、建材等能源原材料工业基地，又是国家重要的粮油及畜产品生产基地。同时，由于内蒙古横跨“三北”且地处我国大陆性季风气候上游，又是我国多条大江大河的水系源头，决定了其在全国的生态屏障功能尤其重要。相比较而言，能源原材料生产基地功能可通过进口或其他地区替代，粮油及畜产品供应也可以由其他省份承担，但唯独生态功能却具有无可替代的作用和地位。因此，如果经济发展功能和生态屏障功能出现矛盾，内蒙古更应该把生态功能放在首位，走好生态优先、绿色发展为导向的高质量发展新路子。此外，内蒙古生态条件本身的脆弱性也客观上倒逼发展战略选择必须坚持生态目标优先、经济目标次之的原则。

内蒙古在国土空间规划中落实生态优先战略，需要依次递进地解决以下三个层面的问题。

### 1. 划定生态留白

即通过划定沙漠、山脉、河流、草原、湿地、湖泊和自然保护区、水源涵养区、基本农田等生态红线，把该保护住的国土空间保护住，把不能开发利用的地方圈起来。生态红线以内严格控制人类生产生活活动侵扰，区域内矿产资源坚持不探不开，实施自然恢复为主方针，从而实现从面域层面把全区的生态本底控制住、保护好。与在一张白纸上作画是一个道理，首先第一步要做的就是把“留白”区域划定，以划定“生态留白”后余下的空间作为统筹城乡布局及经济开发活动的“底板”。

### 2. 规划建设一系列大型的生态廊道

从总体上讲，内蒙古的生态保护应坚持以自然恢复为主的方针，尤其是划定的生态红线范围内更应该坚持自然恢复为主方针。但鉴于内蒙古自治区地域广大、山川流域众多、各地区生态问题复杂多样的特点，提升和完善其生态功能也需要人力适当作为，即规划建设一系列超大型、跨区域或流域的生态廊道。坚持统筹规划设计、分步组织实施、久久为功见效的原则，规划建设一系列功能性重大生态工程，形成具有独特功能的重点生态屏障。

3. 实施点廊绿化工程，建设城乡美好小环境

在坚守生态红线管住生态本底、重大生态工程护住重点区域的基础上，要在重点生产生活地区实施点廊绿化工程，建设优美宜居的生态小环境，通过小环境的绿化美化弥补全区生态大环境的缺陷和不足。各地可结合经济发展、城乡体系和产业园区的规划建设，因地制宜地开展城市绿化、村屯绿化、园区绿化、矿区绿化、景点绿化、道路绿化、农田绿化、河岸绿化等点廊式生态项目，在全区大的生态本底上形成绿点绿廊镶嵌的生态格局。

## （三）满足独特需要，合理产城布局

在确立国土空间的生态底板后，在既定的空间格局下统筹全区人、产、城关系就成为内蒙古自治区空间规划的核心任务。对于内蒙古来说，谋划既定空间下的城乡及产业布局问题，除遵循空间规划的一般性规律外，重点需要考虑本地区经济社会发展的一些独特性需求。

1. 满足城镇化和城乡体系建设方面的特殊需要

内蒙古人口总体规模小、居住分散，同时又是边疆自治区，决定了其城镇化道路和城乡体系建设不能简单模仿其他省区市的既有模式，需要结合区情，突出特色。既要尽可能保证城乡居民生活在生态条件相对良好、内外交通便捷、自然物产富足的适宜生产生活地域，又要综合考虑守土戍边、开放协作、生态保护等客观要求，需要建立起规模适度、集散有序的城乡体系格局。既要考虑促进生产要素适度集中集聚，以提高国土空间的利用效率和产业集群效应，又要防止人口向城市过度集中，形成大量无人区造成国土空间无人值守等问题。尤其是内蒙古自治区北与俄罗斯、蒙古两国接壤，边境线长达 4200 公里，是我国向北开放的前沿，在“一带一路”建设、中蒙俄经济走廊建设中具有十分重要的战略地位。同时还拥有独特的国防地位，域内驻军部队多、兵种全、规格高，有多个国防军事重地。未来，内

蒙古自治区卫疆戍边的战略地位依然重要，在国土开发中，应充分考虑守土有责原则，为卫疆戍边的部队和边民提供基本的保障，并充分促进沿边地区经济社会发展，保卫祖国边疆稳定。

2. 满足基础设施廊道方面的特殊需要

基础设施是保证城乡人民生产生活和发展要素顺畅流动的基本保障条件，常规上说基础设施配套主要是围绕城乡体系布局和人民群众的生产生活活动需要展开。但内蒙古的独特区情决定了其除遵循一般地区基础设施布局的统一规律外，无论是空间布局、廊道分布和提供方式都要考虑本地区的独特性需要。如在区域交通体系设计中，考虑到城市间时空距离较远、但流量相对较小的实际，应该建立以航空为主导、公铁交通为辅助的交通体系；在草原牧区考虑到生态保护和动物迁徙通道等特殊需求，干线公路应以一级公路为主，尽可能减少交通体系对整个区域的分割隔离；考虑到区域一定规模的能矿产业发展和进口资源运输需要，公路设计应该考虑重载需求；考虑到区域自然地理和缺水特点，在建设施工中应该把防沙、节水等作为重点技术要求。再如，在信息网络体系中，要把基于卫星位置服务的功能设施广泛布局，以适应在地广人稀条件下公共服务的特殊需求等。

3. 满足公共服务提供方式方面的特殊需要

内蒙古地广人稀、居住分散的特点决定了公共服务的半径要比一般地区大得多、提供服务的难度比一般地区高得多，要确保全区城乡居民平等享有均等化的公共服务，就必须创新提供方式。如针对地广人稀、居住分散的特点，需要坚持固定与流动相结合、定点服务与上门服务相结合、定期访视与不定期巡视相结合等要求。除在人口相对集中的重点城镇建设教育、医疗、文化、体育、公共安全、救灾救助等辐射一定范围的固定服务点之外，还需要提供“草原 110”“草原 120”流动服务车、巡回直升机等多形式的随机服务，提升公共服务的可及性和快捷性；还需要坚持现实与虚拟相结合，充分利用现代信息网络技术、北斗卫星通信技术等手段，建立广域覆盖的无线热点基站、搭建互联网便民平台，促进社会管理信息化和居民生活智慧化。总体要求，要尽可能地考虑如何把公共服务延伸下沉到基层，以提升公共服务的可及性和快捷性。

4. 满足产业布局方面的特殊需要

要通过体制机制创新改变目前各类产业开发区存在的布局散、分工乱、水平低、效益差等问题。除了考虑生产经营成本、市场或资源就近、物流储运方便等必要的经济合理性之外，要把产业发展作为解决城乡居民就业增收的重要手段，结合全区人口分布、城乡体系、交通廊道等，统筹产业发展布局，加快各级各类园区撤并、整合、重组，促进实现人、产、城融合发展和互动互促。

## （四）坚持多点组团，便利协同协作

一个地区的城乡格局及生产力布局是经过长期历史选择形成的，除客观的自然条件外，历史文脉、经济发展、社会因素甚至偶发事件等因素都会产生重大影响，具有天然的合理性，因此，优化一个地区还必须坚持尊重历史、基于现状的原则。内蒙古自治区地域广阔，东西狭长，人口、城乡及产业分布极不均衡。东西方向集中于公铁交通干线组成的经济主轴，呈现中密边疏且“双峰”分布格局，即东部人口和经济总量主要分布在赤峰市和通辽市，西部主要分布在呼包鄂等地区；南北方向呈现南多北少、南密北疏的格局，即主要人口和经济总量重点分布在与其他省区市相接的农业区域，而北部牧区的人口和经济密度远远小于南部内边地区。这是内蒙古自治区现状生产力布局的主要特点，下一步通过空间规划进行组合和优化必须立足于这一特定现状特点。

鉴于内蒙古地域广大，自然条件、资源禀赋和产业结构差异性很大，内部各地区之间横向经济联系较弱的实际，内蒙古自治区对于内部空间结构划分和区域经济战略也进行过多年的谋划实施，并取得了有益经验。改革开放之初至 1985 年，内蒙古自治区主要实施以行政区划为依托的块状经济战略，行政区划是经济部署的主要空间承载单元。从 1986 年至 2005 年，进入以加强横向经济联系为导向的片状经济区划阶段。如“七五”计划提出了区域协调发展概念，大力发展横向经济联系，并确立了“南北结合，东西交流，外引内联，城乡互助”的总体设想，初步形成了蒙东、蒙西协同发展的经济战略。“八五”计划及“九五”计划时期，继续推动区域协调发展，对产业发展、基础设施建设、对外开放等区域协调发展的重点领域进行了更为全面的部署。进入“十五”计划时期，伴随着国家西部开发、东北振兴等区域战略的实施，内蒙古自治区开始对接国家总体战略部署，确立了“北开南联，承东启西，服务全国，发展自己”的发展方略。“十一五”规划以来，各地区开始自下而上地积极探索组团式发展模式，“呼包鄂”“锡赤通”“乌大张”等区域协调发展方案相继出现，“以线串点、以点带面”格局初步形成。“十二五”规划时期，内蒙古自治区配合国家主体功能区战略的实施，提出构筑“区域优势互补、主体功能定位清晰、人与自然和谐相处”的总体发展格局。进入“十三五”规划以来，结合国家“一带一路”、京津冀协同发展和长江经济带等区域战略，内蒙古从更高层次、更广空间全面深化经济区划与区域协调发展战略，着力塑造“要素有序自由流动、主体功能约束有效、基本公共服务均等、资源环境可承载”的区域协调发展新格局，推进呼包鄂三市协同发展，乌海及周边地区一体化发展，促进东部盟市加快发展等。可以说，改革开放以来内蒙古自治区一系列区域战略的实施，有效地推动了内蒙古自治区经济社会的全面发展。但区域发展战略顶层设计缺位、地区同质化竞争、政策落实不到位等问题仍然较为突出，需要在未来的区域协调战略规划中予以解决。

借鉴既往经验，根据区域经济发展中面临的问题，结合国家层面正在实施的重大区域战略，内蒙古优化区域战略应围绕内部协同协作和外部融入两个层面发力。一是促进内部点式突破和组团式发展。首先，内蒙古自治区地广人稀，必须考虑在广阔的土地面积上较为均衡地布局若干开发支点，以体现守土有责的特殊需要，同时也是公共基础设施廊道的主要节点。其次，内蒙古自治区生态环境脆弱、优势要素分散、条件较好地区呈绿洲式分布的特点，也决定了其大部分地区的自然要素条件难以支撑规模较大的城市发展需要。最后，从目前人口规模、自然生育和人口迁移趋势看，内蒙古自治区也不可能成为全国人口流入的重点区域，也不具备发展大型城市的人力资源基础。为此，内蒙古自治区空间开发格局必须坚持以中小城市为主、多点突破、均衡分布的方针。但是，这种分散规模小的缺陷存在城市竞争力弱、资源要素不完备、服务功能不完善且容易产生同质化竞争等问题，必须在多点布局的基础上促进各个地区和城市实现优势组合、抱团发展，通过协同协作提升区域整体竞争力。因此，内蒙古自治区还应该继续支持内部各盟市和城市之间建立各种形式的区域合作关系，尤其是支持“呼包鄂”“小三角”“阿海满”等具备前期合作基础的地区取得实质性突破。二是融合融入周边发展格局。内蒙古自治区东西狭长，内联八省，东西部各盟市之间从文化习俗、人文交往都具有明显的区域差异性，彼此间经济联系更弱。为此，内蒙古自治区不能仅着眼于区域内部中心城市的关联和带动，更应该鼓励各盟市、各城市与其相邻近的周边地区建立一体化的发展机制。如乌兰察布市构建的“乌大张”发展战略等。

### （五）衔接国家战略，融入全国大局

内蒙古作为全国国土空间和经济社会发展大格局整体中的局部、系统中的分支，除了考虑本身的条件、基础和未来发展需要之外，还需要考虑的一个重要方面就是如何融入国家发展大局，在服从服务于国家发展大局中实现自我价值和目标。因此，内蒙古自治区科学制定空间规划和战略，必须考虑与国家层面的区域战略和交通网络布局等因素无缝衔接。

#### 1. 衔接国家交通格局的变化趋势

根据调整后的《中长期铁路网规划》《中国高速铁路规划图（2012—2020 中长期规划）》和《全国民用运输机场布局规划》，国家交通格局变化对内蒙古的影响包括：京兰、包昆轴带被《全国土地规划纲要（2016—2030 年）》列入“四横四纵”的国家集聚发展重点轴带，未来将对其沿线的乌兰察布市、呼和浩特市、包头市、巴彦淖尔市和乌海市等地区的发展产生积极影响。随着京沈高铁建成通车，包头—西安客运专线的建设，将促进呼包鄂城市群与西安客运专线的建设，也将增进呼包鄂城市群与以西安为中心的关中城市群之间的联系，将对呼包鄂城市群发展起到促进作用。东部地区的两条重要高速铁路，即赤峰—京沈高铁喀左站客运专线和沈阳—通辽—齐齐哈尔客运专线的建设，将大大改善赤峰、通辽两市交通条件，绥芬河—满洲里高速铁路规划建设也将在一定程度上改善呼伦贝尔等地的交通条件，为蒙东地区扩大对外开放，强化与东北、华北地区的联系形成重要支撑。

#### 2. 衔接城镇发展格局的变化趋势

优化内蒙古空间开发格局，要充分考虑国家已经批复的《呼包鄂榆城市群发展规划》《黑龙江和内蒙古东北部地区沿边开发开放规划》等对城镇空间布局的影响。随着内蒙古自治区向北开放的深入推进和中蒙俄经济走廊建设，未来沿边地区的口

岸城市将面临加快发展的重大机遇，满洲里、二连浩特等城市及腹地的中心城市在全区城镇格局中的地位有望得到提升。尽管内蒙古自治区城镇化水平高于全国，但兴安、乌兰察布、巴彦淖尔等盟市城镇化率还比较低，随着城镇化进程的加快推进，这些盟市行政中心所在城市在区域发展中的作用将不断增强。

3. 衔接区域发展新态势

国家重视都市圈发展，对呼包鄂协同发展形成重大政策利好，有利于争取国家层面都市圈公路、快速铁路、市郊铁路等项目，对于改善空间生态环境、吸引人口要素集聚具有积极影响。国家推动东北全面振兴和高质量发展，对东部五盟市的重视程度将大幅度提高，为蒙东地区的发展增添新的动能。“乌大张”区域合作已经取得积极进展并在全国形成一定的知名度，需要进一步深化合作，积极参与京津冀布局、基础设施建设、生态环境保护等。实现与国家层面城市群、重大区域战略、产业布局、交通体系的顺畅衔接，才能促进内蒙古自治区的空间战略更加科学合理。既保证内部优化，又实现外部协同。

## 二、国土空间规划的上位引领

### （一）编制内蒙古中长期发展战略规划

一个国家或地区经济社会发展涉及政治、经济、社会、文化、生态等各个方面，指导和调控经济社会发展也需要系统化的规划体系来指导。国土空间规划在各级各类规划体系中应该居于什么地位、发挥什么作用、遵循什么样的依据来编制是做好空间规划必须解决的前提和基础。

为了明确我国现行规划体系中各类规划的地位和相互关系，解决规划体系不统一、规划目标与政策工具不协调等问题，2018 年 12 月，中共中央、国务院发布了《关于统一规划体系更好发挥国家发展规划战略导向作用的意见》。该意见明确提出要建立以国家发展规划为统领，以空间规划为基础，以专项规划、区域规划为支撑，由国家、省、市县各级规划共同组成，定位准确、边界清晰、功能互补、统一衔接的国家规划体系。其中，国民经济和社会发展五年规划纲要的功能是阐明国家战略意图、明确政府工作重点、引导规范市场主体行为，是政府履行经济调节、市场监管、社会管理、公共服务、生态环境保护职能的重要依据，居于规划体系的最顶层、最上位，是其他各类规划的总遵循，专项规划、区域规划、空间规划等均须依据发展规划编制。而空间规划主要是聚焦空间开发强度管控和主要控制线落地，划定城镇、农业、生态空间，以及生态保护红线、永久基本农田、城镇开发边界，并以此为载体统筹协调各类空间管控手段，为发展规划确定的重大战略任务落地实施提供空间保障，对其他规划提出的基础设施、城镇建设、资源能源、生态环保等开发保护活动提供指导和约束。因此，国民经济和社会发展五年规划纲要是国土空间规划的上位规划和前置规划，也是指导空间规划编制的重要依据。

从理论上讲，发展是第一要务，是总体性目标，空间规划也必须服从服务于发展大局，这是符合我国基本国情和发展方针的。但从操作层面看，由于现行国民经济和社会发展规划只是着眼于5年的发展问题，最多对后5年进行适度展望，而空间规划需要着眼于更大尺度、更长周期的长远谋划，且一旦确定很难随时调整且有严格的审批和修订程序。显然基于5年时长的发展战略无论从立意还是需求方面都很难有效指导更长周期的空间规划编制工作，空间规划客观上需要以更具长远指导性的中长期战略规划作为编制依据。

一般情况下，战略规划作为宏观层次的大方略，在国家层面研究中长期战略问题居多；而一般省份或地市级行政区域，多是遵循上级政府的战略部署、结合自身的区域特点，按部就班地确定一个发展目标，提出实现目标的具体路径及落实举措，能够满足经济稳步增长、居民生活持续改善、公共服务正常供给、资源环境可持续等要求即可。可以说，一般省级以下行政区域的发展问题大部分属于“战术”层面，多数情况下有本地层级国民经济和社会发展五年规划纲要就能够满足需要。但正如古语所云，“不谋万世者不足以谋一时”“凡事预则立，不预则废”。一个地区如果具有独特的区域功能，或处于发展进程中特定的历史关键点，则需要进行立足于中长期的更高层次的战略谋划。内蒙古完全符合这两个特点。一方面，内蒙古具有独特的区域功能。内蒙古作为民族地区、边疆地区、生态功能区、资源富集区，在全国的政治、经济、生态、军事、国防等方面功能独特，决定了内蒙古的许多发展问题必须站在国家层面进行战略设计和统筹。另一方面，目前内蒙古发展处于特殊的历史节点。党的十九大作出一系列具有划时代意义的重大历史判断，包括我国发展进入新时代，社会主要矛盾已经转化为人民日益增长的美好生活需要和不平衡不充分的发展之间的矛盾。党的十九大把习近平新时代中国特色社会主义思想确定为党的指导思想并写入宪法，坚持统筹推进“五位一体”的总体布局和“四个全面”的战略布局，践行创新、协调、绿色、开放、共享新发展理念，为我国未来相当长时期内的发展指明了方向。党的十九大对未来30年我国现代化强国建设的目标任务和基本方略作出安排部署，确定新“两步走”战略步骤，并提出要适应高质量发展新阶段的新要求，坚持质量第一、效益优先的发展原则，着力建设实体经济、科技创新、现代金融、人力资源协同发力的现代化经济体系，建设市场机制有效、微观主体有活力、宏观调控有度的现代化经济体制。这些国家大政方针的变化对于任何一个地区都是宏观发展环境的重大变迁，都需要在新的历史方位和新的时代要求中重新审视自己的优劣短长和机遇挑战，并对未来发展战略作出重新定位和适应性调整。因此，内蒙古自治区在当下编制好国民经济和社会发展“十四五”规划纲要的同时，应该坚持远近结合原则，面向2050年实现现代化目标编制中长期战略规划，进一步提升发展规划战略性、指导性和连续性的同时，为全区空间规划的编制提供更加长远和战略高度的依据。

编制中长期战略规划必须立足于中长期、着眼于战略性，在客观分析自然条件、资源禀赋、人文特色、区位条件的优劣势，准确把握外部政治经济环境变化新趋势的基础上，以习近平新时代中国特色社会主义思想为指导，体现新发展理念和高质量发展要求，结合现代化建设新部署，坚持发挥自身比较优势与融入国家和区域发展大格局相结合、自身经济社会发展与担当国家责任使命相结合的特定思维视角，研究确定内蒙古自治区经济社会发展的中长期战略定位。以中长期战略定位为引领，围绕国土空间开发格局、城乡体系构架、人口布局策略、现代产业体系方向、基础设施配套、公共服务保障等全局性、根本性问题，按照建立目标模式、比较现状差距、确立发展任务、谋划重大工程的思路，编制一个兼具宏观指导性、战略决策性、实施操作性的中长期战略规划，绘就一幅符合区情实际、衔接区域分工、群众广泛认同、中央认可支持的长远发展蓝图，并通过地方立法方式确定其核心地位，为全区制定五年发展规划和行业规划、区域规划、年度计划等提供总的指导和约束。在此基础上，空间规划依据中长期战略规划确定的目标任务进行空间格局谋划、用地保障和空间管控，从而使空间规划更加科学，减少调整频次，保证一张蓝图绘到底。

## （二）落实完善主体功能区战略和制度

主体功能区战略是国家从“十一五”规划时期提出并开始实施的一项重大国土空间管控战略，是在对不同区域的资源环境承载能力、现有开发密度和发展潜力等要素进行综合分析的基础上，以自然环境要素、社会经济发展水平、生态系统特征以及人类活动形式的空间分异为依据，划分出具有某种特定主体功能的地域空间单元。主体功能区规划按开发方式将国土空间划分为优化开发、重点开发、限制开发和禁止开发四类主体功能区，并提出按照区域主体功能定位调整完善区域政策和绩效评价，规范空间开发秩序，形成合理的空间开发结构。优化开发区是对开发过密的区域进行调控，引导其优化开发区域增强自主创新能力，提升产业结构层次和竞争力；重点开发区是对资源环境承载能力较强、现有开发密度还不高、发展潜力巨大的区域，引导其加强产业配套能力建设，增强吸纳产业转移和自主创新能力，加大开发力度；禁止开发区是指对自然保护区、水源涵养地等区域禁止开发，防止对资源与环境的破坏；限制开发区是指对生态脆弱、资源环境承载能力较弱的区域，引导其发展特色产业，限制不符合主体功能定位的产业扩张，以防范大规模地开发引致生态系统进一步失衡等。

按层级划分，主体功能区规划分为国家和省级两个层次。国家提出主体功能区规划后，为深入推进《内蒙古自治区主体功能区规划》实施，内蒙古自治区政府出台了《内蒙古自治区人民政府关于自治区主体功能区规划的实施意见》，明确了各类主体功能区范围、功能定位和发展方向。在落实主体功能区战略方面，内蒙古自治区通过差异化规划和不同的产业引导政策，着力提升重点开发区域工业化和城镇化水平，进一步增强重点开发区域承载能力，加大交通基础设施建设力度，大规模推进工业化和城镇化水平，将重点开发区域地区 GDP 占全区地区 GDP 的比重提高到 80%，人口占全区的比重提高到 60% 左右。加强限制开发区域的现代农牧业发展和生态安全建设，提出建设“两区两带”农畜产品供给功能区、“两线五区”生态安全功能区，因地制宜发展资源环境可承载的特色产业，引导超载人口逐步向重点开发区域有序转移。加大禁止开发区域的生态功能和文化资源保护力度，加强对各级各类自然保护区、风景名胜区、森林公园和地质公园实行强制性保护，严禁不符合主体功能定位的开发活动，支持适度发展特色产业等。通过主体功能区规划的有效实施，对于内蒙古自治区实现经济社会发展和生态环境保护双赢发挥了重要作用。

实践证明，主体功能区规划作为我国第一次颁布实施的中长期国土开发总体规划，对于实现人口与经济合理分布促进区域协调均衡发展、提高资源利用率实现可持续发展、促进公共服务均等化实现共享发展均发挥了重要作用。但从实施层面看，目前主体功能区规划还存在一系列不足。一是空间边界模糊。目前的四类功能区划分主要是基于行政区划边界整体划定的，并没有很好地考虑到流域、山脉等整体性的要求，城市化地区、农产品主产区和重点生态功能区等功能划分也过于笼统，不利于国土空间规划更细致和更系统化地操作。二是规划编制有欠缺。由于当初规划制定时对资源环境承载力评价、开发现状底数及未来发展需求摸排和研究工作不够扎实，在规划实施中对于区域经济社会发展形成一定的制约，造成一些地区规划实施积极性不高，实施效果不理想。三是与主体功能区规划衔接配套的政策体系不到位。如配套主体功能区定位的差别化财税投资政策、转移支付政策、生态补偿政策、公共服务补贴补助政策等没有做好有效的配套衔接，从而影响着规划的实施和作用的发挥。按照最新国土空间规划多规合一要求，主体功能区规划不再单独编制，但主体功能区作为更高层次战略和制度的空间管控顶层设计必须坚持和强化树立，必须成为国土空间规划的前置和引领性依据，而由于现行主体功能区规划还存在一定的缺陷和不足，必须结合我国进入新时代后国内外政治经济形势的变化和现代化强国的建设需要，结合内蒙古自治区级国土空间规划开展对主体功能区进行优化完善，并通过深化改革完善与主体功能区战略相配套的政策保障体系。

## 三、各类国土空间的开发格局及管控策略

根据国家对内蒙古的发展定位，结合国家交通格局、城镇发展格局、区域经济发展变化的新趋势，充分研判自治区国土空间开发格局存在的突出问题和现实诉求，按照卫国戍边、生态优先、分工协作、协同开放的总体要求，需要以自然环境和资源禀赋为基础，以经济社会发展的内在联系为核心，以解决区域共性问题为原则，以促进区域间和区域内协调配合为着力点，调整和优化内蒙古自治区国土空间开发格局，并制定不同类型的分区管控策略，推动内蒙古自治区区域经济实现协调

协同和绿色高质量发展。

### （一）国土空间总体架构及分区发展导向

内蒙古国土空间地域广袤，各地区自然本底条件、产业结构、人文特点等都存在着较大的差异性。在全域统筹、顶层设计原则指导下，如何结合各个地区的不同特点和优势，对全区的国土空间作出相对合理的功能分区并提出原则性的发展导向，是科学制定空间战略及规划的前提和基础。一直以来，内蒙古自治区的总体发展格局基本上是以地理区位为基础，按行政区划确定大的板块区域引导全域发展的，如在“七五”计划和“八五”计划等时期，内蒙古自治区曾经以东、中、西三大板块的区域架构分别进行区域空间战略设计和发展要素配置，在国家实施西部大开发和东北振兴战略以后，基于融入国家发展战略的需要，内蒙古自治区又立足于东、西两大板块制定发展战略。但无论是两大板块还是三大板块的空间架构都没有很好地突出内蒙古自治区的区域特点，区域发展战略导向也缺乏针对性。为此，根据绿色高质量发展的现实要求，内蒙古自治区在新形势下应该按照自然条件相似性、面临问题同质性、发展目标同向性和优势要素协同性的原则要求，对内蒙古自治区全域国土空间的总体功能分区架构进行科学设计。

关于内蒙古国土空间的科学经济区划问题，内蒙古自治区研究室委托国家发展改革委经济研究所的研究团队做了专题研究。课题组科学研判未来环境变化给内蒙古自治区带来的机遇和挑战，着眼于解决内蒙古自治区经济社会发展中存在的集聚度不高、核心带动不强、优势要素分离、新平台载体不足、资源型产业比例大、贸易“酒肉穿肠过”等现实问题，综合考虑国家交通网络、城乡格局、区域态势、开放合作等因素影响，按照无问西东、增量提升、生态优先、集聚发展、开放联动、转型升级的要求，提出内蒙古自治区应构建“一核三区”区域策略，并提出各功能区的发展方向。

“一核”是指呼包鄂乌发展核。区域范围包括呼和浩特市、包头市、鄂尔多斯市、乌兰察布市和锡林郭勒盟西南部的二连浩特市、苏尼特右旗、镶黄旗、正镶白旗、正蓝旗、太仆寺旗和多伦县等七个旗县市。呼包鄂三市空间相连、经济发展及合作基础好，作为呼包鄂榆国家级城市群的重要组成部分，是内蒙古自治区发展的主核。随着北京至呼和浩特高铁、集宁至大同高铁的相继开通，乌兰察布市作为内蒙古自治区对外交通综合枢纽的功能日渐凸显。从未来城市群的功能组织联系和融入京津冀协同发展格局的战略需求考虑，将呼包鄂乌作为一个功能区统筹考虑，有利于提升对外辐射和内部集聚能力。二连浩特市作为中蒙主要开放口岸，与呼包鄂乌发展核联系更为紧密，锡林郭勒盟南部六旗县处于农牧交错地带，人口较为密集，通过划入呼包鄂乌发展核，加强与核心地区的经济联动，引导人口向核心地区集聚，强化核心的集聚功能和辐射带动作用，着力打造成为内蒙古自治区经济社会高质量发展的引擎和区域功能组织的中枢。

“三区”之一是东北部绿色与开放发展区。范围包括呼伦贝尔市、兴安盟和锡林郭勒盟除西南部七个旗县市之外的区域。这一区域属于典型的草原地区，畜牧业资源、人文旅游资源丰富，煤炭资源也很富集，资源禀赋高度相似，边境线占内蒙古自治区的70%，边境口岸占自治区的2/3，具备较为相似的区域本底属性和区域经济特征。从国家战略看，这一地区是华北和东北的重要生态防护带，生态环境约束较大，绿色发展导向明显。同时，这一区域对蒙、对俄口岸多，承担着国家向北开放的重任。因此，这一区域应在旅游协作、绿色发展、开放合作等方面制定支持性政策和约束性举措相结合的政策体系，着力打造成为绿色发展示范区和开放发展带动区。

“三区”之二是东南部转型升级发展区。范围包括赤峰和通辽两市所属的各个旗县市区。这一地区是内蒙古自治区东部人口和经济密度较高的集聚区，区域内有色金属、煤炭等矿产资源丰富，产业发展资源型特征明显，产品附加值不高，新兴产业刚起步，转型发展压力较大，面临相似的经济属性和发展难题。此外，赤峰市与通辽市长期以来与东北地区联系紧密，尤其与沈阳经济区和哈长城市群联系较强，是内蒙古自治区融入东北振兴大局的前沿阵地。因此，这一地区应重点围绕转型升级主题，制定针对性政策举措，加速区域经济结构调整，加强与东北地区的融入与联动，着力打造资源型产业转型发展试验区和新旧动能转换示范区。

“三区”之三是西部生态经济发展区。范围包括乌海市、巴彦淖尔市和阿拉善盟。这一区域戈壁沙漠面积占比高，水资源比较匮乏，属于典型的生态脆弱地区，生态环境治理和保护压力大。这一地区应通过制定强制性的生态约束政策体系，引导人口和产业的空间点状开发，打造节水型绿色经济体系，减少对生态环境的人为干扰，有效遏制沙漠化蔓延态势，推动生态修复和生态环境改善，构建以生态经济发展为主题的功能区。

这一空间分区及发展导向策略既基本保证行政区划的完整性，尽可能减少行政利益对经济区划的掣肘，又基本体现区域自然本底条件及自然禀赋的相似性、面临问题的共同性和发展导向的一致性要求。相对于过去简单地以地理区位划分的区域板块更为科学合理，对内蒙古自治区走好生态优先、绿色发展的高质量发展新路子具有重要的指导意义，应成为内蒙古制定空间分区战略的重要依据。

### （二）生态空间格局及分区管控策略

在确定国土空间的总体分区架构和发展导向后，就要从国土空间的本底条件出发，结合各功能分区的功能定位和发展导向，采取差异化的国土空间开发策略和方针，遵循流域、山体、湖泊湿地、草原平原等各类生态功能区一体化谋划和山水林田湖草系统化统筹的原则，设计好全域的生态空间格局，作为一切经济社会活动的基础。内蒙古自治区作为我国北方重要的生态屏障，草原和森林面积均居全国首位，水域和湿地面积也居全国前列，重点生态功能区占全区土地总面积的77%，且生态系统脆弱，故应按照保护与建设并重的原则，着力构建好生态空间格局，并实施“分类管控、线域共制”的生态管制战略。

#### 1. 护住基本面

即通过划定包括土地沙化敏感性生态保护红线、生物多样性维护生态保护红线和江河湖库水资源敏感性生态保护红线在内的多条生态保护红线，对内蒙古自治区全域生态空间实施分类管理，强化对沙漠戈壁生态本底、大型山脉生态本底、绿化植被和沙生植物生态体系、河流湿地水资源体系等重点或特定生态功能区域的控制和保护，进而划定全区生态空间管制的基本面域，更为有效地遏制生态环境恶化。

一是划定重点山脉生态保护红线，重点保护大兴安岭、阴山、贺兰山、龙首山等共同构成的东西天然生态屏障。

二是划定土地沙化敏感性生态保护红线。作为控制沙漠、戈壁范围的生态底线，严格控制戈壁荒漠化和沙漠规模扩大化趋势，重点控制巴丹吉林、乌兰布和、腾格里、库布齐等沙漠和浑善达克、科尔沁等沙地边缘，以及域内沙漠与绿洲交错等区域，尤其对具有涵养水源功能的沙漠湖盆绿洲区进行重点保护。

三是划定江河湖库等水资源敏感性保护红线，实现区域内湖泊、河流、地下水等水资源开发总量和强度双控，最大限度地遏制水红线范围缩小。特别要控制好广泛分布于草原、沙漠中的湖盆范围和嫩江、辽河、海河、黄河内蒙古段、额济纳河等地表水域。

四是划定生物多样性维护红线，重点依托大青山、阿鲁科尔沁、红花尔基樟子松林等24个国家级自然保护区，哈素海、南海子湿地、梅力更等60个自治区级自然保护区，摇林沟、灯笼河、松树山等25个盟市级自然保护区和石人湾、白二爷沙坝、春坤山等76个旗县级自然保护区形成生物多样性保护红线，并在合理利用水资源的前提下适当扩大保护范围，保护区域内绿化植被和沙生植物生态体系，并保护好区域内的基本农田等农业空间和森林、草原等生态空间。将生态红线范围内作为内蒙古生态空间的基底面域，作为国土空间开发的留白区域，严格控制人类开发活动侵扰，坚持自然恢复为主的方针，促进生态环境修复和改善。

### 2. 建设重大生态屏障工程

针对内蒙古地域广大、山川流域众多、各地生态问题复杂多样的特点，除了通过生态红线将生态空间的基本面域稳定住、保护好以外，还需要坚持统筹设计、分步实施、久久为功的原则，充分利用山脉、河流等自然本体，规划建设一系列屏障性重大生态工程，总体上完善提升区域生态功能。可从以下几个方面考虑。

一是将大兴安岭整体申请列为国家生态保护综合试验区。统筹协调呼伦贝尔市、兴安盟等盟市及黑龙江、吉林两省相关地区，围绕天然林保护设计重大生态工程和综合性政策体系。

二是实施阴山山脉绿化工程。在目前呼和浩特、包头等盟市实施大青山南坡绿化工程的基础上，统筹呼和浩特、包头、乌兰察布、巴彦淖尔等盟市和河北省张家口市等相关地区，共同规划实施阴山山脉绿化工程。

三是实施黄河生态走廊建设工程。协调阿拉善、乌海、巴彦淖尔、鄂尔多斯、包头、呼和浩特等沿黄盟市，共同在黄河两岸建设绿色生态走廊。

四是规划建设贺乌狼生态屏障。即在乌兰布和沙漠建设生态屏障连接贺兰山至狼山的“山脉缺口”，堵住风沙流入河套平原和黄河的“西风走廊”。

五是建设额济纳河流域生态修复工程。积极争取国家加大黑河下游生态补水力度，并在沿黑河流域和东西居延海实施生态修复工程。

六是实施蒙东地区大水网建设工程。通过规划建设大型水源控制工程、区域调水工程等项目，把蒙东地区的辽河、嫩江、额尔古纳河等水系连接起来，实现河湖连通和水源互济，着力解决水资源短缺与利用不足并存的问题，提升蒙东地区水资源利用效率。通过上述各类生态屏障建设，促进内蒙古自治区整体生态功能的优化提升。

### 3. 建好绿点绿廊

在保护好区域内脆弱、敏感的生态本底和建设好重点生态功能性屏障的基础上，在集聚人口和产业发展的沿黄河沿交通干线、沿边口岸经济带等重点开发区域内，在重点城镇、各类产业园区、交通廊道、重点河流湖泊、旅游景区等重点地区，坚持点廊开发结合、乔灌草结合的原则，利用好国家天然林保护、风沙源治理、退耕还林还草等重大生态建设项目，实施点廊绿化工程，建设优美宜居的生态小环境，通过小环境的绿化美化弥补全区生态大环境的缺陷和不足。可考虑各地区结合经济发展、城乡和产业园区的规划建设，因地制宜地开展城市绿化、村屯绿化、园区绿化、矿区绿化、景点绿化、道路绿化、农田绿化、河岸绿化等“点廊式”生态项目，在全区大的生态本底上形成绿点绿廊镶嵌的生态格局。

### 4. 加强生态修复治理和环境污染防控

针对内蒙古自治区过去经济社会发展造成的草原超载过牧导致沙化退化，过度应用农膜化肥农药造成耕地河流污染，矿山开采导致山体破坏和水土流失，资源型产业集聚导致空气污染加剧等问题，要在近几年污染治理攻坚战取得成效的基础上，继续加大生态修复治理和环境污染防控力度，力争使存量环境问题得以解决，增量环境问题得到有效控制。

一是继续实施矿山修复治理、土地整治、盐碱地改良、水土流失治理、退耕还林还草等重点生态工程，修复重点草原、山体、耕地、水面等自然要素存在的生态破坏问题。

二是抓好重点开发城镇和工业园区，加快完善重点城镇、产业园区的“三废”处理设施，加强现有产业项目的节能、节水、减排改造，重点产业领域的环境污染整治与低碳减排，提高区域环境质量和综合承载力。同时坚持实施最严格的环境保护制度，进一步提高招商引资产业政策门槛和工艺技术环境标准，严控高污染、高耗能企业进驻，提高区域环境风险防范能力。

三是在全区的生态脆弱敏感区内，建议全部关停生态保护区内的矿山企业并做好生态环境恢复，防止对生态环境的不可逆破坏。

四是积极实施农业“四控”工程，减少化肥、农药、农膜使用量，控制农牧业面源污染。

### （三）城乡体系及空间布局策略

城镇和乡村是人民生活和经济活动的主要承载体，规模适度、布局合理的城乡体系，是优化国土空间布局的关键。综合考虑内蒙古自治区空间地理格局、城乡布局现状、交通基础设施、未来人口趋势和经济社会发展需要，在遵循国土开发生态底线要求的基础上，统筹对外开放要求和内外协同协作需要，按照适应环境特点、做到规模适度，尊重历史现状、做到增量优化，注重产城融合、服务经济发展，突出功能要求、做到集散有序，坚持以人为本、宜居宜业宜游的发展方针和原则要求，内蒙古自治区应着力构建“核心带动、节点支撑、轴带推进、城乡统筹”的城乡发展格局，形成“一核多中心、一带多轴线”的城镇空间结构，促进大中小城市、小城镇和农村牧区协调发展，形成全区全域统筹、梯次配置、城乡协同的发展格局。

#### 1. 提升呼和浩特首府城市首位度

通常情况下，省会（首府）城市由于其特定的行政中心地位和高端要素集聚优势，往往成为带动区域经济发展的龙头和引擎。我国许多省会（首府）城市不仅经济体量在当地占有较高比重，而且其产业体系也往往具有较强的辐射带动作用和服务保障功能。目前，呼和浩特市 GDP 仅位列全区各盟市第 3、工业增加值在区内排名第 5、公共财力和城乡居民收入水平也仅居于中游水平，经济规模首位度、产业结构首位度均偏低，难以担当引领区域经济转型升级的重任。必须通过空间规划为呼和浩特市提供更大的发展空间和回旋余地，尤其要以建设和林格尔国家级新区为契机，在尽快做大呼和浩特市城市规模和经济总量的同时，围绕打造全区的科技研发中心、金融服务中心、开放协作中心和物流商贸集散中心、区域总部经济中心等核心功能，支持呼和浩特市着力构建高端化、服务型、引领性的现代化产业体系，做大做强内蒙古自治区经济社会发展的龙头。

### 2. 做大做强盟市所在地区域中心城市，强化自治区东西发展主轴线

充分发挥海拉尔、乌兰浩特、锡林浩特、通辽、赤峰、集宁、包头、东胜、临河、巴彦浩特等盟市行政驻地城市的集聚效应，积极完善产业支撑和市政公共设施配套功能，打造成为盟市空间功能和要素配置的组织核心，形成内蒙古自治区东西发展轴线的特色功能节点，并通过现代化的交通体系加强各个节点间的时空和经济联系，引导人口、产业、土地、资金等要素集中集聚集约利用，在提高资源配置效率，减缓面上生态保护压力的同时，推动构建科学合理的区域空间开发格局。

### 3. 结合开放廊道和交通基础设施建设，优化内蒙古自治区南北发展轴线

发挥内蒙古自治区横跨“三北”、外联两国、内挽八省的空间区位优势，结合对外开放、内部协作、陆海协同的开放协作需求，立足于内蒙古自治区城镇体系现状，加强边境口岸城镇、腹地中心城镇和沿线特色城镇的交通联系及经济分工，构建内蒙古自治区南北城镇体系廊道体系。可从以下几个方面考虑。

首先，建设中欧东线走廊，重点是串联满洲里国家级口岸、海拉尔区等区内中心城市，区外连接哈大齐经济走廊，促进内蒙古自治区更好地融入东北振兴格局和中蒙俄经济走廊建设大局。

其次，建设中欧中线走廊，重点是串联二连浩特国家级口岸、呼和浩特与乌兰察布市，区外连接张家口市，最终衔接北京市，促进内蒙古自治区更好地融入京津冀协同发展大局。

再次，融入“西部陆海新通道”建设战略，由重庆、四川等省份发起，并得到广西、甘肃、贵州、陕西等省份积极响应的“西部陆海新通道”，目标是利用铁路、公路、水运、航空等多种运输方式，由重庆向南经贵州通过广西北部湾等沿海沿边口岸，通达新加坡及东盟主要物流节点；向北与中欧班列连接，利用兰渝铁路及西北地区主要物流节点，通达中亚、西亚、欧洲等区域。目前，这一建设设想已经得到国家认可，内蒙古可考虑发挥沿边优势，利用阿拉善乌力吉口岸，串联巴彦浩特，经宁夏中卫南下衔接“陆海新通道”，打通提升内蒙古西部连接长江经济带并更好地融入丝绸之路经济带的联系。

最后，内蒙古还可以结合内引外联的开放合作需要，鼓励和支持建设串联珠恩嘎达布其口岸—霍林河—通辽—赤峰—锦州的陆海协同东部城镇走廊，串联阿尔山口岸—乌兰浩特—吉林白城的城镇走廊，策克—巴彦浩特，甘其毛都—临河—乌海等内蒙古自治区内部口岸城镇与腹地中心城市联动发展的轴线，总体上形成内蒙古自治区“东西一带、南北多轴”的城镇体系格局。

4. 促进大中小城市组团发展，打造若干各具特色的城市群

城市群建设目前是新型城镇化的重要抓手，也是推动区域协调发展的重要力量。内蒙古自治区在完善城镇体系和纵横轴线的同时，要以城市群为主体引导人口、产业、交通等经济要素优先配置到具有巨大发展潜力的城市群区域，形成大分散、小集聚的格局，推动区内城乡及经济分工布局合理化，推动国土空间内的集聚发展。

首先，强化呼包鄂城市群的核心地位。以呼和浩特市、包头市、鄂尔多斯市中心城区和准格尔旗薛家湾、大路为节点，强化包头市、鄂尔多斯市区域副中心城市地位，推进准格尔旗“撤旗设市”，构建城市群核心层。将托克托县、和林格尔县、土默特左旗、土默特右旗、伊金霍洛旗、达拉特旗和凉城县、卓资县的城关镇打造成为功能复合的卫星城。以基础设施互联互通为基础，以同城化建设为载体，以优化要素配置为核心，以区域统一市场构建为重点，着力推动基础设施共建共享、生态环境联保共治、产业互补协作、基本公共服务均等化，整合区域创新资源，推进创新资源共享，显著提升区域整体竞争力和发展活力。

其次，积极打造锡赤通城镇带。推动锡林浩特市—正蓝旗—多伦县、赤峰中心城区—喀喇沁旗、通辽科尔沁区—通辽经济技术开发区—奈曼旗一体化建设，形成锡赤通城镇带核心。建设综合快速交通系统，缩短三盟市之间及对外经济距离，促进要素相向流动，形成以锡林郭勒盟、赤峰市、通辽市中心城区为中心，以旗县城关镇为节点，向村镇延伸，融入环渤海和东北经济区的锡赤通城镇体系框架。

再次，发展乌海周边城及巴彦淖尔镇片区。加强区域整合和跨界协调，全面实施乌海及周边城镇规划，打造以乌海为中心，以乌斯太镇、鄂托克旗经济开发区和部分建制镇为节点，推动临河区—杭锦后旗一体化发展，强化与宁夏、甘肃沿黄城市要素相向流动的联系，形成内蒙古中西部转型发展城市组团。

最后，建设呼伦贝尔市、兴安盟城镇片区。着力打造贯通大兴安岭岭西与岭东的环形交通体系，建设海拉尔地区—满洲里市—牙克石市—额尔古纳市—根河市—扎兰屯市—阿尔山市—乌兰浩特市“呼兴生态文化旅游城镇圈”，推动海拉尔区—呼伦贝尔经济开发区—鄂温克旗、乌兰浩特市—科右前旗一体化建设，有序引导大兴安岭林区人口向呼伦贝尔市中心城区、乌兰浩特等中心城区和牙克石市、扎兰屯市等周边重点城镇转移。

5. 建设特色化的村镇体系，促进乡村振兴和城乡协调

首先，优化农村牧区发展布局，坚持人口资源环境相均衡、经济社会生态效益相统一原则，建立人和自然有机融合的乡村空间关系。坚持节约集约用地，遵循乡村文化传统，划定空间管控边界，合理配置公共服务和基础设施，维护原生态村居风貌，保留乡村景观特色，保护自然和人文环境，打造集约高效的生产空间，营造宜居适度的生活空间，保护山清水秀的生态空间。

其次，分类推进农村牧区居民点发展。顺应村庄发展规律和演变趋势，根据不同村庄的发展现状、区位条件、资源禀赋等条件，采取或集聚提升，或融入城镇，或特色保护，或搬迁撤并等多措并举，分类完善乡村体系，并持续推进农村牧区人居环境整治工程。

最后，有重点地发展特色小城镇。发挥小城镇连接城乡的关键节点作用，坚持与特色产业发展相结合、与服务“三农三牧”相结合的基本要求，分类指导、择优培育，引导小城镇走特色化、集约化、现代化的发展道路，建设城乡一体化和农牧民就近就地城镇化的重要载体。

## （四）产业空间布局及发展导向

产业是区域经济发展的支柱，产业空间也是空间开发的重点区域。合理的产业布局不仅有利于促进资源有效利用、提升生产效率、服务城镇发展，也可以有效保护自然环境，实现发展与美丽双赢。优化产业空间布局需要正确处理全局和局部、基础和潜力、需求和可能等关系，搞好分区规划、分类指导、突出重点、落细定位，细化明确重点区域功能和重点产业布局，并制定规划引导和产业政策约束相结合的实施机制。

1. 做好四大功能区的产业发展分区导引

根据前述依据内蒙古自治区国土空间特点和发展现状确定的“一核三区”空间架构和功能定位，每个功能区的产业发展也必须根据功能定位制定产业方向。呼包鄂乌发展核心区作为内蒙古自治区经济社会发展的主核，要按照统筹规划、分工协作的要求，重点发展农畜产品加工、能源化工、稀土新材料、大数据、装备制造、文化旅游等产业集群，打造成为内蒙古自治区新型工业化的主战场，建成内蒙古自治区现代化经济体系的集中承载地和高质量发展的新引擎。东北部绿色产业发展区既是重点生态功能区，也是农畜产品主产区，需要根据资源禀赋、主体功能等差异，因地制宜施策推进。发挥区域范围广、草原生态好、对外口岸多、煤炭资源丰富的组合优势，重点发展草原旅游、清洁能源、绿色农畜生产加工和进口资源精深加工等产业集群，发展节水灌溉饲草地，促进畜牧业的可持续健康发展，积极参与中蒙俄经济走廊建设，加强与京津冀地区和东北地区协调联动发展，打造我国北疆重要的开放前沿阵地、生态防护重地、能源开发基地和旅游发展高地。东南部赤通产业转型升级区要按照绿色高效、链条延伸、品牌支撑、转型升级的发展思路，以资源环境承载力为前提，以改变低端粗放资源加工型产业结构为主攻方向，重点推动能源冶金、农畜产品加工、蒙医药加工等主导产业转型升级，不断完善资源深加工产业链条，提高高端工业产品比重，打造一批高端工业制成品品牌，加强与沈阳经济区和哈长城市群的对接发展，发挥珠恩噶达布其口岸功能，推动形成双向开放新格局。西部生态产业发展区针对戈壁沙漠占比高、水资源匮乏、属于典型生态脆弱地区的实际，需要按照点上开发、面上保护、减量发展的思路，加快推动传统产业转型升级，重点发展资源深加工、沙产业、旅游业、农畜产品加工业和生态农牧业，大力发展节能环保产业，打造高效集聚、产城融合的区域空间开发格局。

2. 科学合理划定各类产业空间

不同产业具有不同的特点，各地区各类产业空间的细化落地需要遵循不同的原则分类施策。

首先，要坚持自然为本原则合理规划农牧业生产空间。农牧业是自然属性和经济属性兼备的产业门类，各个地区的水肥气热条件不同，当地适合种养什么作物和家畜品种往往是经过长期自然选择与当地气候条件相适应的结果，一般具有天然合理性。因此农牧业空间的划定必须以自然环境和气候特点为依据，按照优势农畜产品产业带的思路进行。从内蒙古自治区各地区的自然特点看，农业生产空间应重点在河套—土默川平原、老哈河—西辽河流域平原和大兴安岭沿麓—嫩江流域平原三大农业主产区划定，并根据各地自然特点和种植传统实施分类导向政策。重点是扶持建设玉米产业带，支持光热水资源丰富的西辽河流域、土默川平原和河套平原等优势区域发展籽粒玉米生产，提升优势区域集中度和规模化玉米种植水平。扶持建设马铃薯产业带，支持阴山沿麓和大兴安岭沿麓地区优化马铃薯种薯、加工专用薯和鲜食薯区域布局和种植结构调整，提高生产水平和产业化经营程度。扶持建设优质大豆产业带，支持呼伦贝尔市、兴安盟等东部主产区发展绿色、有机大豆生产，大力推广粮豆轮作种植模式，发挥东北地区种植大豆的传统优势，促进结构调整与用地养地相结合。扶持建设设施蔬菜基地，突出区域特色和规模优势，重点打造东部设施蔬菜外向型基地、中东部环京设施基地、中西部环城设施基地、西部出口设施基地等具有区域特色的设施农业生产基地。畜牧业生产空间应根据自治区范围内不同的草原类型划定。呼伦贝尔市—科尔沁草甸草原区由于水资源比较丰富，植被以旱生和广旱生多年生草本植物为主，是草原向森林过渡的地带，畜种以肉羊、肉牛、奶牛、三河马为主，是内蒙古自治区重要的畜产品放牧养殖基地，需要坚持草畜平衡，严禁过度放牧，防治草原沙化的思路，鼓励养殖大户、规模化养殖企业采取土地流转等方式进行规模化青贮玉米、苜蓿等优质饲草料种植，提高种养植效益。锡林郭勒—察哈尔典型草原区由于植被以旱生多年生丛生禾草和蒿类半灌木为主，畜种以肉羊、奶牛、蒙古马为主，是内蒙古自治区重要的畜产品养殖加工基地。需要探索实施草原轮牧休牧、放养结合的路子，支持草畜平衡区优化畜产品结构，实施“减羊增牛”战略，逐步提高畜产品质量，在禁牧区继续实施草原补奖政策，严格控制放养活动。乌拉特—阿拉善荒漠草原区由于植被以强旱生多年丛生禾草和强旱生小半灌木为主，畜种以肉羊、山羊、骆驼为主，需要加强围封转育，实施退牧还草，合理开发利用水资源，鼓励发展高产优质苜蓿草产业，保护区域生态环境。鄂尔多斯高原典型草原区畜种以山羊和细毛羊为主，应该鼓励发展规模化养殖，推行绒毛分选分级制度，延伸羊绒产业链，做强产品品牌，支持草场有序流转，发展规模化、集约化家庭牧场。此外，还要支持嫩江、西辽河、黄河三大流域农业区和呼伦贝尔市、锡林郭勒盟两大较好的草原区大力发展牛奶生产，支持兴安盟、通辽市、赤峰市、乌兰察布市、巴彦淖尔市和呼伦贝尔市岭南地区，大力发展生猪标准化规模养殖。支持鄂尔多斯、巴彦淖尔、阿拉善等盟市，大力发展内蒙古白绒山羊养殖等，形成内蒙古自治区各具特色的优质农畜产品产业带。

其次，坚持园区主导、集中集聚、错位发展原则合理确定工业发展空间。工业经济需要便利的交通条件保障原料和产品顺利进出，上下游产业之间的物料关系需要关联产业集聚，工业生产伴生的“三废”排放处理也需要集中进行，同时工业经济需要的多方面生产生活服务也需要产城融合配套，这就决定了工业经济必须以园区为载体集中集聚发展。内蒙古自从20世纪90年代初建设第一个工业开发区以来，经过近30年的发展，基本形成了以国家和自治区级开发区为主体、盟市和旗县级开发区为补充的园区体系。开发区承载了内蒙古自治区70%以上的工业经济总量，在全区经济发展中的地位与作用日益突出。但是，目前内蒙古自治区工业园区发展中还存在着一系列深层次矛盾和问题，主要表现为布局分散，产业集聚和协同效应较差；投入和产出水平双低，园区质量效益有待提升；用地紧张与空置浪费并存，集约化发展水平亟待提高；资源配置低效，低水平同质化竞争问题突出；产业特色不突出，核心竞争力较弱等。下一步，内蒙古自治区一方面要通过空间规划对全区工业园区的布局和规模等作出导引和约束；另一方面也要通过各类差别化的产业政策着力解决工业园区的空心化、同质化等问题。要优化方向。第一，推动产城融合发展，按照工业化和城镇化良性互动、产业功能和城镇功能融为一体的总体思路和以产兴城、以城促产、产城一体的发展模式，加快开发区布局调整，推动产城一体发展，促进两化融合。第二，推动合作共建，树立合作共赢和协同发展的理念，创新旗县区GDP核算和税收分成制度，支持开发区在现有基础上进行优化整合和跨行政区合作共建。第三，促进产业融合，强化各开发区内部的产业融合、开发联合、机制整合，推动产业集聚区内各开发区基础设施共建共享，实现协调、合力发展。第四，明确产业导向，立足各园区比较优势，统筹资源配置，围绕提高核心竞争能力培育开发区主导产业和区域品牌；围绕强化产业关联推进产业链延伸拓展和链接配套，在继续培育一批超百上千亿元的园区、努力扩大园区产业规模的同时，加快推进产业结构优化调整，提升开发区发展质量和水平。第五，引导特色突破，在现有国家和自治区级开发区中，选择具备较强产业基础和良好基础设施条件的开发区，加大政策扶持力度，坚持优势更优、特色更特，强化分工协作，统筹资源配置，推进要素整合，培育壮大优势特色产业，积极发展与主导产业契合度较高的关联产业、配套产业，实现集群共生、联动发展。

最后，坚持产城融合、产园融合原则，以集聚区建设为重点，科学确定服务业发展空间。服务业具有被动型成长属性，即服务业的发展方向和布局选择往往决定于一产、二产等物质生产部门发展所带来的人流、物流、资金流和信息流状况，根据人流向城镇集聚、产业向园区集聚的主要趋势，服务业的产业空间需要与城镇发展空间和园区发展空间统筹设计和一体规划。第一，在中心城市合理规划服务业集聚区，通过引入新业态和新商业模式，加快建设和提档升级一批服务业集聚区，形成现代物流园、商贸服务区、旅游休闲区、中央商务区、科技创业园等门类齐全多样、功能特色突出的现代服务业区块，成为产业发展的新高地和城市功能的新亮点。第二，在条件较好的工业开发区规划建设一批生产性服务业集聚区。围绕园区工业发展衍生的融资融信、商贸物流、信息中介、资产运营、委托代理、酒店餐饮等生产生活服务需求，规划设计一批现代服务业集聚区，打造产园融合的服务业成长新空间。第三，在一些具有特殊功能的区域规划建设一批服务业集聚区，如在重要交通枢纽、特色商品市场、大型人文旅游景点、大型矿山等特定区域规划设计一批服务业集聚区，围绕特色产业和特定功能形成的生产生活需求，拓展特色服务业发展区。

# 第五章　国内外空间规划经验及对内蒙古的借鉴

## 一、国外空间规划实践

20 世纪 60 年代以后，国外大多数发达国家由政府组织开展国土空间规划工作，经历了从管制城市地区到管制区域土地的过程，通过不断实践，最终建立了适用于本国或地区的空间规划体系。

### （一）美国空间规划

1909 年完成的芝加哥城市规划是美国第一个综合性的城市规划，标志着空间规划体系开始起步。随后的 1916 年，纽约完成全国第一个分区规划。城市规划和分区规划的全面开展，成为美国空间规划体系形成的基础。1930 年后，州和区域规划逐渐兴起，空间规划体系逐步形成。美国联邦政府 1968 年出台《政府间合作法案》、1964 年通过《美国民权法案》和 1969 年通过《国家环境政策法》后，政府对城市更新计划、社区行动计划及社区发展计划等社区规划给予资助，空间规划体系开始向纵向延伸。1980 年后，里根开启了新自由主义时代，美国联邦政府主张发展自由经济，由地方政府决定发展目标，同时与市场相关的城市设计也得到更多重视。至此，经过百年城市化发展，美国大都市区逐步形成，国家空间格局基本稳定，规划体系趋于稳定，空间发展由物质规划走向技术性、社会性和艺术性等相结合的精细化规划（见表 5–1）。

表 5-1　　美国的空间规划体系

| 行政级别 | 行政体系 | 运行体系 | | 法规体系 |
|---|---|---|---|---|
| 联邦 | 住房与城市发展部（HUD） | — | | 州分区规划授权法、城市规划授权法 |
| 州 | 州规划办等（部分州） | 州总体规划<br>区域规划（跨州） | 州专项规划（用地、能源、环境、交通、设施、农田林地保护、区域合作等） | 州规划法 |
| 县 / 市 / 郡 | 县规划局等 | 区域规划（跨县） | 城市总体规划、分区规划（区划）、土地利用规划等 | 规划编制实施后一般会成为法规 |
| 市 / 镇 | 市镇规划处等 | 市镇规划 | | |

总体来说，美国的空间规划体系有较强的适应性和多样性。一是依法编制规划，自下而上形成“多样性”或“自由式”的空间规划体系。各州规划体系因地域不同而有一定的差异，区域规划更是有政府主导或依靠市场独立编制等不同类型，唯有县级综合规划全国适用，而且一些市县有独立宪章，规划具有足够的自主权。因此，由多样性规划构成的美国空间规划体系，其主要特点是各地按管理或发展所需要形成具有地域特点的规划和规划体系，各州自成体系。二是各层规划定位清晰、功能互补，形成以地方为主导的运行体系。作为联邦制的国家，美国没有全国性的统一规划和规划体系。州编制的空间规划，多设定全州目标和地方规划的要求，体现指导性。区域规划只在特定的区域存在，重点解决区际问题，全面编制的规划只有指导性的县级综合规划，但不具备法律效用。各级规划相互独立、相互协调，共同解决空间发展中存在的问题，具有以地方规划为主、统一协调的特点。三是美国的空间规划体系是在政治经济体制、地域特点、经济发展需求或阶段等因素共同作用下形成的。美国分权的政体和地方自治的政治制度决定规划体系以地方规划为主，地方规划中县政府只负责非建制镇地区的规划，建制地区的规划由建制的政府负责，依据市宪章实施，规划的编制和审批权都在政府。同样，市场经济体制决定了政府编制的规划更多地发挥市场的主导作用，内容侧重于激励和服务，在实施手段上以经济和法律手段为主，从而形成州级及县综合规划都不具备法律效用的特点，只有《土地用途分区管制》被纳入地方政府法典，才能成为审批和管理的法定依据。

## （二）德国空间规划

德国是联邦制的国家，由联邦州和城市州组成。城市州兼有“城市”和“州”的双重地位，在行政体系中的地位类似于中国的直辖市，它们分别是柏林、汉堡和不来梅。横向上，基于三权分立，行政机构分为立法、行政和司法三方面，在空间规划工作过程中的公共和私人纠纷，均由专门负责的行政院审理并作出裁决；纵向上，分为联邦、联邦州和县 / 社区（地方政府层级）三种不同的管理层次，各自拥有不同的管理权限。为了与行政体制相适应，德国空间规划分为联邦、州和地方三个不同层级（见图 5–1）。

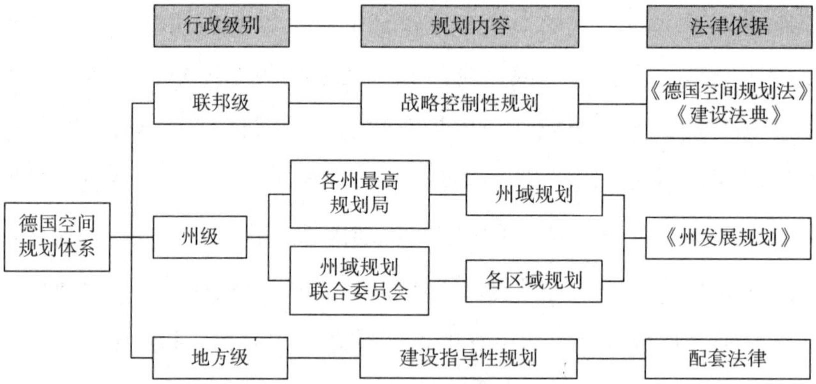


**图 5-1　德国的空间规划体系**

一方面，德国空间规划体系与其行政体系相辅相成，具有自上而下分工明确、层级关系紧密衔接协调以及职能清晰的特点，构成具有垂直连贯性的体系。另一方面，规划与法律法规也相辅相成、各级法律功能明确，构成了空间规划实施的重要保障。总体上看，德国空间规划体系是一个理性的框架结构，这也反映了德意志民族所特有的理性和严谨思维，对我国空间规划具有很重要的借鉴价值。

## （三）英国空间规划

英国是一个君主立宪的准联邦制国家，其空间规划体系和行政体制有着密切联系，并随着行政区划和权利分配的变更而不断变更。英国作为现代规划的起源国，1947 年颁布的《城乡规划法》在世界规划史上具有里程碑意义。发展至今，其空间规划体系在纵向上分国家和地方两级，在内容上是发展战略、土地使用和行动计划等的融合（见图 5–2）。

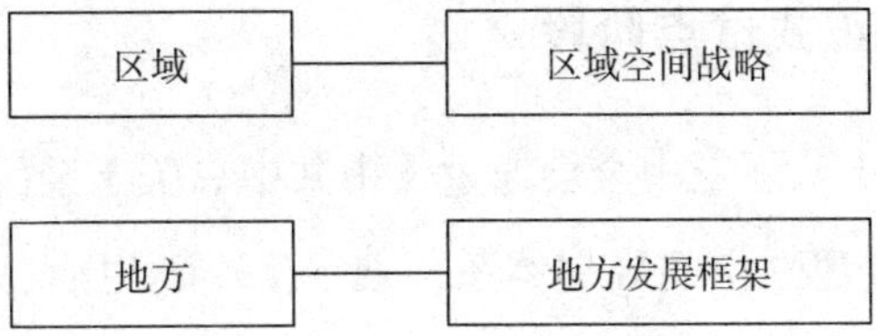


**图 5-2　英国的空间规划体系**

英国的空间规划体系体现了中央集权和行政主导的特点，在规划运作中能够不断反思各利益主体的价值需求，并将其利益需求纳入规划体系。规划体系本身体现了城市规划向空间规划转变，规划架构从单一到复杂再到精简的过程，在横向和纵向上衔接，以适应时代发展的要求。

## 二、我国空间规划多规合一试点情况

我国从 2003 年起就开始了多规合一试点工作。按照试点主导思想和主要工作，试点历程主要分为三个阶段：探索试点阶段、正式试点阶段和深化试点阶段。

### （一）各地区自行探索试点阶段

21 世纪初，国家规划发展进入“多规”并行阶段，空间规划迅速发展，同时也激发出各类矛盾冲突，催生了我国探索多规合一工作的必要性。2003 年 10 月，国家在江苏省苏州市、福建省安溪县、四川省宜宾市、广西壮族自治区钦州市、浙江省宁波市和辽宁省庄河市等 6 个市、县试点国民经济和社会发展规划与土地利用总体规划相衔接；2008—2010 年，在浙江和上海开展土地利用规划和城市建设规划的“两规协调”；2010 年，国务院印发《全国主体功能区规划》和国土资源部（现自然资源部）、农业部（现农业农村部）联合发出《关于加强和完善永久基本农田划定有关工作的通知》，让主体功能区的形成有一个基本依据，并着重突出基本农田的保护工作；随后国务院印发《关于加强环境保护重点工作的意见》，首次正式提出划定生态保护红线的要求；2012 年 3 月，广东省广州市在不打破部门行政架构的背景下，率先在全国特大城市中开展“三规合一”探索工作。

可见，在探索试点阶段，试点范围较小，多集中在中东部经济发展较好的市县；“两规合一”（土地利用规划和城市建设规划）是这一时段的工作重点。

### （二）国家层面正式试点阶段

2013年底，中共十八届三中全会通过《中共中央关于全面深化改革若干重大问题的决定》，指出要“建立空间规划体系，划定生产、生活、生态空间开发管制界限，落实用途管制”；中央城镇化工作会议指出，要积极推进市、县规划体制改革，探索能够实现多规合一的方式方法，实现一个市县一本规划、一张蓝图，并以这个为基础，把一张蓝图干到底。以这两个大事件为基础，建立空间规划体系，推动多规合一试点工作快速在全国范围内发展起来。

2014年2月，国土资源部（现自然资源部）印发《关于强化管控落实最严格耕地保护制度的通知》，要求合理调整土地利用总体规划，严格划定“三线”，控制城市建设用地规模，强化土地利用规划的基础性、约束性作用；同年3月，《国家新型城镇化规划（2014—2020年）》中强调，加强城市规划与经济社会发展、主体功能区建设、国土资源利用、生态环境保护、基础设施建设等规划的相互衔接，在有条件的地区推进多规合一工作；2014年8月，国家发展改革委等四部门联合下发《关于开展市县多规合一试点工作的通知》，明确了开展试点工作的主要任务及措施，并提出在全国28个市县开展多规合一试点；2015年6月，海南省被批准开展省域多规合一改革工作；2015年11月，环境保护部（现生态环境部）办公厅印发《关于开展生态保护红线管控试点工作的通知》，拟在江苏省、湖北省、重庆市、海南省、沈阳市开展生态保护红线管控试点。全国上下，多规合一试点工作如火如荼。

对比探索试点阶段，正式试点阶段开展试点以市县为主，并且纳入省级多规合一试点，并将生态文明建设和环境保护视为首要的考虑问题。

### （三）深化试点阶段

2016年2月，中共中央、国务院《关于进一步加强城市规划建设管理工作的若干意见》中指出，要强化城市规划工作，改进规划方法，把以人为本、尊重自然、传承历史、绿色低碳等理念融入城市规划全过程。随后，进入多规合一试点工作阶段性验收过程中。浙江省开化县的试点工作被予以肯定，全国106个重点城市永久基本农田划定取得阶段性成果。同期，批准宁夏回族自治区开展省域试点工作。2016年12月，中共中央办公厅、国务院办公厅印发《省级空间规划试点方案》，要求各地区深化规划体制改革创新，建立健全统一衔接的空间规划体系，提升国家国土空间治理能力和效率，同时将吉林、浙江、福建、江西、河南、广西、贵州等省份纳入试点范围，共形成9个省级空间规划试点。2017年1月，《全国土地整治规划（2016—2020年）》的发布，使开展土地整治活动有了基本依据和行动指南。

随后，进入试点工作的“收获季”。2017年底，京津冀区域、长江经济带沿线省份生态保护红线划定工作圆满完成，北京、天津、河北、上海、江苏、浙江、安徽、江西、湖北、湖南、重庆、四川、贵州、云南、宁夏15个省、自治区、直辖市生态保护红线划定方案通过审核。

深化试点阶段，我国多规合一试点由市县级试点扩大到省级试点，基本形成国土空间规划的技术体系。2018年4月，自然资源部正式挂牌，标志着多规合一试点工作顺利结束，空间规划作为自然资源管理的核心抓手进入实施阶段。

## 三、典型省区市空间规划试点实践经验

2016年12月27日，中共中央办公厅、国务院办公厅印发《省级空间规划试点方案》，标志着省级空间规划试点工作正式在全国全面开展。方案确定了吉林、浙江、福建、江西、河南、广西、海南、贵州、宁夏9个试点省份。上述9个省份的土地面积、资源本底、地形地貌、发展水平、陆海统筹等方面情况各不相同，具有一定代表性，有利于丰富试点探索经验、校验试点成效并向全国复制推广。各试点省份经过一年的努力探索，取得了一系列可借鉴推广的经验。下面以海南、宁夏、广西为例，做一下说明。

### （一）海南省

2015年6月5日，原中央全面深化改革领导小组[①]召开第13次会议，同意海南省就统筹经济社会发展规划、城乡规划、土地利用规划等开展省域多规合一改革试点。2016年6月，原中央全面深化改革领导小组第25次会议审议通过了《关于海南省域多规合一改革试点情况的报告》。会议充分肯定海南省多规合一改革工作，

① 现中央全面深化改革委员会。

指出海南“在推动形成全省统一空间规划体系上迈出了步子、探索了经验”。《海南省人民代表大会常务委员会关于实施海南省总体规划的决定》已由海南省第六届人民代表大会常务委员会第三次会议于 2018 年 4 月 3 日通过。

海南省成为全国第一个开展省域多规合一改革试点的省份。海南省在实践过程中，形成以下可供推广借鉴的经验。在编制方法上，通过部省合作、省委省政府直接领导、住房和城乡建设厅牵头、各部门和市县深度参与，形成了良好的合作机制；在规划内容上，落实了中央多规合一改革精神，以空间布局为主体，按照“发展战略、空间布局、实施策略”的思路，通过“定性、定量、定形、定界、定策”综合集成，统一“发展目标、技术指标、空间坐标、图例标准、实施平台”，形成引领海南科学发展的一张蓝图；在工作效果上，坚持守住生态底线、优化功能结构、实现各类规划有机衔接、致力于行政审批提速，取得了初步成效。海南省率先制定覆盖全省的规划、完善空间规划体系，进行了有益的探索，对其他地区开展省级空间规划工作有重要的示范意义。

### （二）宁夏回族自治区

2016 年 4 月 18 日，原中央全面深化改革领导小组第 23 次会议同意宁夏回族自治区开展空间规划（多规合一）试点。作为全国第二个省级空间规划改革试点省份，宁夏回族自治区开展多规合一试点以来，完成了规划编制、信息平台建设、立法立规、体制机制改革、行政审批改革共五项任务，2017 年中央全面深化改革领导小组（现中央全面深化改革委员会）第 38 次会议认为，宁夏的空间发展规划改革试点“探索了一批可复制可推广的经验做法”。

宁夏探索了从整体到局部、从宏观到微观、从基础评价到空间管控布局的方法，从技术路径上改变了过去各类空间性规划条块分割、各自为政的局面。根据区域主体功能定位、资源环境承载能力、现有开发基础和发展潜力，合理划定“三区三线”，围绕各职能部门的核心管控要求，形成空间管控共识，宁夏空间规划技术路线图，如图 5–3 所示。

宁夏空间规划试点形成“构建 5 个体系，完成 10 项任务，形成 5 个方面的示范”的成果体系，形成可复制、可推广的“宁夏经验”。构建 5 个体系是构建科学完善的空间规划体系、衔接顺畅的规划管理体系、全域覆盖的规划信息化体系、高效便捷的

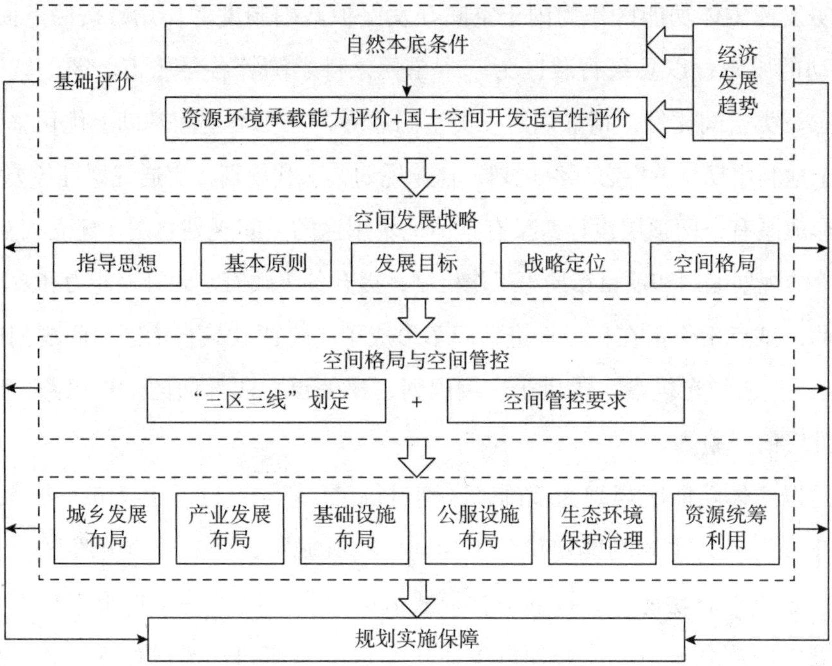


**图 5-3　宁夏空间规划技术路线**

建设项目行政审批体系、行之有效的空间规划配套政策法规体系；完成 10 项任务即多规合一成果深化、空间规划编制体系建设、编制标准统一、编制制度创新、规划管理体制改革、规划信息平台搭建、简政放权、行政审批体制改革、实施保障机制建立、配套法规调整等。争取为国家在统一规划标准、建立空间规划体系，健全规划管理体制、提高空间管控能力，统筹规划信息、规范城乡规划建设管理，简政放权、推进行政审批改革，完善规划法规体系、创新规划法治保障等 5 个方面形成示范。

## （三）广西壮族自治区

广西在空间规划设计上已具备一定的基础，因此被列为 9 个试点省份之一。2012 年 11 月，《广西壮族自治区主体功能区规划》印发实施，这是全国首批出台的主体功能区规划，在全国起到示范作用。2015 年开始，广西对 111 个县级行政区进行了空间划分，每个市县区都划分出城镇空间、农业空间、生态空间三类空间，形成“一个市县一张空间功能区划图”，并把“十三五”规划的建设任务落到空间布局上，明确空间落地导向。而贺州作为全国 28 个开展多规合一试点市县之一，也取得了较好成绩，得到国家的认可。

切实发挥主体功能区作为国土空间开发保护基础制度的作用，按照点面结合、上下联动的原则，以县级行政区为基本单元，科学测算各县（市、区）城镇、农业、生态三类空间比例，精准划定三类空间边界，在三类空间基础上优化整合城市规划、土地利用规划、生态环保规划、林业规划、水利规划、交通规划等各类空间性规划，形成既有空间顶层设计，又有具体地块用途的空间规划总图，建立相互协调、充分衔接的规划编制和项目布局等工作机制，提升各级政府空间管控能力和效率。

目前，试点工作正在积极推进，起草形成了《广西壮族自治区空间规划试点工作方案》，提出“布棋盘、落棋子、编规划、建平台”四部曲的工作思路，形成了以下可推广的经验。

一是以主体功能区规划为基础，区别对待。广西有111个县（市、区），各地的条件千差万别，主体功能定位各不相同，既有城区，又有重点开发区、农产品主产区、重点生态功能区，按照一种模式搞空间规划既不科学也很难行得通。因此，开展空间规划试点，就必须以主体功能定位为基础，区别对待。二是贺州市多规合一实践获国家认可。贺州市自2014年8月启动国家市县多规合一试点工作之后，大胆创新、扎实推进，目前，已经编制完成《贺州市空间规划（2016—2030年）》，于2016年7月获得广西壮族自治区人民政府的批准。贺州市创新“六模式一平台”，形成了“贺州经验”：多规联动编制模式，空间性规划协同落地目标模式，多规合一接口设计模式，“以产定地”空间发展模式，“规模刚性、布局弹性”空间管控模式，城市开发“白地”管理模式，以及统一高效的行政审批平台。通过管控原则，让资源环境、经济发展、城镇建设、耕地保护等规划要求在三类空间和三大控制线的框架下得到科学落实。这些都是开展空间规划试点的成功举措，在构筑空间规划体系、增强政府空间治理能力、提高政府效能等方面，都取得了较好成效。

## 四、典型市县空间规划试点实践

2014年8月，国家发展改革委、原国土部[①]、原环保部[②]、住房和城乡建设部联合发布《关于开展市县多规合一试点工作的通知》，决定在全国28个市县开展以经济

① 现自然资源部。
② 现生态环境部。

社会发展规划、城乡规划、土地利用规划、生态环境保护规划多规合一，最终形成“一个市县、一本规划、一张蓝图”为主要内容的试点工作。本书分别选取浙江省开化县、福建省厦门市、陕西省榆林市代表性空间规划试点地区进行案例研究，为市县空间规划和多规合一提供可借鉴经验。

### （一）浙江省开化县

开化县位于浙皖赣三省七县交界处，钱塘江发源地，是浙江省生态屏障重要的组成部分。按照全国市县多规合一试点要求，开化县于2014年启动试点工作。以主体功能区规划为基础，对全县开展精细化资源环境承载力和国土空间开发适宜性评价，结合人口变动趋势和经济社会发展需求，科学划定城镇空间、农业空间和生态空间；科学划定城镇开发边界、永久基本农田红线和生态保护红线，制定空间管控原则，形成空间规划底图。在此基础上，按照叠入次序和规则，有机叠入基础设施网络、城镇建设、乡村发展、生态保护、产业布局、公共服务等空间要素，形成融发展与布局、开发与保护于一体的全县域空间管控的“一张图”（见图5–4）。组织编制《开化县空间规划（2016—2030年）》，规划替代了原有的开化县总体规划、土地利用总体规划和环境功能规划。整合原有地理信息平台和政务服务平台，建设由基础、管控和审批“三大模块”并联运行的多规合一管理信息平台，实现项目审批流程再造，大大提高了政务工作效率。

开化县多规合一试点取得五大阶段性成效。

#### 1. 实现粗放发展向科学布局转变

明晰产业布局，严格红线管理，在不同空间分区布局与之相适应的产业项目，优先发展生态旅游、生态农业、生态工业等“生态+”产业。

#### 2. 实现多头规划向统一规划转变

彻底解决空间规划打架问题，用“一本规划”和“一张蓝图”替代原有“多本总规”和“多张蓝图”，构建了“1+X”空间规划体系：“1”是以主体功能区规划为基础，对现有多个空间性总体规划核心内容进行有机整合与创新；“X”是以整合后的空间规划优化编制控制性详细规划、土地利用规划以及其他实施性方案或行动计划。

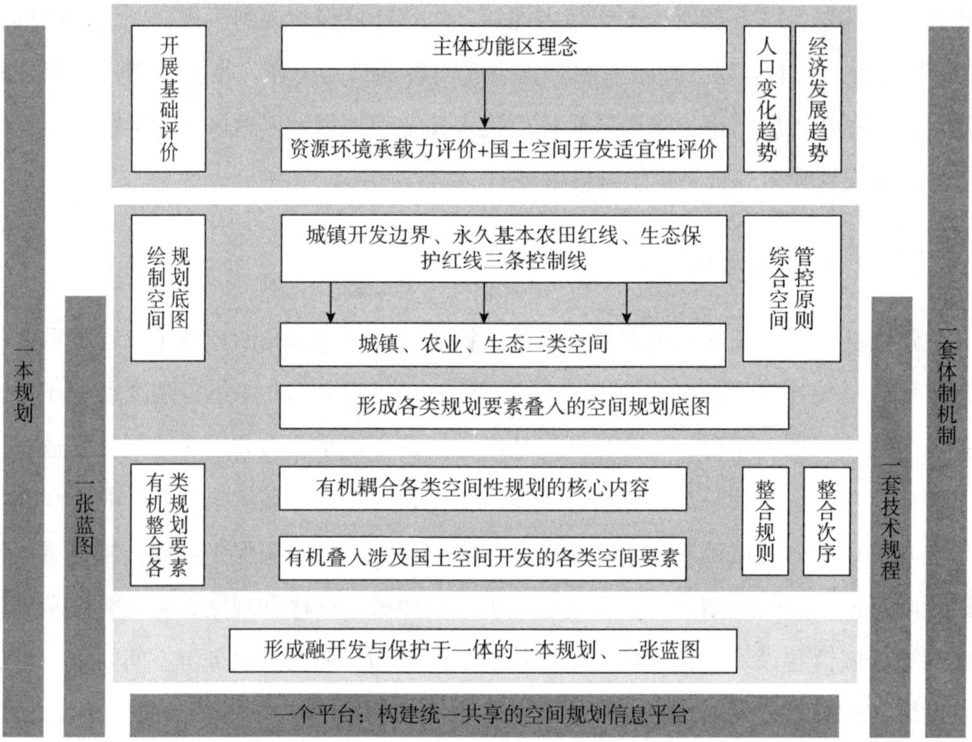


**图 5-4　开化县多规合一总体技术路线**

### 3. 实现各自审批向同步审批转变

通过多规合一试点再造审批流程，实现了审批事项、审批环节、审批时间“三减少”，审批速度、审批效率和办事效率“三提升”，优化了投资环境。

### 4. 实现单项试点向多改联动转变

以多规合一试点为契机，深化大部制改革，实现政府职能转变。通过以减村并镇调整规划、减员增效调整功能为改革要求，19 个乡镇、园区撤并整合成 14 个乡镇；全县各类机构设置进一步精简优化，精简比例达到 41.3%；其中政府工作部门机构数量由 25 个减少到 20 个，构建了“大发改、大经贸、大文旅、大卫生、大市场、大执法”为重点的大部制运行体系，实现管理机构的扁平化和运行的高效化。

### 5. 实现蓝图指引向落地见效转变

生态环境持续向好，出境水Ⅰ、Ⅱ类水质占比和空气优良率长期保持在 90%

以上，PM2.5 控制在 30 微克 / 立方米以下，被国家评为首批“中国天然氧吧”，授予全国第四个国家公园体制试点。生态项目接连落地，良好的生态环境吸引众多投资商，借助多规合一成果进行科学选址，旅游商业综合体、钱江源水湖枫楼旅游景区、裸心源度假区和白石尖景区等 5 亿元以上特大项目顺利落地。

2016 年 2 月，在中央全面深化改革领导小组（现中央全面深化改革委员会）第 21 次会议上，开化县多规合一试点经验得到充分肯定。2017 年 8 月，多规合一的重要成果——《开化县空间规划（2016—2030 年）》顺利通过浙江省政府批准，标志着开化县多规合一试点由探索阶段进入实施阶段。

### （二）福建省厦门市

厦门是我国首批对外开放的经济特区。2013 年以来，厦门市承担了多规合一、城市开发边界、城市总体规划、土地利用总体规划等多个国家试点任务，逐步形成了以一个战略统筹多规合一，以一张蓝图支撑规划编制，以一个平台支撑空间管理，以一张表单推动审批改革，以一套机制保障改革推进的工作成果。这些国家试点工作成果在思想理念、内容框架、技术方法等方面，与新的国土空间规划体系一脉相承。

第一，突出战略引领，统筹城市发展。2013 年，厦门市委、市政府通过组织专家反复深入研究和广泛征求全市市民意见，制定了《美丽厦门战略规划》及共同缔造的实施路径，确定了山海城相融的理想城市格局。以《美丽厦门战略规划》为引领，形成厦门市空间布局一张蓝图。通过《美丽厦门战略规划》明确城市发展定位，确定重点战略目标和方向，谋划了基本空间规模和格局，强调底线约束。将全域空间划分为开发边界、生态控制线、海域、承载力四大板块，进行纵向的专项体系和横向的分区单元的系统对比，与具体的管控部门及各区政府对接。将二维平面的空间规划深化到三维的管控，计划推进地下空间、市政管线、城市设计纳入一张蓝图。

第二，核实资源家底，统一规划底图。相比试点开展前的多规合一工作，规划基础方面仍存在数据涉及部门多、准确性不足、标准不统一以及缺乏统一的评估评价技术规范等困难，这些问题在试点过程中都得以逐步解决。厦门市以“三调”数据为基础，将用地、建筑、设施等现状数据及社会、经济、环境资源类等统计数据进行整合，绘制“全域现状一张图”，统一坐标系、用地分类等技术标准，核实了城市资源家底。同时，以国土“三调”工作为基础，开展“双评价”“双评估”工作，更加科学地分析了国土空间基底，统一了规划底图。

第三，统筹山水林田海城，构建全域空间格局。厦门市对“多规”矛盾进行了系统梳理，划定了生态控制线和城市开发边界。一是实现了全域覆盖，以主体功能区规划、城市总体规划、土地利用总体规划、海洋功能区划等为基础，进一步融合其他各专项规划，逐步形成真正意义上的“多规”融合。强调城市与自然山水空间的融合，对山水林田海城开展全域统筹，确定全域空间格局。在此基础上，突出生态优先，明确需要保护的各类自然资源。二是强化陆海统筹，统一岸线认定标准，解决陆海冲突问题。纳入海洋功能区划内容，构建陆海协调、科学合理的海岸带空间布局，协调近岸海域功能和陆域后方功能，实现了人地和谐、国土优化开发。

第四，构建规划传导体系，强化总体规划的指导约束作用。通过多规合一改革等前期工作，厦门市梳理了各类专项规划，形成了由生态控制线、城市开发边界、海域系统和城市承载力四大板块构成的“全域规划一张蓝图”。在新的国土空间规划体系下，厦门市基于“一张图”的工作基础，进一步强化了国土空间总体规划对专项规划和详细规划的传导，最终形成全市全域空间规划体系（见图 5–5）。

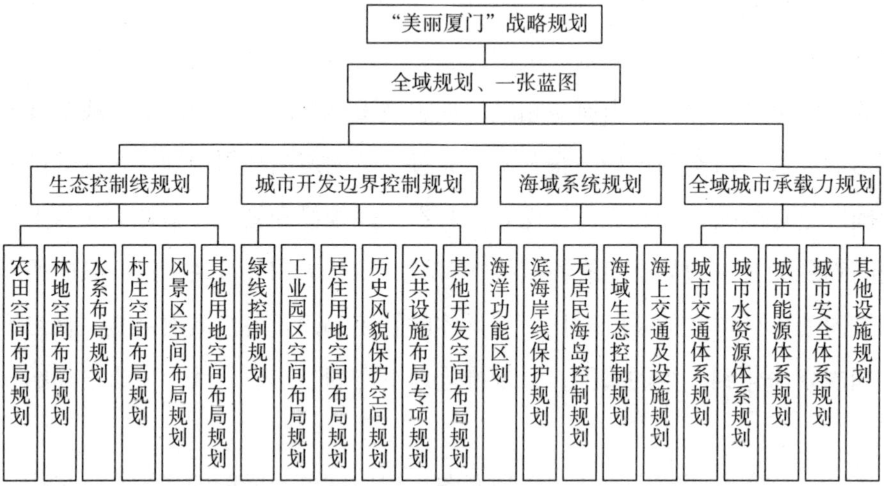


**图 5-5　厦门市空间规划体系**

## （三）陕西省榆林市

榆林市是陕北国家级能源化工基地和资源型城市，近年来，经济社会快速发展，城乡面貌发生巨变，但同时也面临着产业结构、南北区域发展、城乡发展“三大失衡”等问题。2015年榆林市委1号文件把多规合一试点提高到依法治市的高度，并视为“落后地区”的破题之举、深化改革的重大机遇、规划立市的关键举措、优化空间的重要抓手，举全市之力予以推进。2016年2月，陕西省政府批复同意了《榆林市国土空间综合规划（2015—2030年）》，多规合一试点成果进入全面实施阶段。

在多规合一试点工作中，榆林市通过“统”（统一标准）、“分”（分项研究）、“衔”（规划衔接）、“合”（多规合一）四大步骤实现试点目标，榆林市多规合一管理机制，如图5-6所示。

1. 统一标准

针对多规差异的主要特点，统一规划数据标准、编制年限、目标指标、技术参数等，形成“五线”划定标准，制定差异协调准则，明确市、县（区）多规合一的技术要求和标准，出台《榆林市多规合一规划编制导则》。将市域各类规划分为总体规划、空间规划、专项规划和区域规划四大类，构建以经济社会发展总体规划为龙头、国土空间规划为基础、专项规划为支撑的市级规划体系，明确各个规划的功能定位和相互关系，解决规划自成体系的问题。

2. 分项研究

开展现行规划对比分析、经济社会发展总体思路、生态红线划定、水资源承载力、人口与用地规模、综合交通体系、林地保护利用、矿产资源开发、资源环境综合承载力、国土空间开发格局、国土综合利用和整治、规划体系构建及法制化等专题研究。

3. 规划衔接

成立市规划委员会，对规划实行“立项、编制、衔接、论证、报批、发布、实施、评估、调整”全过程管理。编制《榆林市国土空间综合规划（2015—2030年）》，划定“三区三线”，明确生态环境保护、农业生产、城镇化、工业化建设空间布局、范围和边界。利用多规合一试点成果和“一张图工程”，编制统领区域发展全局的市县（区）经济社会发展总体规划（2016—2030年）。依据经济社会发展总体规划和国土空间综合规划，编制市级专项规划。在整个规划体系中，强调市县联动、部门互动，实现规划精准衔接。

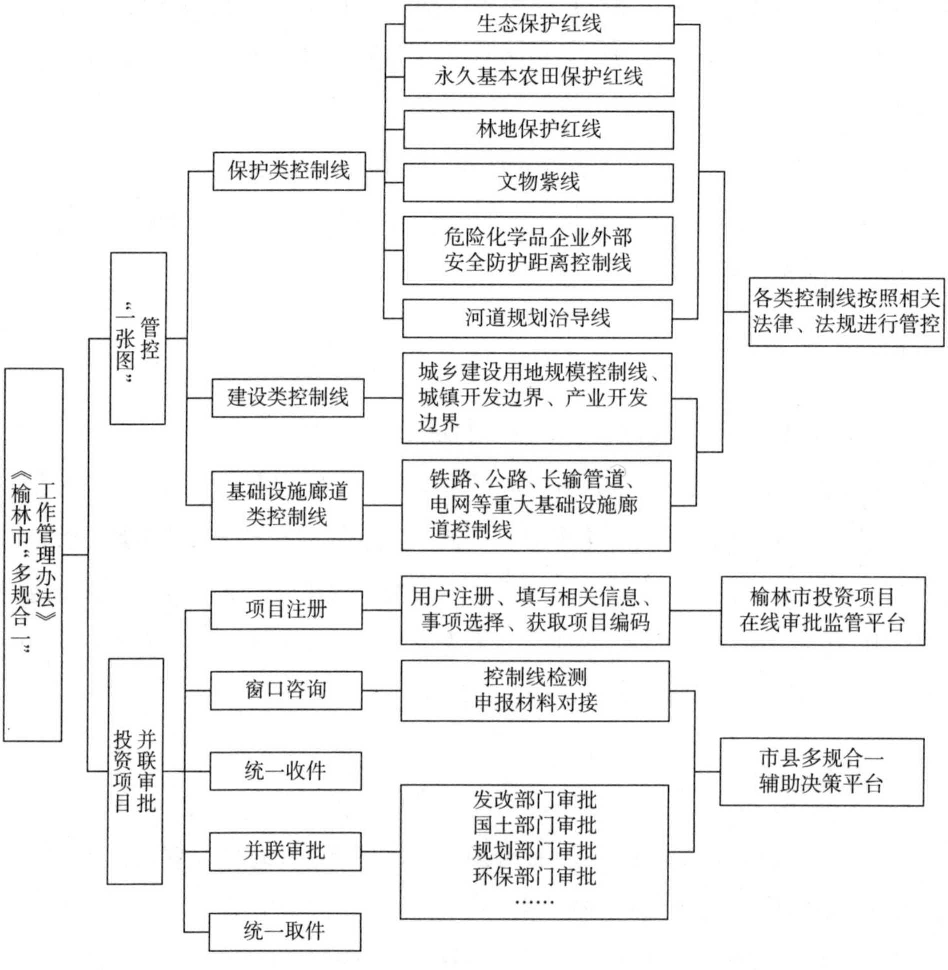


**图5-6 榆林市多规合一管理机制**

4. 多规合一

将经济社会发展、国土、城建、环保、文物、园区、农业、林业、水务、交通、电力、能源等"多规"所涉及用地边界、空间信息、建设项目参数等多元化信息融合到1∶10000比例尺的一张图上。在此基数上，编制中心城区及县城至少1∶2000比例尺的一张图。同时，以"一张图工程"为基础，系统整合各层次、各行业规划和基础地理信息、项目审批信息、用地现状信息等，构建动态更新、市县共享共用的多规合一业务平台。

基于“一张图”的业务平台实现成果展示、信息查询、项目管理、数据质量检查、多规冲突分析、数据共享和交换、统计汇总分析、控制线检测、项目辅助选址等功能。投资项目在线并联审批平台将投资项目审批全过程分为项目立项、项目报建、项目施工、项目验收等阶段，实行分阶段“一口受理、内部流转、并联审批、同步出件”的运行机制。

## （四）内蒙古县级试点情况

2015 年 2 月，内蒙古自治区发展和改革委员会将杭锦后旗、准格尔旗和扎兰屯市确定为全区多规合一 3 个试点旗市；2016 年 11 月，乌兰察布市印发《乌兰察布市中心城区多规合一工作方案》，多规合一工作成为全区 30 余个旗县 2017 年、2018 年的年度重点工作，目前多规合一推进表现出以下几个特点。

### 1. 试点旗县取得一批多规合一成果

准格尔旗成果明显，编制完成了《准格尔旗多规融合总体发展规划》，形成了多规合一技术报告、项目指导书、规划成果数据标准；完成 20 余种 57 部空间性规划合一，根据差异分析结果和规划成果绘成全旗一张蓝图；正式运行了其多规合一智慧政务平台。扎兰屯市完成《扎兰屯市空间发展规划》的编制工作，其中的主体功能区试点方案中落实并优化了生态、农业、城镇化三大空间布局。杭锦后旗多规合一工作稳步推进，截至 2017 年 7 月，多规合一工作已进入调整阶段。

### 2. 其他旗县进行多规合一探索

不同旗县本底特征不同，多规合一是总体要求，其落实思路、基本原则、主要任务等不尽相同。2018 年，呼和浩特市和林格尔县落实多规合一要求，按照“文旅结合、产城融合”的思路，完成《和林格尔县城市总体规划（2016—2030）》《城关镇旅游总体规划》及配套规划修编工作；巴彦淖尔市乌拉特中旗则将多规合一与山水、生态、文化、产业理念进行深度融合，将建设有文化、有历史、有故事的水绿环绕、生态宜居城市作为目标；乌兰察布市集宁区结合本底产业发展特点，计划从中心区开始推进多规合一工作，严格规划刚性约束，确保一张蓝图绘到底、管到底、干到底。

但总体上看，内蒙古在空间规划管理改革探索方面相较于全国其他省份比较滞后，三个旗县多规合一试点不够深入，后续既没有深入总结推广，也没有参与国家省级试点。因而目前相对缺乏多规合一基础理论知识、缺乏统一的技术规程，尚未形成成熟的思路和技术路径。

## 五、对内蒙古完善国土空间规划的启示

综观世界各国空间规划演变及体系模式，一国采取何种规划模式，与国家历史、行政体制、资源禀赋、发展阶段和文化传统都有关联，并不存在完全相同的模式，且每个国家的空间规划模式并非一成不变，而是随着时代主题、内外环境、体制变化而动态调整。可以说，空间规划都针对不同的行政管理体制而量身定制，实践中虽然会出现规划不衔接、冲突矛盾的地方，但是各国政府都会审时度势，及时调整修改和整合相关规划以及法律等，使之符合国土发展形势和需要。从全国省级、市县级空间规划试点实践的经验来看，大致存在以下共性特征，为内蒙古开展空间规划提供了可复制、可推广的经验。

### （一）重视顶层设计是前提

试点地区的党委、政府高度重视空间规划工作，大多成立了空间规划领导小组或规划管理委员会，全面协调、统筹管理各类规划，有效解决了谁牵头、谁配合的问题。依托多规合一消除规划差异后搭建的部门联动平台和形成的工作基础，以建设项目业主的服务需求为导向，全面再造建设项目行政审批流程，变按部门收件为按流程收件，推行一门受理，并联审批，减少审批环节，精简审批材料，压缩审批时限，提高审批效率，提高政府行政审批效能。为做好“区级空间规划”提供强有力的组织保障。内蒙古自治区作为资源大区、生态大区，借助国家规划战略导向，积极推进空间规划与多规合一非常必要。但空间规划与多规合一工作涉及的行政部门、资料数据较多，需要强有力的组织领导才能有效完成。建议由

内蒙古自治区党委或政府直接牵头，成立领导小组，主要领导还要亲自挂帅，综合协调和调度各相关部门积极配合，形成工作合力，构建强有力的工作推进机制和组织保障体系。

### （二）坚持问题导向是基础

所有启动空间发展战略规划编制工作的地区，都经历过一个深入扎实的前期调研过程，如宁夏回族自治区规划管理委员会办公室对全区规划编制、管理和实施情况进行全面调研，发现一系列问题。诸如，全区规划层级不清，空间规划体系混乱，各市县在产业定位上难以形成差异，各类规划在生态、生产、生活空间上不能统一，城乡规划没有实现全域覆盖，基层规划管理方式粗放，行政审批改革难以实现突破等。在找准问题认真梳理的基础上，做了大量前期研究工作，产生一批具有实际应用价值的成果，为“空间规划”的编制提供了符合实际的科学依据。内蒙古土地面积更大，自然地理更具多样性，加上矿产资源开发和资源型产业集聚，国土空间开发方面的问题更为复杂，所以基于长远可持续发展目标导向和基于解决现实“人产城”布局问题的基础战略研究是优化空间开发，实现多规合一的基础工作。

### （三）明晰编制体系是关键

空间规划编制体系可分为四个层次。第一个层次是空间规划，其作为统筹性规划，有且只有一个，通过确定目标指标，管控分区、用途和规则，指导和约束开发类、保护类规划的编制。第二个层次是按规划行为的属性分为开发类和保护类两大类规划，其内部按照面、条、块的结构又可细分为总体、专项、重点功能区三个层次，城市总体规划以后会逐步演化为开发类层面的总体规划。第三个层次是综合整治规划，重点落实开发和保护类规划提出的具体建设和整治要求，是空间规划在5年层面的行动计划安排。第四个层次是全域控制性详细规划，重点明确开发、保护、整治行为的具体项目和要求。内蒙古必须结合国家机构改革和空间管理职能调整，对过去分属于各个部门的专项规划进行科学分层梳理，明确各类规划之间的从属关系和衔接要求，为多规合一提供遵循。

### （四）构建空间管控是核心

尽管各地的空间战略规划形式不同，但都在引领空间管控体系方面做了大量工作。如开展人口与用地、产业、生态、基础设施等专题研究，算好人口、用地、产业和生态“四笔账”，合理确定城市功能和定位，科学预测人口规模、建设用地规模、产业发展趋势和基础设施布局方向等，在明确各类规划“底线”和“红线”基础上，统一生态、生产和生活空间，构建全区空间管理体系。制定一套管理流程，规范各类规划修改过程，设定动态更新维护准则，保障工作成果的运行实施，实现“多规融合”进入政府部门常态化使用与管理。内蒙古自治区进行多规合一工作，也必须坚持编制与应用并重，各部门要把应用多规合一形成的“一张蓝图、一个规划、一个平台”等作为项目审批、用地核准的基础平台，进行必需的合规性审查，确保多规合一成果能够发挥作用，并在空间管控实践中不断完善多规合一系统和内容。

### （五）统一技术标准是支撑

空间规划先行的各省份，都制定了多规合一编制技术指引和成果数据标准，建立了土地利用总体规划和城乡规划用地分类对照关系，规范了基础数据的采用标准，统一了工作的坐标系统，有效地解决了规划标准不一致的问题。并按照全域“一张蓝图、一套标准、一个平台”的思路，启动了规划信息化建设工作，借助建设全区政务公共云平台的机会，搭建纵向连接自治区、市、县、乡（镇）四级，横向覆盖同级各相关部门的空间规划信息联动平台，实现城乡规划、重大项目、土地资源、环境保护、交通运输、水利设施、林业资源等空间要素的有效叠加和部门间信息的联动共享。内蒙古自治区也必须成立相应的团队，结合全国统一标准，并结合内蒙古自治区区情，研究制定全区统一的多规合一技术标准体系。

### （六）依法编制规划是保障

宁夏回族自治区在编制规划方面比较突出，及时出台了《宁夏回族自治区空间规划条例》，明确宁夏空间规划在城乡功能定位、产业发展、基础设施建设、生态环境保护等方面的基础性、宏观性、战略性地位，使其成为宁夏经济社会发展规划、城乡规划、土地规划等的编制依据，为宁夏推进多规合一提供了战略引领和法律保障。目前正在研究配套出台《宁夏回族自治区多规合一控制线管理规定》和《宁夏回族自治区空间规划条例实施细则》，将赋予多规合一成果法律地位，使空间规划的实施有法可依。内蒙古自治区也需要在对全区国土空间本底条件进行科学分析，并在科学制定中长期发展战略规划和空间开发规划的基础上，尽快加强多规合一相关立法工作，使下一步全区空间规划、管控体制改革和推动多规合一工作做到有法可依、有章可循。

# 第六章　内蒙古空间规划多规合一的思路和任务

## 一、内蒙古现行国土空间规划体系梳理

根据国家规划体系要求和内蒙古自治区发展实际需要，自治区制定诸多不同层级、不同内容的各类空间性规划，组成一个庞大复杂的规划体系，共同进行全区经济、社会、生态、人文等政策的空间地理表达。经初步统计，这些空间性规划主要包括6大系列。其中，城乡规划、土地利用总体规划、环境保护规划、主体功能区规划是目前在经济社会发展、资源有效配置及保护等方面起主导作用的几种主要规划类型。这些规划分属于不同的行政部门，基本是一个部门一种规划、一级政府一级规划，横向与纵向交织，构成了复杂的空间规划行政体系、法规体系和运作体系。各个规划的相关实施背景及功能特点如下。

### （一）城乡建设规划

城乡建设规划以《中华人民共和国城乡规划法》（以下简称《城乡规划法》）为主要法律依据，以众多部门规章、规范性文件、技术标准为指导，由不同层级、不同深度、法定与非法定规划类别构成，是体系相对完善、管理比较规范、技术成熟、研究较多、公众与企业关心、实施措施相对有效的规划系列。按照《城乡规划法》，城市总体规划、镇总体规划以及乡规划和村庄规划的编制，应当依据国民经济和社会发展规划，并与土地利用总体规划相衔接。省域城镇体系规划的内容应当包括：城镇空间布局和规模控制，重大基础设施的布局，为保护生态环境、资源等需要严格控制的区域。

内蒙古出台的《内蒙古自治区城乡规划条例》，属于地方性法规。内蒙古自治

区住房和城乡建设厅出台《省域城镇体系规划编制审批办法》，作为全区城乡规划的编制实施依据。《内蒙古自治区城镇体系规划（2015—2030）》按照国家新型城镇化规划要求，由自治区政府组织编制，是在全区范围内实施城乡规划管理，合理配置空间资源，优化城乡空间布局，统筹基础设施和公共设施建设的基本依据。规划提出了构建“一核多中心，一带多轴线”的城镇空间布局总体结构，并将空间管制区域分为禁止建设区和限制建设区两类。

### （二）土地利用总体规划

土地利用总体规划是在一定区域内，根据国家社会经济可持续发展的要求和当地自然、经济、社会条件，对土地的开发、利用、治理和保护在空间、时间上所作的总体安排和布局，是国家实行土地用途管制的基础。该规划以《中华人民共和国土地管理法》（以下简称《土地管理法》）为法律依据和若干部门规章、规范性文件、技术标准为指导发展起来的，因技术相对成熟、管理规范、实施有力等而占有重要地位。按照《土地管理法》规定，土地利用总体规划的规划期限一般为 15 年；将土地规划分为农用地、建设用地和未利用地三类；土地利用总体规划分为国家、省、市、县、乡（镇）五级。

《内蒙古自治区土地利用总体规划（2006—2020 年）》根据《土地管理法》和《全国土地利用总体规划纲要（2006—2020 年）》制定，主要阐明在规划期内内蒙古自治区土地利用战略，明确政府土地利用管理的主要目标、任务和政策，引导全社会保护和合理利用土地资源，是全自治区加强土地宏观调控，严格土地用途管制、规划城乡建设的重要依据；是耕地特别是基本农田保护、土地管理的纲领性文件。法规层面，2000 年 9 月 15 日，内蒙古自治区人民代表大会常务委员会第 19 次会议通过《内蒙古自治区实施〈中华人民共和国土地管理法〉办法》，是全区制定土地利用规划的法律依据。2005 年出台《内蒙古自治区土地利用总体规划修改报批暂行办法》，是土地利用总体规划管理的补充性规定。

### （三）环境保护规划

环境规划（environmental planning）是我国国民经济和社会发展的有机组成部分，是环境决策在时间、空间上的具体安排，是规划管理者对一定时期内环境保护目标和措施所作出的具体规定，是一种带有指令性的环境保护方案，其目的是在发展经济的同时保护环境，使经济与社会协调发展。环境规划具有不同的分类方法，按照性质划分，可分为生态规划、污染综合防治规划和自然保护规划。我国现行环境保护规划依据是2015年1月1日起实施的《中华人民共和国环境保护法》。

内蒙古自治区于2017年5月发布实施《内蒙古自治区生态环境保护“十三五”规划》，规划坚守发展、生态、民生“三条底线”，严守空间、总量、准入“三条红线”，全面落实主体功能区规划，推动建立由空间规划、用途管制、差异化绩效考核等构成的空间治理体系和空间规划体系。2017年7月，内蒙古自治区发布《关于划定并严守生态保护红线的工作方案》，建立生态保护红线制度，生态空间得到优化和有效保护，发挥生态保护红线对于空间规划的基础作用和国土空间开发的底线作用。法规层面，1999年，内蒙古自治区发布了《内蒙古自治区环境保护条例》，并于2012年修改，条例规定各级人民政府必须将环境保护规划纳入经济、社会发展计划和城乡建设总体规划，确定环境保护目标、任务和措施，使环境保护工作同经济建设和社会发展相协调。该条例是内蒙古自治区各级人民政府制定并实施环境保护规划的重要法律依据。

### （四）主体功能区规划

2000年，原国家发展计划委员会（现国家发展和改革委员会）提出关于规划体制改革的意见，其中有空间协调与平衡的理念。政府在制定规划时，不仅要考虑产业分布，还要考虑空间、人、资源、环境的协调。此后，中央在“十一五”规划纲要建议中提出功能区的概念，并最终列入“十一五”规划纲要。2011年6月初，国务院正式发布《全国主体功能区规划》。《国务院关于编制全国主体功能区规划的意见》指出，“主体功能区规划是战略性、基础性、约束性的规划，是国民经济和社会发展总体规划、人口规划、区域规划、城市规划、土地利用规划、环境保护规划、生态建设规划、流域综合规划、水资源综合规划、海洋功能区划、海域使用规划、粮食生产规划、交通规划、防灾减灾规划等在空间开发和布局的基本依据”。

为进一步落实全国主体功能区规划，2012年7月，内蒙古自治区政府公布实施《内蒙古自治区主体功能区规划》。该规划明确了自治区主体功能区的范围、功能定位、发展方向和区域政策，并确定了未来全区国土空间开发的“三大战略格局”：构建“沿线、沿河”为主体的城市化战略格局、构建“两区两带”为主体的农业战略格局、构建“两屏三区”为主体的生态安全战略格局。该规划是全区科学开发国土空间的行动纲领，是国土空间开发的战略性、基础性和约束性规划，是其他各类空间规划的基本依据。规划将全区国土空间划分为以下主体功能区：按开发方式，划分为重点开发区域、限制开发区域和禁止开发区域；按开发内容，划分为城市化地区、农产品主产区和重点生态功能区；按层级，划分为国家级和自治区级两个层面（见图 6–1）。

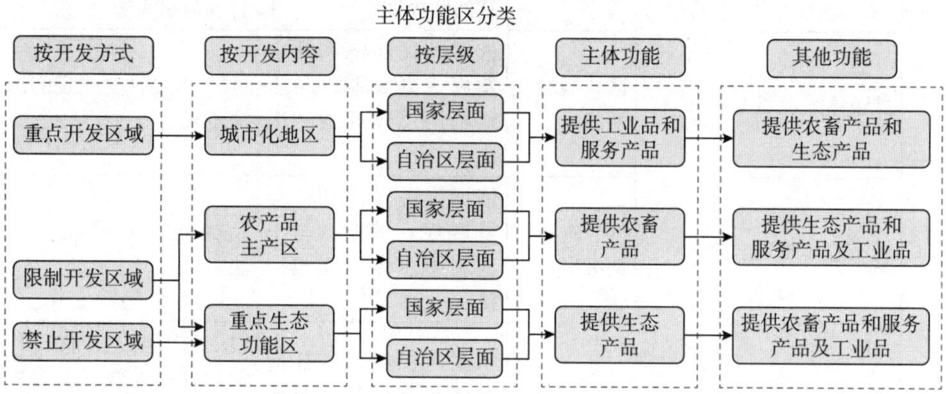


**图 6-1 《内蒙古自治区主体功能区规划》中对主体功能区分类**

该规划并没有法律依据，是非法定性规划，因此，规划的地位虽高，但是强制性和权威性不足，规划地位难以保障，除生态保护规划外，其他规划并未与之紧密衔接。因此，在现有主体功能区规划基础上，对以上大类空间性规划进行有机整合，并使之与主体功能区规划衔接非常必要，内蒙古自治区各主要规划的功能特点，如表 6–1 所示。

**表 6-1　　内蒙古自治区各主要规划的功能特点**

| 系列 | 类别 | 主管部门 | 层级 | 规划地位及衔接关系 | 法律依据 |
|---|---|---|---|---|---|
| 综合规划 | 主体功能区规划 | 发展改革部门 | 区级 | 全区科学开发国土空间的行动纲领，在规划体系中处于顶层地位 | 非国家法定规划，《全国主体功能区规划》于 2011 年 6 月初由国务院正式发布 |
| 土地利用 | 土地利用规划 * | 国土部门 | 区、市、旗县、苏木乡四级 | 与经济和社会发展规划相衔接，是内蒙古自治区加强土地宏观调控，严格土地用途管制、规划城乡建设的重要依据；是耕地特别是基本农田保护、土地管理的纲领性文件 | 《土地管理法》规定的国家法定规划，土地管理的纲领性文件，是实施土地用途管制、规划城乡建设和统筹各项土地利用活动的重要依据；《内蒙古自治区实施〈中华人民共和国土地管理法〉办法》 |

续表

| 系列 | 类别 | 主管部门 | 层级 | 规划地位及衔接关系 | 法律依据 |
|---|---|---|---|---|---|
| 城乡建设 | 城乡规划的编制依据为《内蒙古自治区城乡规划条例》，具体包括城镇体系规划、城市总体规划、镇规划、苏木乡规划和嘎查村庄规划 | | | | |
| | 新型城镇化规划 | 建设部门 | 区、市、旗县三级 | 全区城镇化健康发展的宏观性、战略性、基础性规划 | 非国家法定规划，形式和内容均较灵活，许多省份自发编制实施 |
| | 城镇体系规划 * | | 区、盟域两级 | 依据国民经济和社会发展规划编制，与土地利用总体规划相衔接 | 《城乡规划法》规定的国家法定规划 |
| | 城市总体规划 | | 区、旗县两级 | 依据国民经济和社会发展规划编制，与土地利用总体规划相衔接 | 《城乡规划法》规定的国家法定规划 |
| | 小城镇规划 * | | 建制镇、集镇两级 | 依据国民经济和社会发展规划编制，与土地利用总体规划相衔接。以旗县域规划、城镇体系规划、农业区划为依据 | 《城乡规划法》《村庄和集镇规划建设管理条例》规定的国家法定规划，实践中许多村庄（集镇）受条件限制而未有编制实施；《内蒙古自治区小城镇规划建设管理条例》 |
| | 城镇近期建设规划 * | | 市、旗县、苏木乡三级 | 城镇近期建设项目安排的依据 | 国家法定规划，是城镇总体规划的重要内容和实施措施 |
| | 城镇控制性详细规划 * | | 市、旗县、苏木乡三级 | 基础与公共设施布局建设的直接依据 | 《城乡规划法》规定的国家法定规划 |
| | 城镇专项规划 | | 市、旗县两级 | 包括交通、水利、电力、燃气、通信、给排水、环境卫生、绿化、消防、地下空间、人民防空、医疗、教育、文化、体育等建设的规划 | 种类众多，部分为国家法定规划，如历史文化名城（街区）保护规划、人民防空工程建设规划、城市道路发展规划、城市绿化规划、城市消防规划等 |
| | 基础测绘规划 | | 市、旗县两级 | | 非国家法定规划，根据《全国基础测绘中长期规划纲要（2015—2030 年）》编写实施 |
| | 综合交通规划 | | 区、市、旗县三级 | 交通建设项目的依据 | 非国家法定规划 |

续表

| 系列 | 类别 | 主管部门 | 层级 | 规划地位及衔接关系 | 法律依据 |
| --- | --- | --- | --- | --- | --- |
| 产业发展 | 畜牧业发展规划<br>工业和信息化发展规划<br>服务业发展规划<br>旅游业发展规划 | 经商旅游部门 | 区、市、旗县三级 | 与经济社会发展规划相衔接，是该规划的细化和分解 | 非国家法定规划，形式和内容均较灵活，各省份自发编制实施 |
| 生态保护 | 环境保护规划 * | 环保部门 | 区、市、旗县三级 | 根据国家环保规划要求编制，与主体功能区规划、土地利用总体规划和城乡规划等相衔接 | 《环境保护法》规定的国家法定规划，县级以上人民政府编制本级规划；《内蒙古自治区环境保护条例》 |
| 社会民生事业 | 基本公共服务均等化规划<br>科技创新规划<br>教育发展规划<br>文化发展规划<br>卫生发展规划<br>脱贫攻坚规划<br>安全生产规划 | 科教文卫、民政、安检等多部门 | 区、市、旗县三级 | 与经济社会发展规划相衔接，是该规划的细化和分解 | 非国家法定规划，形式和内容较灵活，各省份自发编制实施 |

注：* 为国家法定规划。

## 二、内蒙古各类国土空间规划的差异表现及形成原因

### （一）现行各类国土空间规划的差异及冲突

为了对内蒙古自治区现有各类规划的现状进行全面了解，通过对内蒙古自治区的主体功能区规划、城乡规划、土地利用规划、生态环境保护规划 4 类综合性规划，农业、林业、草原等 10 余项专项规划进行了梳理、比对、总结、分析、研究，并从规划性质、规划期限、基础数据、规划目标、技术标准、规划审批等 10 类差异项方面进行对比（见表 6–2），发现各类空间规划主要存在以下矛盾。

1. 规模边界冲突

行政边界及规模不统一，如存在主体功能区规划、土地利用规划行政边界规模、城市规划与民政部门管理行政边界规模不一致；各类规划边界及规模不统一，

如城、镇、乡、村、山、水、林、田、湖、草等规划边界规模不统一，各类国土空间要素布局总规模与行政区规模不一致等。

2. 用地权属性质冲突

土地利用规划与城乡规划建设用地、非建设用地不一致；农、林、草等用地多重属性，用途不一致，权属不唯一，一地多性质、多用途、多权属问题较为突出。如土地利用规划、城乡规划和生态环境保护规划关于用地性质矛盾冲突时常存在，城乡规划建设用地与土地利用规划的建设用地差异最为突出，同时农林草用地交叉重叠及差异较大。

3. 分区管控冲突

主体功能区规划、城乡规划、土地利用规划分区管控及措施不一致。如主体功能区规划依据不同分为四区和三区；城乡规划分为“三区四线”；土地利用规划划分为“三界四区”。各类规划管控分区边界划定、规模及管控措施均存在交叉重叠及不一致问题。

4. 开发时序冲突

城乡规划、土地利用规划在开发建设及建设用地方面供给存在较大的矛盾，往往造成国土开发建设时序混乱，时序及资源错配。如土地利用规划关于建设用地的规划、调整、管理与供给指标的计划与城规建设用地的规划、管理与需求存在较大的冲突矛盾。

5. 目标指标冲突

城乡规划、土地利用规划和生态环境保护规划各自均有其一套目标指标体系，其性质、定位、功能、目标，指标体系及管理、考核要求均存在差异，指标类型及目标数值时常存在差异矛盾。

6. 规划管理冲突

主体功能区规划、城乡规划、土地利用规划和生态环境保护规划以及农、林、草等空间资源要素规划分属相关各局委办管理，横向和垂直管理交错。同时各类规划的层次不同，主体功能区规划到省级，城乡规划到村镇级，土地利用规划到乡镇级等，造成不同空间类规划落地实施管理中存在较大的冲突矛盾。

表 6-2　内蒙古自治区主要空间性规划差异对比

| 差异项 | 主体功能区规划 | 城乡规划 | 土地利用规划 | 生态环境保护规划 |
|---|---|---|---|---|
| 规划性质 | 全域战略性、基础性和约束性规划 | 区域综合性、约束性、实施性规划 | 全域综合性、基础性、约束性规划 | 区域综合性、基础性、约束性规划 |
| 规划期限 | 10 年 | 20 年 | 15 年 | 5 年 |
| 规划类型 | 总体规划 | 总体规划、控制性详细规划、修建性详细规划 | 土地利用总体规划、土地利用详细规划、土地利用专项规划 | 专项规划 |
| 基础数据 | 空间数据采用基础地理信息1∶250000、1∶100000、1∶50000数据，非空间数据采用统计数据 | 空间数据采用测绘1∶10000、1∶2000、1∶1000 等数据，非空间数据采用统计数据 | 空间数据采用土地调查数据，非空间数据采用统计数据 | 空间数据采用数字地形图，非空间数据采用统计公布数据和环保监测数据 |
| 规划目标 | 构建高效、协调、可持续的国土空间开发格局 | 协调城乡空间布局，改善人居环境，促进城乡经济社会全面协调可持续发展 | 合理利用土地，保护耕地 | 控制主要污染物排放，加强生态环境综合治理和生态修复 |
| 空间管控 | 禁止开发、限制开发、优化开发、重点开发四类管控 | “三区四线”管控 | “三线四区”管控 | “三线一单”管控 |
| 规划成果 | 一本规划；一套规划图（现状图和评价图） | 一本规划（文本与说明）；一套规划图（总体规划图和若干专项规划图） | 一本规划（文本与说明）；一套规划图（总体规划图、若干专项规划图和现状图）；一个规划管理信息平台 | 一本规划（文本含控制指标、重点项目）；若干工作部署示意图 |
| 立法依据 | 无 | 《中华人民共和国城乡规划法》（2015 年修正版） | 《中华人民共和国土地管理法》（2004 年修正版） | 《中华人民共和国环境保护法》（2014 年修订版） |
| 技术标准 | 省级主体功能区划分技术规程 | 完备性、系统性优 | 完备性、系统性较优 | 完备性、系统性一般 |
| 规划审批 | 分级审批 | 分级审批 | 分级审批 | 同级审批 |

### （二）“多规不合”的形成原因解析

长期以来，我国把国土空间管理职责分别赋予国土、城建、农林、环保等 10 余个部门，各部门围绕各自的空间管理职责，形成了自成一体、类型繁多、相互交织的空间规划体系，且在规划运行管理中各自为政，导致规出多门、差异冲突且难以协调。随着国务院机构改革将空间规划管理职能统一到自然资源部，这种“九龙治水”的空间管理体制将会得到有效解决。但长期多头管理形成的各类规划法规体系和技术标准不统一，则需要采取相应的行政及技术措施尽快解决。

1. 各类规划期限及任务差别导致“多规不合”

如主体功能区规划期限为 10 年，到 2020 年结束。城市总体规划、镇的总体规划和省域城镇体系规划期限一般为 20 年。土地利用规划期限一般为 15 年。生态环境保护规划期限未做明确安排，目前规划期限与大多国民经济和社会发展规划期限相同，均为 5 年。各类规划的规划期限差异，导致国土空间在发展时序、开发计划、目标任务安排上均存在不协调及矛盾冲突之处。

2. 各类规划数据及格式不统一导致“多规不合”

目前，主体功能区规划无底图数据要求，一般以行政区划为基础。城乡规划一般采用北京坐标系或西安坐标系定位，高程基准采用黄海高程系，比例尺采用 1：10000、1：5000、1：2000 或 1：1000。而土地利用规划一般采用 1980 西安坐标系和 1985 国家高程基准作为平面坐标和高程基准，市域范围比例尺一般采用 1：100000，中心城区比例尺一般采用 1：10000 ～ 1：25000。生态环境保护规划中的生态保护红线采用 2000 国家大地坐标系，1985 国家高程基准，国家层面基本比例尺为 1：250000，省级层面不小于 1：50000。各类规划底图及基础数据不同，导致规划边界规模容易产生误差和矛盾冲突。

3. 各类用地分类及标准不一致导致“多规不合”

城乡规划依据土地使用的性质采用三层分类体系，城乡用地分为 2 大类、9 中类、14 小类，其中城市建设用地进一步分为 8 大类、35 中类、42 小类，镇的用地分为 9 大类、30 小类。土地利用现状分类采用二级分类体系，包含 12 个一级类、72 个二级类，用于地籍管理；土地利用规划分类采用三级分类体系，包含 3 个一级类、10 个二级类、25 个三级类，用于规划管理。农业用地、林业用地及草原用地均有各自的认定标准。各类规划用地分类标准及确认办法不同，导致界限在自然动态中往往模糊且易于造成较大差异，一地多种用途和多种属性问题长期存在。

4. 各类规划分区及管控差别导致“多规不合”

主体功能区规划按开发方式分为优化开发区域、重点开发区域、限制开发区域和禁止开发区域，按开发内容分为城市化地区、农产品主产区和重点生态功能区。城乡规划要求划定禁建区、限建区、适建区的范围，对中心城区还要求划定已建区。同时，城市规划需要划定绿地保护范围（绿线）、河湖水面保护范围（蓝线）、历史文化街区及历史建筑保护范围（紫线）、重大城市基础设施用地控制线（黄线）和安全防护范围界线（橙线）。土地利用规划则要求划定城乡建设用地规模边界、城乡建设用地扩展边界、城乡建设用地禁建边界，允许建设区、有条件建设区、限制建设区、禁止建设区等。《环境保护法》则要求对于全国重点生态功能区、生态环境敏感区和脆弱区等区域统一划定生态保护红线。各类规划空间分区及管控措施不同，导致各类规划管控分区边界划定、规模及管控措施均存在交叉重叠或不一致问题。

5. 各类规划指标及内涵差别导致“多规不合”

城市规划在明确不同类型城市人均建设用地指标的基础上，进一步提出了人均居住用地、人均公共管理与公共服务用地、人均交通设施用地面积、人均绿地面积指标及占城市建设用地的比例区间。土地利用规划的目标指标则以年度计划的方式明确，包括每年新增建设用地计划指标、土地整治补充耕地计划指标、耕地保有量计划指标、城乡建设用地增减挂钩指标和工矿废弃地复垦利用指标。生态环境保护规划在生态空间、生态经济、生态环境、生态生活、生态制度、生态文化等方面，分别设置 38 项示范县指标和 35 项示范市指标等。各类规划关键控制指标及目标指标体系不同，导致在发展目标指标设计上各成体系。

## 三、推进内蒙古空间规划多规合一的总体思路

### （一）总体目标

基于作为资源富集区、生态脆弱区、开发潜力区、发展滞后区的国土空间及区情特点，立足两屏障、建设六大基地和打造最美北疆亮丽风景线的要求，内蒙古自

治区开展多规合一的空间规划工作。要以经济高质量发展为主题，以落实主体功能区规划为基础，以生态环境保护为底线，坚持在保护中发展原则，以空间发展战略为引领，合理布局“人、产、城”关系，做到以一本规划为统领，全面摸清国土空间本底条件和适宜用途，科学划定“三区三线”，制定空间管控原则，有机叠加各类空间开发利用布局，系统整合各类空间性规划核心内容，形成“一张空间蓝图，一本规划、一个平台、一套运行管控机制”，从而实现多规合一的主要目标。达成完善和落实主体功能区战略和制度、建立空间规划体系、健全用途管制制度和提升政府管控能效的目的（见图 6-2），为建设可持续发展的美丽国土空间，实现美丽与发展双赢的目标提供指导。

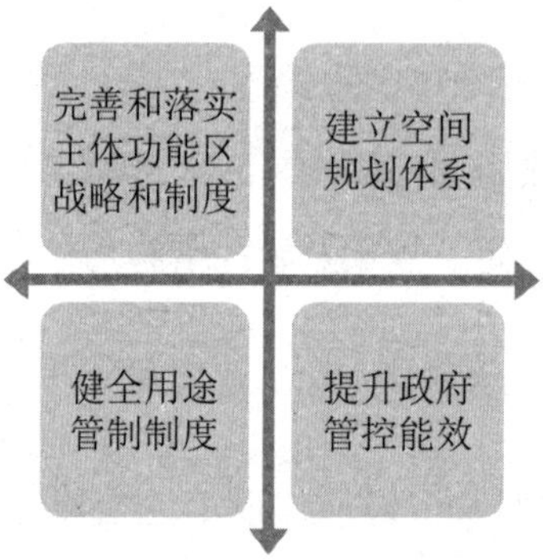


**图 6-2　实现多规合一的主要目标**

## （二）原则要求

### 1. 底线思维、生态优先

在理念层面，内蒙古自治区必须坚守生态底线思维，树立尊重自然、顺应自然、保护自然的理念，正确处理发展与保护环境的关系，以自然资源供给上限、粮食安全与生态环境安全的基本底线，坚守生态保护红线和永久基本农田保护红线刚性约束。

### 2. 技术统一、科学评价

在技术层面，要制定既衔接国家要求，又符合区情独特性的多规合一技术规范和技术导则，做到统一技术体系、方案成果体系和规划编制标准，指导全区多规合一工作开展，保证“两个评价”有据可循、有规可依。

3. 协调统一、求同化异

在组织层面，多规合一工作必须坚持以政府为主导的方针，建立起多部门协作、公众参与、各级政府部门共同参与的组织机构、工作模式、技术方法、信息平台，找准规划差异，依法依规地协调统一。同时，充分吸收各先进地区规划的理念、技术、方法和已有成果的优势，寻求最大公约数，实现各规划成果的全方位优化融合。

4. 总体管控、分级落实

在管控层面，根据规划总目标、总指标、总布局和对应的控制协调体系，要按照全区一盘棋的思路，建立自治区、盟市、旗县的联动机制，部门协调有序的工作机制，统筹协调主体功能区规划、土地利用总体规划、城乡规划、生态保护规划等规划，建立全区“一张图”，实现全区全域空间整体管控，分级落实。

5. 数据共享、平台共建

在应用层面，要建立全区统一的多规合一大数据库，建设自治区级多规合一信息管理平台，实现空间规划管控层面数据共享，平台共建公用，为真正建设“数据内蒙古”和“智慧内蒙古”夯实基础。

## （三）层级分类

《中共中央 国务院关于建立国土空间规划体系并监督实施的若干意见》明确了“五级三类四体系”的国土空间总体规划体系框架。其中，规划分五个层级，即国家、省、市、县、乡（镇）级；规划分三类，即总体规划、专项规划、详细规划；规划运行包含四个体系，即规划编制审批体系、规划实施监督体系、法规政策体系、技术标准体系。

全国国土空间总体规划侧重战略性的部署，对全国国土空间作出全局安排，并对下级规划进行指导；省级国土空间总体规划具有承上启下的作用，既落实全国国土空间总体规划的意图，又指导下级规划编制，侧重协调性；市县和乡镇国土空间总体规划是对上级国土空间规划要求的细化落实，并对本行政区域开发保护作出的具体安排，侧重实施性。

国土空间总体规划是全局性安排，体现统领性功能；专项规划是针对特定区域（流域）、特定领域，体现特定功能；详细规划是针对具体地块，体现实施性功能（见图 6–3）。

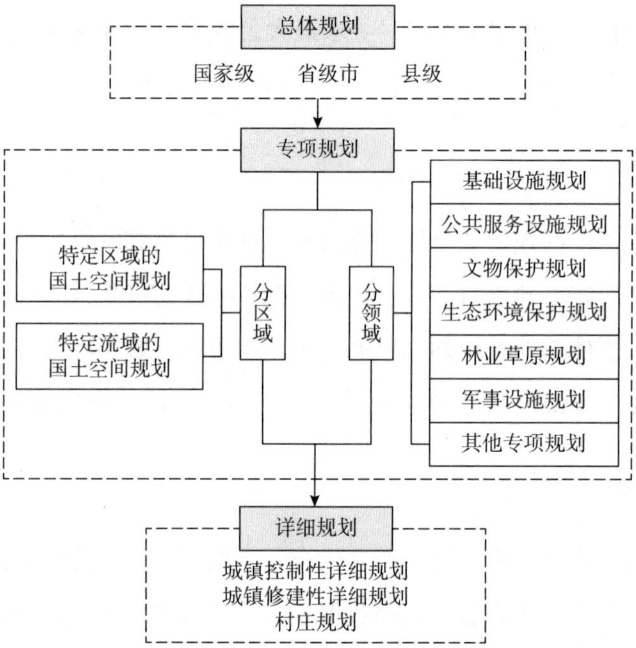


**图 6-3 国土空间总体规划体系**

## （四）重点任务

### 1. 明确工作目标

内蒙古自治区空间规划的工作目标应该以主体功能区规划为基础，统筹各类空间性质的规划，构建全区统一、相互衔接、分级管理的空间规划体系；协同编制各级空间规划，推进多规合一，形成自治区、盟市、旗县一本规划、一张蓝图；深化规划体制改革创新，建立空间规划编制、管理、实施、监督的制度规范。通过国土空间规划，完善城镇、农业、生态空间的布局，做好国土空间的有效管控，筑牢内蒙古自治区的“两个屏障”，加强产业定位的落实基础，创造开放定位的发展环境，为建设北疆亮丽风景线提供支撑。

2. 制定技术规范

基于鄂尔多斯市、准格尔旗、杭锦后旗、扎兰屯市等试点地区多规合一工作成果，研究制定一套全区统一的空间规划编制技术规程。重点围绕资源环境承载能力评价和国土空间开发适宜性评价、“三区三线”划定、底图编制、空间规划总图形成、数据库构建、信息平台建设和工作机制创新等关键环节，探索方法、提炼标准、总结经验，形成空间规划编制导则。以开发强度测算办法、“三区三线”划定技术、空间用地分类标准、成果数据统一标准、目标指标体系、空间差异协调处理办法、规划成果体系、空间综合管控措施等一套技术规程，指导内蒙古自治区开展空间规划编制工作。

3. 开展基础评价

遵循国土开发与承载能力相匹配、集聚开发与均衡发展相协调、分类保护与综合整治相促进、资源节约与环境友好相统一的理念和方法，开展各旗县的国土资源环境承载能力评价，针对不同主体功能区的专项评价，以及国土空间开发网格化适宜性评价。以现有课题研究成果为基础，划定永久基本农田保护红线、城镇开发边界线和生态保护红线，保证农业空间、有效管控城镇空间、推进生态文明建设。以“三区三线”为载体，协调各部门空间管控手段，绘制空间规划底图，为形成全区空间规划总图奠定基础。

4. 推进规划编制工作

围绕基础设施互联互通、生态环境共治共保、城镇密集地区协同规划、公共服务设施均衡配置等方面的发展要求，统筹协调平衡跨行政区域的空间布局安排，并在空间规划底图上进行有机叠加，形成国土空间布局总图。在布局总图基础上，系统整合各类空间性规划核心内容，编制区级空间规划。规划主要内容包括：区级空间发展战略定位、目标和格局，需要分解到旗县的三类空间比例、开发强度等控制指标，“三区三线”空间划分和管控重点，基础设施、城镇体系、产业发展、公共服务、资源能源、生态环境保护等主要空间开发利用布局和重点任务，各类空间差异化管控措施，规划实施保障措施等。涉及国家安全和军事设施的空间规划项目等，应征求有关部门和军队意见。

5. 搭建信息平台

推进准格尔旗多规合一成果应用，开展建设项目审批流程优化试点。全面梳理建设项目规划审批事项和流程，精简审批事项，压缩审批环节，减少不必要的审批条件，将空间规划检测审核纳入政务服务大厅服务窗口，作为建设项目前置审批流程，利用空间规划平台进行项目合规性检测等辅助决策。总结准格尔旗的试点经验，扩大数据互联覆盖面，尽快实现信息平台的“大数据化”。

6. 加强体制机制创新

制定《内蒙古自治区空间规划工作管理办法》及一系列相关规范，对多规合一工作中的方方面面作出明确、详细规定，责任落实到具体负责部门。同时，为了保障民众的知情权和参与度，可通过设立社区听证、定时公示项目进程等保证信息畅通，有效吸收各方的意见和建议。

## （五）成果体系

通过上述重点工作任务，使空间规划形成一套涉及从规划、实施到监管的覆盖全域、全过程的成果体系，既包括技术层面的科学实现路径成果，也包括实施管理层面的体制机制保障和法律法规条例等内容（见图 6–4）。

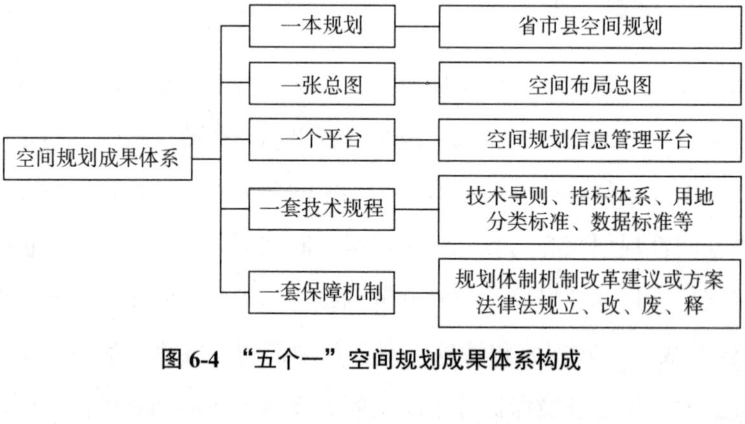


**图 6-4 “五个一”空间规划成果体系构成**

# 第七章　内蒙古空间规划的技术路径及体系[①]

## 一、国土空间规划试点技术总结

### （一）多规合一试点的技术路径

2014年8月，国家发展改革委等四部门联合印发《关于开展市县多规合一试点工作的通知》，明确了开展试点的主要任务及措施，并提出在全国28个市县开展多规合一试点。各试点市县重点通过试点工作，探索经济社会发展规划、城乡规划、土地利用规划、生态环境保护规划等多规合一的具体思路，研究提出可复制可推广的试点方案，形成一个市县一本规划、一张蓝图，同时探索完善市县空间规划体系，建立相关衔接机制。

#### 1.技术路径及步骤

从当时开展市县多规合一试点的理念看，出发点更多的是侧重改革政府规划体制，解决市县规划自成体系、内容冲突、缺乏衔接等突出问题，建立统一衔接、功能互补、相互协调的空间规划体系，强化政府空间管控能力，实现国土空间集约、高效、可持续利用，最终实现一张蓝图干到底。因而在技术路线上因各地具体情况

---

① 本章内容主要依据《关于开展市县“多规合一”试点工作的通知》《省级空间规划试点方案》《深化党和国家机构改革方案》《关于统一规划体系更好发挥国家发展规划战略导向作用的意见》《关于建立国土空间规划体系并监督实施的若干意见》和《资源环境承载能力和国土空间开发适宜性评价技术指南》等政策性文件，并就上述文件中的主要精神结合内蒙古自治区的实际情况进行了梳理分析，进而提炼出内蒙古空间规划体系的技术路径和体系。

不同，主导多规合一的部门不同，工作思路不同，在同样的目标和理念下，28 个多规合一市县试点技术路径各有差异。

各地多规合一的技术路径总体上可以概括为四个阶段。第一阶段是梳理规划，摸清差异。全面分析现有城乡规划、土地利用规划、国民经济和社会发展规划、生态环境保护规划等各类规划之间的差异，找出差异原因，同时会同各部门制定规划差异协调处理办法，进行矛盾处理。第二阶段是战略研究，明确目标。分析区域发展现状，研究全域发展定位，发展战略，明确发展目标。第三阶段是划定边界，形成蓝图。主要是划定生态保护红线、永久基本农田保护红线、建设用地规模控制线、基础设施廊道控制线、文物古迹保护线等，形成全域覆盖的一张蓝图。第四阶段是搭建平台，智慧管理。搭建一个信息管理平台，进行规划管理、用地报批、项目审批等，实现智慧管理。具体见图 7–1。

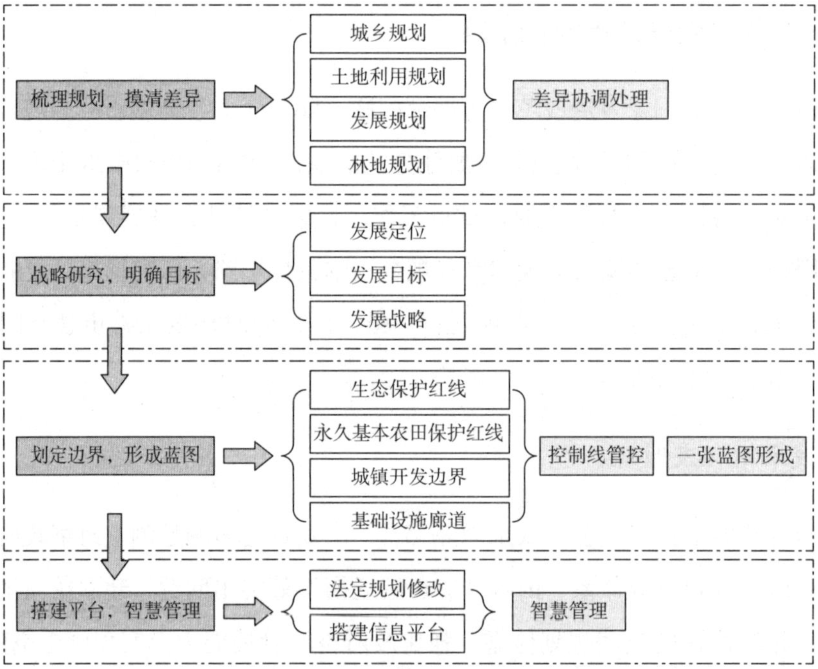


**图 7-1　多规合一试点的总体技术路径**

具体路径又大体分为以下八个步骤。第一步，进行前期准备。明确工作思路、确定工作目标和计划，制订编制方案，以国土、发展改革、住建、环保、林业等部门为重点，进行全面调研和资料收集，通过部门访谈、现场踏勘等方式，全面了解市县基本情况及部门管理情况。第二步，统一数据标准。针对多规差异的主要特征，统一规划数据标准、编制年限、目标指标、基础参数等，形成各类控制线划定标准，制定差异准则，明确市县多规合一的技术要求和标准。第三步，进行多规差异分析。全面分析对比各级各类规划，找出经济社会发展、土地利用、城乡建设、环境保护、林业发展等规划在发展定位、规划目标、用地规模、空间布局、空间管控等方面的异同，分析造成差异的原因，并制定差异协调处理办法。第四步，开展专题研究。开展现行规划对比分析、生态保护红线划定、人口与建设用地规模、经济社会发展总体思路、产业发展布局、基础设施廊道建设、文化旅游、生态环境保护等专题研究。第五步，进行控制线划定。落实生态用地布局，划定生态保护红线；落实耕地和基本农田保护布局，划定永久基本农田保护红线；落实城市用地规模布局，划定城镇建设控制边界和开发边界；落实产业用地布局，划定产业开发边界；落实基础设施布局，形成统一的区域基础设施布局体系；落实文物遗迹，划定文物保护线等。第六步，绘制一张蓝图。研究统一的用地分类标准，建立统一的规划用地分类体系，将城乡规划、土地利用规划、生态环境保护规划、林业规划、水利规划、电力规划等“多规”所涉及用地边界、性质等融合到统一的一张图上，结合城乡规划、土地利用规划等规划差异协调处理结果，最终确定市（县）域土地唯一的用地属性，形成一张蓝图。第七步，编制一本规划。编制覆盖全域的国土空间发展战略规划，明确国土空间总体格局、经济社会发展战略，城镇化布局、范围及边界、产业发展空间布局及基础设施布局等，并提出保障规划顺利实施的配套措施。第八步，搭建信息管理平台。以多规合一数据库为基础，系统整合分层次、各行业规划和基础地理信息，账目审批信息、用地现状信息等，形成具备动态更新机制、共享共用的多规合一业务平台。

从各市县试点成果情况看，各试点市县在多规合一探索过程中既有共识，又有差异化内容。差异情况主要表现为由于缺乏国家统一的技术导则约束，各试点市县多规合一成果内容各不相同，但各试点市县以自身情况为依据，均形成了具有地方特色的成果内容。如开化县形成了“一套规划体系（1+3+X）、一张空间布局蓝图、一套基础数据、一套技术标准、一个规划信息管理平台、一套规划管理机制”的成果体系；榆林市形成了“一本规划、一张图、一个平台、一套机制”的成果体系；厦门市则形成“一张蓝图、一个平台、一张表、一套运行机制”的“四个一”成果体系等。共识主要表现为，一是各试点市县依据自身情况形成了一套技术标准，在探索过程中，均比较重视对基础数据、规划期限、坐标系、用地分类、工作流程和内容、控制线体系等技术方法的规范和衔接；二是均进行了城乡规划、土地利用规划等规划之间的“多规”差异分析，并提出了协调差异的处理办法，最终形成一张蓝图；三是划定生态保护红线、永久基本农田保护线以及城镇开发边界；四是搭建一个信息管理平台，实现智慧化管理。

2. 试点效果评价

综合评价，多规合一试点既有经验又有不足。主要经验为多规合一总体技术路径符合当时实际情况，全面分析了各类规划之间的问题，运用 GIS 现代地理信息技术，进行“多规”叠加，找出各类规划之间的矛盾冲突问题，为一张蓝图形成奠定了基础，其思路框架、技术体系趋于成熟，能有效并快速找到市县实际问题。不足主要表现为多规合一技术路径更多基于各类规划现状，对于规划本身是否合理考虑不足，“多规”内容涵盖国民经济和社会发展等发展类规划，规划体系较为杂乱；对国土空间本底条件关注不够，没有从全域角度分析国土空间适宜性，因此成果具有局限性。

因此，就多规合一试点情况而言，试点有一定的成效，但也存在很多问题。一是试点经验难以推广。各部委均以各自负责的空间规划为主，进行多规合一的试点，导致规划的标准和流程无法统一。二是技术路径存在缺陷。由于对空间研究分析谋划不足，过于迁就现状，导致现状的不合理性延续。三是一张蓝图难以形成。从理论上能合一形成“一张图”，但由于技术标准差异、法律地位缺失等问题，难以形成真正的“一张图”，往往是为合“一张图”而合“一张图”。四是协调难度大。很多矛盾冲突牵扯历史问题和背后法制机制问题（空间规划事权划分存在问题），导致工作陷入了僵局。

### （二）省级空间规划试点的技术路径

2016 年 12 月，中共中央办公厅、国务院办公厅印发《省级空间规划试点方案》，要求各地区深化规划体制改革创新，建立健全统一衔接的空间规划体系，提升国家国土空间治理能力和效率。同时将吉林、浙江、福建、江西、河南、广西、贵州等省份纳入试点范围，至此，形成了 9 个省级空间规划试点。《省级空间规划试点方案》明确了要贯彻落实党的十八届五中全会关于以主体功能区规划为基础，统筹各类空间性规划、推进多规合一的战略部署，深化规划体制改革创新，建立健全统一衔接的空间规划体系，提升国家国土空间治理能力和效率。

1. 技术路径及步骤

从理念思路层面看，根据《省级空间规划试点方案》要求，空间规划避免过度涉及技术细节，从宏观、全局的角度，严格按照中央关于“以主体功能区规划为基础统筹各类空间性规划，推进‘多规合一’”的要求，科学设计了“先布棋盘、后落棋子”的技术路线。“先布棋盘”，即以主体功能区规划为基础，开展基础评价，划定“三区三线”（城镇空间、农业空间、生态空间和生态保护红线、永久基本农田保护红线、城镇开发边界），形成一个区域的空间管控底图，形成空间管控基本格局；“后落棋子”，即以空间规划“三区三线”底图为基础，系统叠加其他各类空间性规划核心内容，形成一本规划、一张蓝图，实现国土空间内各种规划的衔接、协调和统一。具体见图 7–2。

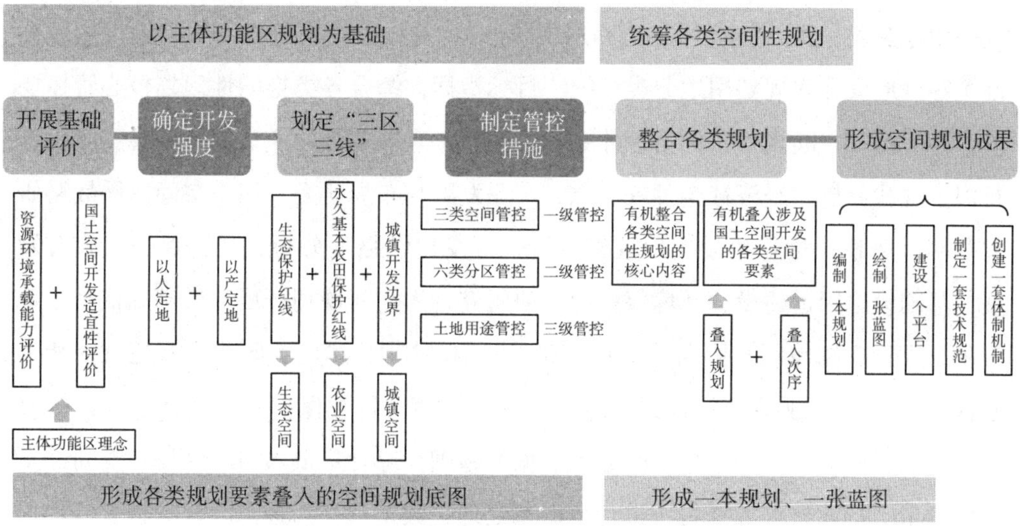


**图 7-2　我国省级空间规划试点的技术路径**

省级空间规划的技术路径可以概括为四个阶段。第一阶段依据主体功能区规划要求，开展全覆盖的资源环境承载能力评价和国土空间开发适宜性评价，按照基础评价结果和开发强度控制要求，科学划定生态空间、城镇空间、农业空间，生态保护红线、永久基本农田保护红线和城镇开发边界，形成空间规划底图。第二阶段在空间规划底图上叠加生态保护层、城镇建设层、产业发展层、乡村建设层、基础设施层等，形成空间布局总图。在空间布局总图的基础上，系统整合各类空间性规划核心内容，编制空间规划。第三阶段整合各部门现有空间管控信息管理平台，搭建基础数据、目标指标、空间坐标、技术规范统一衔接共享的空间规划信息管理平台。第四阶段通过研究提出规划管理体制机制改革创新和相关法律法规立改废的具体建议，推进空间规划在区域发挥更好的引领和管控作用。

而在具体工作路径方面又细分为九个步骤。第一步，工作部署。针对市县实际情况，制订国土空间规划工作方案，明确工作目标、工作范围、总体思路、工作内容、职责分工、进度安排、实施保障及实施步骤等内容，以规范并保障空间规划编制工作的顺利实施。第二步，部门调研。以国土、发展改革、住建、环保、林业、农业、水利、交通、电力等部门为重点，进行全面调研，通过部门访谈、现场踏勘等方式，了解市县国土空间本底条件，并掌握市县国土空间规划开展情况及部门管理情况。第三步，统一规划基础。统一规划期限，市县国土空间规划期限设定为2030年；统一基础数据，完成各类空间基础数据坐标转换、建立空间基础数据库；统一用地分类，系统整合《土地利用现状分类》《城市用地分类与规划建设用地标准》等，形成空间规划用地分类；统一目标指标，综合各类空间性规划核心管控要求，科学设计空间规划目标指标体系。第四步，开展基础研究。基于市县实际，进行国土现状分析、经济社会发展研究、产业发展与布局研究、国土空间发展战略研究等基础分析；进行建设用地规模分析、开发建设强度分析、文物保护与旅游发展、基础设施廊道建设、环境保护等专项研究，为空间规划开展提供基础依据。第五步，进行底图编制。依据《空间规划底图编制技术规范》，收集市县全域和相邻县区的国土调查成果、基础测绘成果，以及规划、各类保护区、经济、人口等资料；以国土调查成果和地理空间基础数据为基础，综合集成人口、经济、空间开发负面清单、行业数据等资料，进行数据预处理、数据分类与提取、外业核查、数据整合集成等，形成统一的空间规划数字工作底图。第六步，开展基础评价。开展全域覆盖的资源环境承载能力评价和针对不同主体功能定位的差异化专项评价，划定资源环境承载力综合等级以及专项评价结果等级，开展国土空间开发适宜性评价，确定全域空间建设开发适宜性评价结果等级。基础评价为国土空间规划开展奠定基础。第七步，划定“三区三线”。以基础评价为依据，综合考虑市县经济社会发展、产业布局、人口聚集度，以及永久基本农田、各类自然保护区、重点生态功能区、生态环境敏感区和脆弱区保护等底线要求，科学测算城镇、农业、生态三类空间比例和国土空间开发强度指标，同时划定生态保护红线、永久基本农田保护红线以及城镇开发边界线。以“三区三线”为载体，合理整合协调各部门空间管控手段，绘制形成国土空间规划底图。第八步，构建一张蓝图。以空间规划底图为基础，按照“先网络层，后应用层”的顺序，将重大基础设施、城镇建设、乡村发展、生态环境保护、产业发展、公共服务、文物古迹等专项空间规划要素落入底图，形成有机整合的空间规划布局总图。在空间布局总图基础上，系统整合城乡规划、林业规划、交通规划、水利规划等各类空间性规划核心内容，进行土地利用结构和布局调整，划定生态用地、耕地、基本农田、基础设施、城乡建设、农业生产等用地，最终确定各类土地规划属性，形成国土一张蓝图。第九步，建设业务信息平台。包括构建数据库，以市县现有的地理信息数据为支撑，以现有编制成果为基础，整合发展改革、国土、环保、林业等部门的空间数据，构建空间规划基础地理信息数据库、规划编制成果数据库、相关业务审批数据库和其他相关资料数据库。数据库图层组织和格式应该以 2000 国家大地坐标系（CGCS2000 坐标系）为准，采用 ArcGIS shp 的格式管理。建设业务信息平台，按照“以数据为核心、以集成为重点、以共享为前提、以应用为目标、以服务为宗旨”的设计思路，坚持标准化、便捷化、精准化、协同化原则，紧紧围绕国土空间规划技术路线，以“规划管理更直观、空间管控更精准、政务服务更高效”为总体要求，建设集“规划分析、智能评价、规划编制、规划管理、规划应用”等功能于一体的国土空间规划信息平台。

从省级空间规划的成果看，由于《省级空间规划试点方案》是在市县多规合一试点工作基础上提出的，省级空间规划工作思路清晰、试点目标明确，因此各省空间规划成果内容也基本一致。主要包含“2+5”的成果体系。“2”即双评价：资源环境承载能力评价和国土空间开发适宜性评价；“5”即五个一：一套研究报告、一本规划、一张蓝图、一个平台、一套机制。

### 2. 试点效果评价

从经验层面看，空间规划总体技术路径吸纳了多规合一的优点，同时规避了缺点。空间规划认识到“多规”矛盾的根源问题，从顶层设计出发，技术上首先统一了规划期限、坐标数据、基础数据、管控分区、技术标准等规划基础，为空间规划开展奠定了基础；其次，技术路径上避免过度涉及技术细节问题，从宏观、全局角度出发，以主体功能区规划为基础，摸清国土空间本底条件，开展资源环境承载能力评价和国土空间开发适宜性评价，划定“三区三线”，科学绘制空间规划底图，为统筹各类空间性规划构建基础框架；最后，采用“先布棋盘、后落棋子”的技术路线推进多规合一，与直接从现有规划成果出发、叠加比对形成空间布局图的做法相比，更具有科学性和合理性。而从不足层面看，首先，空间规划过于注重宏观、注重战略和顶层设计，比较理想，对于实际差异问题考虑不足，从目前的情形来看，空间规划的试点工作难度很大；其次，空间技术上虽能够实现各类基础数据统一，但由于体制机制、法律地位等问题，空间规划用地分类、目标指标、管控分区等实际较难统一；最后，采用“先布棋盘、后落棋子”的技术路径站位较高，方法科学，但技术衔接上难度较大，用途管制层面难以落地。

## 二、国土空间规划的技术体系构成

从市县多规合一到省级空间规划，再到当前的国土空间规划，我国国土空间规划技术体系经过10余年的探索已经摸索出较为成熟的路径。随着国家机构改革方案落地以及国家相应政策文件的指导，国土空间规划国家标准体系也将形成，指导全国国土空间规划的开展。这也为内蒙古空间规划工作提供了遵循。

### （一）新时代国土空间规划面临的新形势

#### 1. 空间规划管理机构改革

2018年3月，中共中央印发《深化党和国家机构改革方案》明确将国土资源部（现自然资源部）的职责、住房和城乡建设部城乡规划管理职责、国家发展改革委组织编制主体功能区规划职责等整合，组建自然资源部，统一行使全民所有自然资源资产所有者职责，统一行使所有国土空间用途管制和生态保护修复职责，着力解决自然资源所有者不到位、空间规划重叠等问题。至此，经历10余年的探索，4年多的正式试点，国家机构改革方案落地，自然资源部正式成立，空间规划体制改革，多规合一试点任务基本完成，为全面开展国土空间规划，构建国土空间规划体系，加强用途管制，建立健全国土空间开发保护制度探索了路径，积累了经验，奠定了坚实的基础。自然资源部成立后，多规合一体制问题得以解决，在新的制度框架下，重构统一的国家空间规划治理体系成为当务之急。随之而来的国土空间规划技术路径也将随着新的空间规划体制改革而发生变化。

2. 空间规划相关政策文件

（1）《关于统一规划体系更好发挥国家发展规划战略导向作用的意见》

为加快统一规划体系建设，构建发展规划与财政、金融等政策协调机制，更好发挥国家发展规划战略导向作用，2018 年 11 月 18 日，中共中央、国务院发布《关于统一规划体系更好发挥国家发展规划战略导向作用的意见》（中发〔2018〕44 号），要求牢固树立新发展理念，落实高质量发展要求，理顺规划关系，统一规划体系，完善规划管理，提高规划质量，强化政策协同，健全实施机制，加快建立制度健全、科学规范、运行有效的规划体制，更好发挥国家发展规划的战略导向作用。具体内容有以下几个方面。

一是立足新形势、新任务、新要求，明确各类规划功能定位，理顺国家发展规划和国家级专项规划、区域规划、空间规划的相互关系，避免交叉重复和矛盾冲突。

二是坚持下位规划服从上位规划、下级规划服务上级规划、等位规划相互协调，建立以国家发展规划为统领，以空间规划为基础，以专项规划、区域规划为支撑，由国家、省、市县各级规划共同组成，定位准确、边界清晰、功能互补、统一衔接的国家规划体系。

三是强化国家级空间规划在空间开发保护方面的基础和平台功能，为国家发展规划确定的重大战略任务落地实施提供空间保障，对其他规划提出的基础设施、城镇建设、资源能源、生态环境保护等开发保护活动提供指导和约束。

此文件的出台基本明确了我国规划体系的基本内容以及国土空间规划在国家规划体系中的地位和作用，也为国土空间规划编制指明了方向，使空间规划技术路径更加清晰。国土空间规划是基础性规划，要依据发展规划制定，既要加强与国家级专项规划、区域规划、空间规划的衔接，形成全国“一盘棋”，又要因地制宜，符合地方实际，突出特色。

（2）《关于建立国土空间规划体系并监督实施的若干意见》

2019 年 5 月 9 日，中共中央、国务院印发《关于建立国土空间规划体系并监督实施的若干意见》，明确到 2020 年，我国基本建立国土空间规划体系，逐步建立多规合一的规划编制审批体系、实施监督体系、法规政策体系和技术标准体系；基本完成市县以上各级国土空间总体规划编制，初步形成全国国土空间开发保护“一张图”。到2025年，健全国土空间规划法规政策和技术标准体系；全面实施国土空间监测预警和绩效考核机制；形成以国土空间规划为基础，以统一用途管制为手段的国土空间开发保护制度。到2035年，全面提升国土空间治理体系和治理能力现代化水平，基本形成生产空间集约高效、生活空间宜居适度、生态空间山清水秀，安全和谐、富有竞争力和可持续发展的国土空间格局。依据《关于建立国土空间规划体系并监督实施的若干意见》，我国将形成国家、省、市、县、乡（镇）5级国土空间规划。全国国土空间规划是对全国国土空间作出的全局安排，是全国国土空间保护、开发、利用、修复的政策和总纲，侧重战略性。省级国土空间规划是对全国国土空间规划的落实，指导市县国土空间规划编制，侧重协调性。市县和乡（镇）国土空间规划是本级政府对上级国土空间规划要求的细化落实，是对本行政区域开发保护作出的具体安排，侧重实施性。

《关于建立国土空间规划体系并监督实施的若干意见》还提出要高质量编制空间规划。一是体现战略性。自上而下编制各级国土空间规划，对空间发展作出战略性系统性安排。落实国家安全战略、区域协调发展战略和主体功能区战略，明确空间发展目标，优化城镇化格局、农业生产格局、生态保护格局，确定空间发展策略，转变国土空间开发保护方式，提升国土空间开发保护质量和效率。

二是提高科学性。坚持生态优先、绿色发展，尊重自然规律、经济规律、社会规律和城乡发展规律，因地制宜开展规划编制工作；坚持节约优先、保护优先、自然恢复为主的方针，在资源环境承载能力和国土空间开发适宜性评价的基础上，科学有序统筹布局生态、农业、城镇等功能空间，划定生态保护红线、永久基本农田保护红线、城镇开发边界等空间管控边界以及各类海域保护线，强化底线约束，为可持续发展预留空间。坚持山水林田湖草生命共同体理念，加强生态环境分区管治，量水而行，保护生态屏障，构建生态廊道和生态网络，推进生态系统保护和修复，依法开展环境影响评价。坚持陆海统筹、区域协调、城乡融合，优化国土空间结构和布局，统筹地上地下空间综合利用，着力完善交通、水利等基础设施和公共服务设施，延续历史文脉，加强风貌管控，突出地域特色。坚持上下结合、社会协同，完善公众参与制度，发挥不同领域专家的作用。运用城市设计、乡村营造、大数据等手段，改进规划方法，提高规划编制水平。

三是加强协调性。强化国家发展规划的统领作用，强化国土空间规划的基础作用。国土空间总体规划要统筹和综合平衡各相关专项领域的空间需求。详细规划依据批准的国土空间总体规划进行编制和修改。相关专项规划要遵循国土空间总体规划，不得违背总体规划强制性内容，其主要内容要纳入详细规划。

四是注重操作性。按照谁组织编制、谁负责实施的原则，明确各级各类国土空间规划编制和管理的要点。

此外，《关于建立国土空间规划体系并监督实施的若干意见》关于国土空间规划体系建立了进行详细的说明，并明确开展国土空间规划编制的主要任务：落实国家战略定位，明确空间发展目标；优化国土空间格局，开展资源环境承载能力评价和国土空间开发适宜性评价，划定生态保护红线、永久基本农田保护红线、城镇开发边界等空间管控边界。《关于建立国土空间规划体系并监督实施的若干意见》的发布，标志着国土空间规划体系顶层设计和“四梁八柱”基本形成。

## （二）内蒙古国土空间规划技术标准体系构建

根据《关于建立国土空间规划体系并监督实施的若干意见》，我国将建立包含四个子体系的国土空间规划体系，即规划编制审批体系、规划实施监督体系、法规政策体系、技术标准体系。其中技术标准体系亟待完善。按衔接统一原则，内蒙古的国土空间规划体系也应该重点建设上述四个子体系。

### 1. 指导思想

国土空间规划技术体系是以生态文明为顶层设计，以《中共中央 国务院关于统一规划体系更好发挥国家发展规划战略导向作用的意见》《关于建立国土空间规划体系并监督实施的若干意见》以及其他政策文件为指导，在总结市县多规合一试点和省级空间规划试点经验和继承主体功能区规划、城乡规划等原有规划编制技术路径的基础上提出来的，国土空间规划技术体系是多方研究成果的集成，是各方智慧的融合。为此，内蒙古自治区国土空间规划的指导思想应该是：以习近平新时代中国特色社会主义思想为指导，落实新发展理念，统筹推进“五位一体”总体布局，协调推进“四个全面”战略布局，以绿色发展和高质量发展为主线，坚持以人民为中心、坚持可持续发展、坚持从实际出发、坚持依法行政，发挥国土空间规划在规划体系中的基础性作用，在国土开发保护领域的刚性控制作用，以及对专项规划和区域规划的指导约束作用，体现战略性、提高科学性、强化权威性、加强协调性、注重操作性，加强统筹协调性，兼顾开发与保护，注重规划的传导落实，为实现“两个一百年”奋斗目标营造高效有序的空间秩序和山明水秀的美丽国土。

### 2. 总体思路

按照国土空间规划体系，遵循上位规划、落实上级规划，“能用、管用、好用”的规划要求，坚持“战略引领、空间优化，统一分类、分层传导，对应事权、分级管控”的理念，以“双评价”为基础，以国土空间总体规划为统领，以专项规划和详细规划为支撑，以国土空间用途管制为重点，以信息平台为保障，以主导功能定位划定规划分区，建立国土空间用途分区分类分级管制体系；落实重大空间布局，统筹各类资源要素配置，优化国土空间格局，整合形成多规合一的国土空间规划，促进区域可持续发展。

### 3. 主要任务

我国国土空间规划分为五级三类体系，各级各类体系其规划编制任务重点均有所差异，但总体上看，国土空间规划主要任务可概括为以下五个方面。

第一，落实战略定位。衔接国土空间规划、发展规划等上层次相关规划，科学研判自治区经济社会发展趋势、国土空间开发保护现状问题和挑战，明确全区空间发展目标和发展愿景，确定各项指导性、约束性指标和管控要求。

第二，优化空间格局。开展资源环境承载能力评价和国土空间开发适宜性评价，根据主体功能定位，确定全域国土空间规划分区及准入规则，划定永久基本农田保护红线、生态保护红线和城镇开发边界三条控制线，明确管控要求，优化全域空间结构、功能布局，完善城乡居民点体系，明确基础设施、产业布局要求。

第三，进行要素配置。按照国土空间总体布局，实行全域全要素规划管理，统筹耕地、林地、草地、矿产等各类要素布局；保护生态廊道，延续历史文脉，加强风貌管理，统筹重大基础设施和公共服务设施配置，改善人居环境，提升空间品质。

第四，实施空间整治。明确国土空间生态修复的目标、任务和重点区域，安排国土综合整治和生态保护修复重点工程的规模、布局和时序，明确各类自然保护地范围边界，提出生态保护修复要求，提高生态空间完整性和网络化。

第五，制定实施策略。分解落实国土空间规划主要目标任务，明确规划措施，健全实施传导机制。结合规划部署，制定近期建设规划及重大项目的实施计划，合理把握规划实施时序。

4. 技术路径

国土空间规划总体技术路径可以总结为四步走（见图 7–3）。

第一步，布底图。一是完成技术准备。针对实际情况，制订国土空间规划工作方案，明确工作目标、工作范围、工作内容、职责分工、进度安排、实施步骤等内容，以规范并保障空间规划编制工作的顺利实施。以自然资源、发展改革、环保、农牧、林草、水利、交通等部门为重点，进行全面调研，通过部门访谈、现场踏勘等方式，了解国土空间本底条件，收集测绘资料、各类规划资料以及经济人口、人文历史等其他方面的基础资料。二是开展专题研究。基于全区实际，开展国土现状分析、经济社会发展研究、产业发展与布局研究、国土空间发展战略研究等基础研究；开展资源保护、土地节约利用、基础设施廊道建设、国土综合整治与生态修复、乡村振兴等专项研究，为国土空间规划开展提供支撑。三是绘制“一张底图”。收集全域和相邻省份“国土三调”成果、基础测绘成果，以及规划、各类保护区、经济、人口等资料；以“国土三调”成果为基础，地理国情普查数据为补充，综合集成人口、经济、空间开发负面清单、行业数据等资料，进行数据预处理、数据分类与提取、外业核查、数据整合集成等，形成统一的国土空间规划底图底数。四是开展双评估。规划实施评估主要全面评估现行城乡规划、土地利用规划的实施情况，总结成效、分析问题，明确规划重点，提出国土空间开发保护格局优化的建议。国土空间开发保护现状评估主要科学评判国土安全、气候安全、生态环境安全、粮食安全、水安全、能源安全等对经济社会发展带来的潜在风险和隐患，并提出规划应对措施。五是进行双评价。开展全域覆盖的资源环境承载能力评价和国土空间开发适宜性评价，通过评价识别资源环境承载能力和关键限制因素，分析国土空间开发潜力。在“三条控制线”统筹划定、国土开发保护格局确定、国土空间用途管制、国土整治与生态修复安排等方面，为规划方案提供技术与策略支撑。

第二步，落用途。一是研究空间战略。分析国家发展政策，以国家空间规划、发展规划为引领，科学研判经济社会发展趋势、国土空间开发保护现状问题和挑战，提出国土空间发展战略，确定战略定位、制定战略目标，明确各项指导性、约束性指标和管控要求。二是构建空间格局。以规划评估、评价分析为基础，结合国土空间开发保护战略与目标，立足自然资源本底，构建国土空间开发保护总体格局，提出宏观的开发保护总格局、区域协调格局、城乡空间结构、产业发展、乡村振兴等重大格局。三是划定“三条控制线”。严格落实省级国土空间规划相关要求，划定生态保护红线、永久基本农田保护红线和城镇开发边界“三条控制线”，统筹优化“三条控制线”等空间管控边界，制定空间管控措施，合理控制整体开发强度。四是划定规划分区。以基础评价为依据，根据主体功能定位，划定生态环境保护与保留区、永久基本农田集中保护区、城镇发展区、农业农村发展区等规划基本分区，明确各分区的管控目标、政策导向和准入规则。五是实施要素配置。按照国土空间总体布局，实行全域全要素规划管理，统筹耕地、林地、草地、矿产等各类要素布局，科学确定水、土地、能源等各类自然资源保护的约束性指标；保护生态廊道，延续历史文脉，加强风貌管理，统筹重大基础设施和公共服务设施配置，改善人居环境，提升空间品质。六是落实用途管控。建立“全域—片区—单元”三层管控体系，明确各层面管控要素、管控重点和管控要求；制定全域管控规则，确定约束性指标。

第三步，严管控。主要任务是搭建信息平台。以自然资源调查监测数据为基础，采用国家统一的测绘基准和测绘系统，整合各类空间关联数据，建立国土空间基础信息平台和“一张图”实施监督信息系统，实现规划分析、智能评价、规划编制支持、规划成果管理、规划监测评估等一体化，提高行政审批与管理效率。

第四步，强保障。重点任务是建立一套机制。依托国土空间规划法律法规，建立健全国土空间规划实施与监督机制；完善国土空间开发保护制度。根据国土空间规划技术规范，建立“一年一体检，五年一评估”的定期评估制度，结合国民经济社会发展实际和规划定期评估结果，对国土空间规划进行动态调整完善。

#### 5. 规划成果内容

国土空间规划成果最终以《国土空间总体规划》展现，内容包含规划文本、图件、附件、数据库和信息平台。其中规划文本一般包括以下内容。一是总则。重点阐述规划定位、范围、期限、编制原则等。二是战略目标与指标。重点明确国土空间规划指导思想、基本原则，制定国土空间发展定位、发展战略、发展目标及指标

**图 7-3 国土空间规划总体技术路径**

体系。三是国土空间格局。重点明确国土空间总体结构和格局，制定国土空间规划分区和用途管制规则。确定城乡居民点体系安排、农业发展布局、自然保护地体系规划、历史人文体系设想、能源矿产布局，以及公共服务设施、基础设施、减灾防灾设施配置要求。四是土地利用规划。重点是明确土地利用结构、数量，山水林田湖草等在土地上的安排，存量建设用地再开发安排，中心城区土地利用控制等。五是城镇功能结构。重点布局城镇开发边界内部功能，明确公共服务设施建设标准和布局要求，构建社区生活圈，确定地下空间规划建设标准和布局要求。六是乡村振兴。重点是合理配置公共资源，明确目标任务，分类引导乡村地区发展。七是国土空间生态修复。重点是确定各类综合整治和生态修复的重点区域、目标与布局安排，重点工程。八是综合交通体系。重点是明确全域交通体系建设目标和模式，合理布局综合交通网络和枢纽体系。明确中心城区综合交通枢纽的功能、布局与用地规模，交通干线道路、场站规划布局和用地控制要求。九是城市历史文化与风貌保护。重点是确定全域历史文化遗产保护整体框架、保护目标和保护重点，明确保护范围和要求。确定中心城区总体风貌定位，城市设计重点控制区等内容。十是城市安全与重大市政基础设施。重点是提出全域重大基础设施的布局和管控要求。确定中心城区各类设施的建设规模、标准、重大设施布局，明确廊道控制要求、地下综合管廊建设要求。十一是区域统筹。重点是提出跨区域衔接策略，明确下位行政单元的主体功能定位。十二是规划实施保障。重点是分区管制规划传导，分期实施与行动计划，规划实施措施。

国土空间规划的必备图件应该包括以下三类。一是现状必备图件，包括土地利用现状图、生态资源现状分布图、综合交通体系现状图、双评价图、国土空间开发适宜性评价图等。二是规划必备图件，包括国土空间规划总图、国土空间规划分区图、三线划定图、城镇体系规划图、国土综合整治和生态修复布局图、市政基础设施规划图、公共服务设施规划图、综合防灾减灾规划图等。三是其他图件，包括区位图、遥感影像图、矿产资源分布图、产业发展布局图、区域空间协同规划图等。

国土空间规划的附件应该包括三类。一是规划说明书，主要阐述规划决策的编制基础、技术分析和编制内容，是规划实施中配合规划文本和图件使用的重要参考。二是专题研究报告，包括《规划实施评估报告》《国土空间开发保护现状评估报告》《双评价报告》《规划分区及控制线划定报告》《自然资源保护与利用》《国土空间开发保护战略研究报告》《产业发展布局专题报告》《人口与建设用地规模专题报告》《基础设施廊道建设专题报告》《国土综合整治与生态修复报告》等。三是其他材料。包括规划编制过程中形成的工作报告、规划大纲、基础资料、会议纪要、部门意见、专家论证意见、公众参与记录等。

6. 数据库及基础信息平台

数据库是国土空间规划实现信息化管理平台的重要支撑，是规划成果数据的电子形式。国土空间基础数据库成果包括成果数据标准及数据库成果两方面内容，数据库成果包括各类规划图件的栅格数据和矢量数据、规划文档、规划表格、元数据等。规划数据库内容应与纸质的规划成果内容一致。

国土空间基础信息平台，包括信息管理平台开发建设和平台技术方案两方面内容。信息平台主要是基于统一的标准与规范，以一张蓝图数据库为基础，完善空间规划体系，系统整合各层次、各行业规划和基础地理信息、项目审批信息、用地现状信息等，建立一个基础数据共享、监督管理同步、审批流程协同、统计评估分析、决策咨询服务，具备动态更新机制、共享共用的空间规划业务管理平台。

## 三、空间规划重点环节的技术方略

### （一）双评价

1. 基本定义

双评价是指资源环境承载能力评价和国土空间开发适宜性评价。前者是基于一定发展阶段、经济技术水平和生产生活方式，评价一定地域范围内资源环境要素能够支撑的农业生产、城镇建设等人类活动的最大规模。后者是在维系生态系统健康前提下，综合考虑资源环境要素和区位条件，评价特定国土空间进行农业生产、城镇建设等人类活动的适宜程度。

2. 评价目标

分析区域资源环境禀赋条件，研判国土空间开发利用问题和风险，识别生态系统服务功能极重要和生态极敏感空间，明确农业生产、城镇建设的最大合理规模和适宜空间，为完善主体功能区布局，划定生态保护红线、永久基本农田红线、城镇开发边界线，优化国土空间开发保护格局，科学编制国土空间规划，实施国土空间用途管制和生态保护修复提供技术支撑，倒逼形成以生态优先、绿色发展为导向的高质量发展新路子。

### 3. 评价原则

（1）生态优先

以习近平生态文明思想为指导，突出生态保护功能，识别生态系统服务功能极重要、生态极敏感区域，确保生态系统完整性和连通性。在坚守生态安全底线前提下，综合分析农业生产、城镇建设的合理规模和布局。

（2）科学客观

体现尊重自然、顺应自然、保护自然的理念，充分考虑陆海全域国土空间土地、水、生态、环境、灾害等资源环境要素，加强与相关专项调查评价结果的统筹衔接，定量方法为主、定性方法为辅，客观全面地评价资源环境禀赋条件、开发利用现状及潜力。

（3）因地制宜

在强化资源环境底线约束的同时，充分考虑区域和尺度差异。特别是旗县开展评价时，可结合本地实际和地域特色，因地制宜适当补充评价功能、要素与指标，优化评价方法，细化分级阈值。

（4）简便实用

在保证科学性的基础上，精选最有代表性的指标。紧密结合国土空间规划编制，强化目标导向、问题导向和操作导向，确保评价成果科学、权威、好用、适用。

### 4. 技术路线

根据《资源环境承载能力和国土空间开发适宜性评价技术指南》，“双评价”的总体技术流程为“数据准备—单项评价—集成评价—综合分析”，对不同功能指向和评价尺度，需采用差异化的指标体系。具体见图 7–4。

（1）数据准备

首先，确定坐标基准和投影方式，评价统一采用 2000 国家大地坐标系，高斯—克吕格投影，陆域部分采用1985国家高程基准，海域部分采用理论深度基准面高程基准。其次，把握评价单元与计算精度。自治区层面，单项评价根据要素特征确定区域、流域、栅格等评价单元。计算精度采用50米 ×50米栅格，山地丘陵或幅员较小的区域可提高到25米 ×25米或30米 ×30米。以旗县级行政区为评价单元计算可承载农业生产、城镇建设的最大规模。旗县层面，单项评价宜在自治区评价基础上进一步细分评价单元。优先使用矢量数据，使用栅格数据的采用25米 ×25米或30米 ×30米计算精度。以乡镇苏木为评价单元计算可承载农业生产、城镇建设的最大规模。最后，数据收集。所需数据包括基础地理、土地资源、水资源、环境、生态、灾害、气候气象等方面，应保证数据的权威性、准确性、时效性。

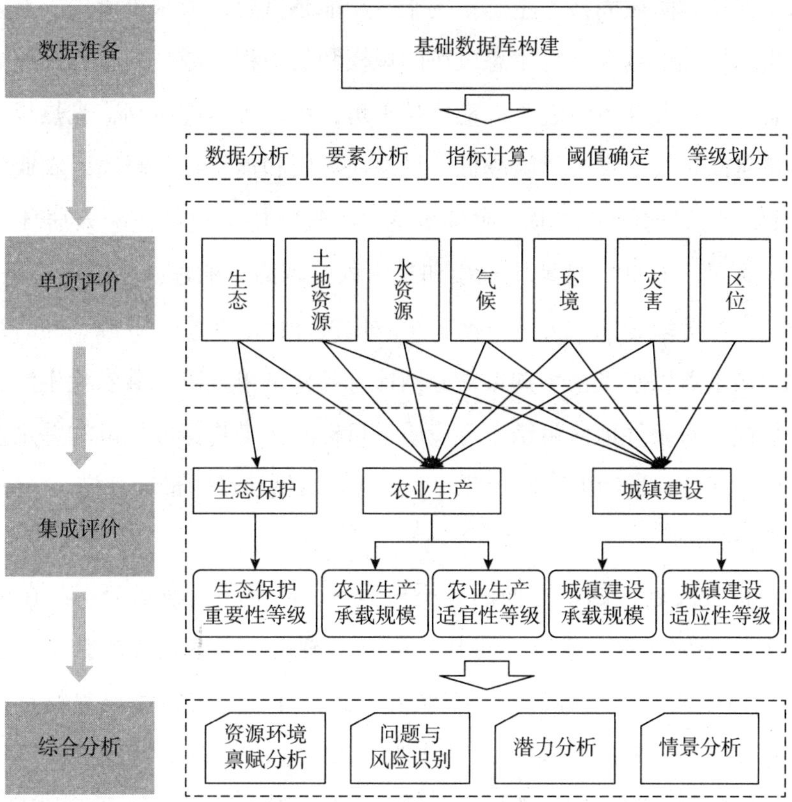


**图 7-4　国土空间双评价的技术路线**

（2）单项评价

即分别开展生态、土地资源、水资源、气候、环境、灾害、区位等单项评价。旗县层面，一般不用再开展生态评价，而是直接使用自治区级生态评价结果，并根据更高精度数据和地方实际进行边界校核和局部修正；若缺乏优于自治区级精度数据的，可不进行相应要素的单项评价；而立足本地实际增加评价要素和指标；可补充文化保护利用、矿产资源开发利用等功能指向评价。

（3）集成评价

即基于单项评价结果，开展综合评价，优先识别生态系统服务功能极重要和生态极敏感空间，基于一定经济技术水平和生产生活方式，确定农业生产适宜性和承载规模、城镇建设适宜性和承载规模。一方面，适宜性评价。通过集成评价将生态保护重要性划分为高、较高、中等、较低、低5级，将农业生产、城镇建设适宜性划分为适宜、较适宜、一般适宜、较不适宜、不适宜5级。生物多样性维护、水源涵养、水土保持、防风固沙等生态系统服务功能越重要，或水土流失、石漠化、土地沙化等生态敏感性越高，且生态斑块的规模和集中程度越高、生态廊道的连通性越好，生态保护重要性等级越高。地势越平坦，水资源丰度越高，光热越充足，土壤环境容量越高，气象灾害风险越低，且地块规模和连片程度越高，农业生产适宜性等级越高。地势越低平，水资源越丰富，水气环境容量越高，人居环境条件越好，自然灾害风险越低，且地块规模和集中程度越高，地理及交通区位条件越好，城镇建设适宜性等级越高。另一方面，承载规模评价。在水土资源不同的约束条件下，缺水地区重点以水平衡为约束，分别评价各评价单元可承载农业生产、城镇建设的最大规模。有条件地区可结合环境质量目标及污染物排放标准和总量控制等因素，补充评价环境容量约束下可承载农业生产、城镇建设的最大规模。

（4）综合分析

综合分析主要进行四个方面的分析。第一，资源环境禀赋分析。在单项评价基础上，分析土地、水、矿产、森林、草原、湿地等自然资源的数量、质量、结构、分布等特征及变化趋势，结合气候、生态、环境、灾害等要素特点，选取国家、自治区平均情况或其他对标地区作为参考，总结资源环境比较优势和限制因素。第二，问题和风险识别。依据评价结果，综合分析资源环境开发利用现状的规模、结构、布局、质量、效率、效益及动态变化趋势，识别因生产生活利用方式不合理、资源过度开发粗放利用引起的水平衡破坏、水土流失、生物多样性下降、湿地侵占、自然岸线萎缩、地下水超采、地面沉降、水污染、土壤污染、大气污染等资源环境问题，预判未来变化趋势和存在风险。第三，潜力分析。根据农牧业生产适宜性评价结果，对农牧业生产适宜区、较适宜区、一般适宜区内且生态系统服务功能极重要和生态极敏感以外的区域，分析土地利用现状结构，按照生态优先、绿色发展、经济可行的原则，结合可承载农牧业生产的最大规模，分析可开发为耕地的潜力规模和空间布局。根据城镇建设适宜性评价结果，对城镇建设适宜区、较适宜区、一般适宜区内且生态系统服务功能极重要和生态极敏感以外的区域，分析土地利用现状结构，结合可承载城镇建设的最大规模，综合城镇发展阶段、定位、性质、发展目标和相关管理要求，分析可用于城镇建设的潜力规模和空间布局。第四，情景分析。分析气候变化、技术进步、生产生活方式等对国土空间开发利用的不同影响。模拟重大工程建设、交通基础设施变化等不同情景，分别给出并比对相应的评价结果，支撑国土空间规划多种方案决策。

## （二）控制线划定

### 1. 生态保护红线划定

（1）划定内容

依据《生态保护红线划定技术指南》（2017 年），按照定性与定量相结合的原则，通过科学评估，识别具有重要水源涵养、生物多样性维护、水土保持、防风固沙等功能的生态功能重要区域，以及水土流失、土地沙化、盐渍化等生态环境敏感脆弱区域，根据地区特点以及保护要求，合理划定土地沙化敏感区生态保护红线、江河湖库滨岸带敏感区生态保护红线、生物多样性维护功能区生态保护红线、森林生态系统保护红线、禁止开发区生态系统保护红线等，最后按照功能不降低、面积不减少、性质不改变等要求，对生态保护红线进行严格管控。

（2）划定依据

主要依据《中华人民共和国环境保护法》《中华人民共和国国家安全法》《中华人民共和国水土保持法》《关于加快推进生态文明建设的意见》《生态文明体制改革总体方案》《关于划定并严守生态保护红线的若干意见》《关于印发全国土地利用总体规划纲要（2006—2020 年）调整方案的通知》以及其他涉及生态环境保护法律法规及技术规范。

（3）划定流程

划定生态保护红线一般按五步进行。第一步，现状资料搜集及整理。即收集各红线类型的相关规划（区划）资料，基础地理信息数据和资料，以及与生态保护红线划定相关的主体功能区规划、环境功能区划、生态功能区划、所在区域的城市总体规划、林地保护利用规划、资源开发规划及旅游发展规划等资料，作为红线划定过程中的辅助参考文件。第二步，开展科学评估。按照双评价技术方法，开展生态功能重要性评估和生态环境敏感性评估，确定水源涵养、生物多样性维护、水土保持、防风固沙等生态功能极重要区与生态功能极敏感区，纳入生态保护红线。第三步，校验划定范围。根据评估结果，将评估得到的生态功能极重要区与生态环境极敏感区进行叠加合并，并与国家级和自治区级禁止开发区和其他各类生态保护地进行校验，绘制红线空间叠加图。第四步，确定红线边界，确定的生态保护红线叠加图，通过边界处理、现状与规划衔接、跨区域协调、上下对接等步骤，最终确定生态保护红线边界。第五步，划定生态保护红线。通过资料收集、明确划定范围、识别红线内容、确定红线边界等上述步骤，最终划定各条生态保护红线，形成生态保护红线划定成果。具体见图 7–5。

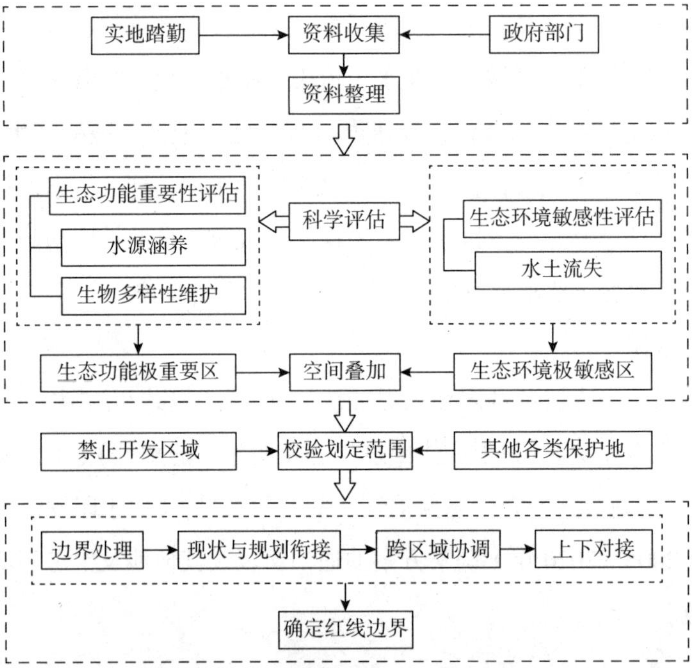


**图 7-5 生态保护红线划定技术路线**

（4）管控措施

生态保护红线原则上按禁止开发区域的要求进行管理。严禁不符合主体功能定位的各类开发活动，严禁任意改变用途，确保生态功能不降低、面积不减少、性质不改变。

（5）技术要求

数学基础要求坐标系统采用 CGCS2000 坐标系，即 2000 国家大地坐标系。矢量数据采用地理坐标，即以“度”为单位；栅格数据采用高斯—克吕格投影 3 度分带。高程为 1985 国家高程基准。数据格式要求为 ArcGIS 软件的 shp 文件或空间数据库 gdb（或 mdb）文件。图件成果为 jpg 格式，以及带数据文件及相对路径的 ArcGIS 的 mxd 文件。精度及工作底图要求采用地理国情普查数据作为生态保护红线划定的工作底图，以 1 ：10000（0.5 米分辨率）的数字正射影像（DOM）为主，红线采集精度能与其套合。行政区划图采用地理国情普查成果。红线区面积计算投影面积（单位：平方米，保留两位小数）。

（6）生态保护红线成果

生态保护红线成果，主要包括文本、图件、登记表、台账数据库、技术报告等。涉及的保密数据成果存储及使用应按照国家保密相关规定要求执行。

### 2. 永久基本农田红线划定

（1）划定内容

划定内容，主要是根据土地利用变更调查、耕地质量等级评定、耕地地力调查与质量评价等成果数据，以国家、省、市、县、乡（镇）永久基本农田划定的最终成果为基础，按照《基本农田划定技术规程》，对规划期内须占用基本农田的重点项目进行梳理，按照“数量不减少、质量不降低”原则在区域范围内对基本农田进行调整，划定永久基本农田保护红线。

（2）划定依据

划定依据，主要包括第三次全国国土调查成果、《基本农田保护条例》《基本农田数据库标准》《土地利用数据库标准》《基本农田划定技术规程》等。

（3）划定流程

划定流程，主要包括以下四个基本步骤。第一步，基础数据收集整理。收集土地利用总体规划资料、土地利用现状调查资料、已有基本农田保护资料、农用地分等级资料、其他土地管理相关资料，整理出划定的永久基本农田、最新的土地利用变更调查、耕地质量等别评定、耕地地力调查与质量评价等成果数据。第二步，基本农田划出。根据国家、自治区重点建设项目占用需求和生态退耕要求等进行基本农田划出。依据土地利用变更调查、耕地质量等别评定、耕地地力调查与质量评价等成果数据，统计分析划出基本农田的数量和质量情况。第三步，确定基本农田补划潜力。根据最新的土地利用变更调查数据，充分考虑水资源承载力约束因素，明确在已划定基本农田范围外、位于农业空间范围内的现状耕地，作为规划期永久基本农田保护红线的补划潜力空间。依据土地利用变更调查、耕地质量等别评定、耕地地力调查与质量评价等成果数据，明确补划潜力的数量和质量情况。第四步，形成划定方案。校核划出永久基本农田和可补划耕地的数量和质量情况，按照数量不减少、质量不降低的总体要求，确定 2030 年永久基本农田方案。具体见图 7–6。

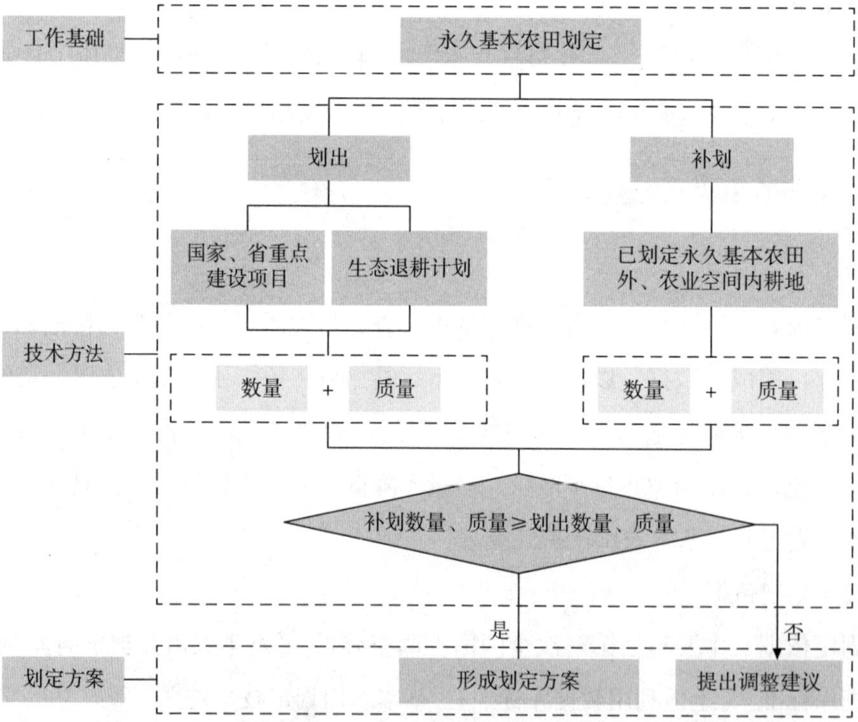


图 7-6 永久基本农田划定技术流程图

### 3. 城镇开发边界划定

（1）划定内容

依据资源环境承载能力评价、国土空间开发适宜性评价，以生态保护红线、永久基本农田作为限制性依据，明确不能开发建设的国土空间刚性边界，同时提出允许开发建设的国土空间区块；预测人口规模以及控制的城镇人均建设用地指标作为控制性依据，得出满足城镇发展所需的合理建设用地规模。城镇开发边界划定中，以限制性依据、控制性依据为基础，综合考虑城镇发展定位，最终确定城镇开发边界。

（2）划定依据

《城市用地分类与规划建设用地标准》《资源环境承载能力和国土空间开发适宜性评价技术指南（试行）》、现有城乡规划和土地利用总体规划等。

（3）划定流程

城镇开发边界划定一般遵循六个步骤。第一步，资料收集。收集整理行政区划、地表覆盖分类（地理国情普查）、现状地表分区、行政区划单元、道路、水域、地名、人口经济、城镇建成区、坡度带、高程带、地质灾害、永久基本农田、生态红线数据，以及土地利用规划、城乡规划、林业规划、产业园区规划等基础数据作为城镇开发边界划定的参考。第二步，用地条件评价，通过资源环境承载能力评价确定不同区域对城镇扩张及产业布局的承载极限；通过国土空间开发适宜性评价确定不同区域城镇及产业开发建设的适宜程度。以“双评价”结果指导城镇开发边界划定。第三步，城镇规模确定。依据历年城镇人口变化情况、城镇化水平情况与经济发展趋势，科学预测规划期内城镇人口规模，以人定地，明确城镇用地规模；结合产业发展基础、重大项目安排、经济增长水平，科学预测规划期内工业增加值规模，参考相关用地产出水平，以产定地，明确独立产业园区规模。以规划城镇用地和独立产业用地的总用地规模，作为城镇开发边界确定的数量基础。第四步，城镇开发边界规模确定。依据不同区域的资源禀赋和开发适宜性条件，在城镇建设用地现状规模基础上按照一定的扩展系数确定规划期内城镇开发边界规模，最终形成开发边界总规模。第五步，进行两规差异分析。在GIS平台上对同一区域的城乡规划与土地利用规划建设用地进行对比。通过分析城乡规划与土地利用规划建设用地差异，明确“两规”之间建设用地冲突情况，为划定城镇开发边界规模提供依据。第六步，城镇开发边界划定确定最终方案。依据“双评价”和“两规”差异分析对比内容，综合考虑城镇建设用地的适宜性、现行城乡规划与土地利用规划建设用地情况、城镇空间发展方向等，最终确定城镇开发边界。具体见图 7–7。

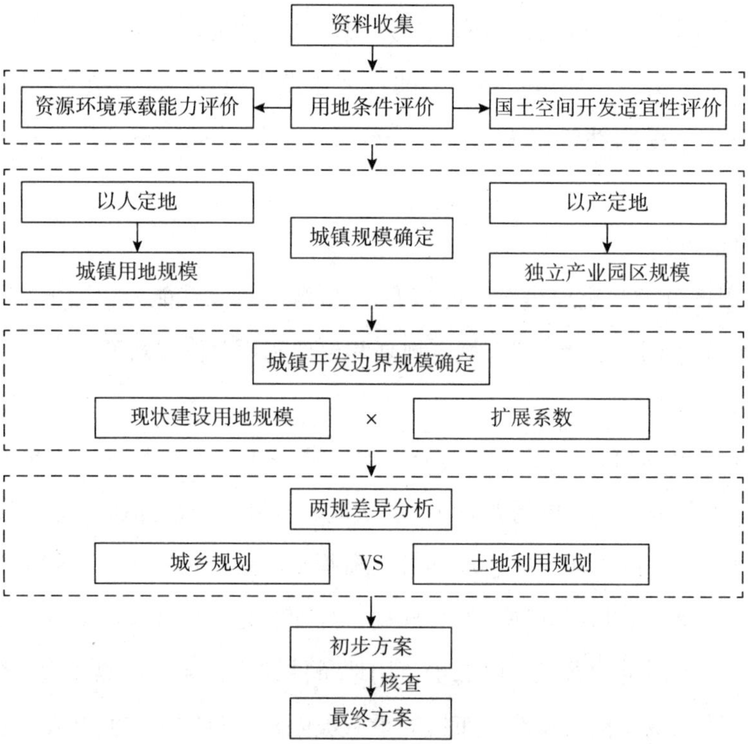


**图 7-7　城镇开发边界划定技术流程图**

## （三）规划分区划定

### 1. 主要内容

规划分区划定是依据资源环境承载能力评价和国土空间开发适宜性评价结果，从土地资源、水资源、环境质量、生态条件等评价因子入手，同时围绕目标战略和开发保护格局，结合地域特征和经济社会发展水平等，识别生态功能适宜性区域、农业功能适宜性区域、城镇功能适宜性区域以及其他功能适宜性区域，从而划定生态保护与保留区、永久基本农田集中保护区、古迹遗址保护区、城镇发展区、农业农村发展区、矿产与能源发展区等。

### 2. 分区划分

盟市级层面在大的分区下划分二级类别：生态保护与保留区、永久基本农田集中保护区、古迹遗址保护区、城镇发展区、农业农村发展区、矿产与能源发展区等。旗县级及以下层面在盟市级分区下划分三级类别：核心生态保护区、生态保护修复区、自然保留区、基本农田集中保护区、古迹遗址保护区、城市集中建设区、城镇有条件建设区、特别用途区、农业农村发展区、矿产与能源发展区等。

### 3. 技术流程

规划分区划定技术流程主要包括四个步骤。第一步，规划分区识别。即依托各类资料情况，开展“双评价”即资源环境承载能力评价和国土空间开发适宜性评价，并做出综合评价。第二步，以综合评价结果为依据，识别适宜农业生产、生态保护和城镇建设等区域，形成生态、农业、城镇等功能适宜性综合评价结果。第三步，规划分区划定。首先，基于生态功能适宜性评价结果，结合区域生态保护重要性、敏感性和脆弱性评价，考虑水源涵养、水土保持、生物多样性维护、防风固沙等不同功能，依据主体功能区战略、生态功能区划、生态环境保护规划、林地保护利用规划等相关规划，按照最大程度保护生态安全要求，合理划定生态保护区。旗县及以下层面将生态保护区进行细化，形成核心生态保护区、生态保护修复区和自然保留区。其次，基于城镇功能适宜性评价结果，结合以城镇和工业建设为主体的城镇优化发展、城镇重点发展功能区、区位比较优势、人口规模等级、产业基础等因素，按照促进城镇建设紧凑布局、集约高效要求，划定城镇发展区。旗县及以下层面将城镇发展区进行细分，形成城市集中建设区、城镇有条件建设区和特别用途区等区域。再次，基于农业功能适宜性评价结果，结合永久基本农田、集中连片优质耕地，统筹林、园、牧、渔等各类农业用地，以及农业现代化、农村新产业和新业态、新农村建设要求，合理划定以农业生产和乡村建设为主体的农业农村发展区以及永久基本农田集中保护区。最后，其他如古迹遗址保护区、矿产与能源发展区等区域通过现状资料、规划等情况进行直接识别，划定保护区范围。第四步，分区结果校核。采用数字模型+遥感影像技术，对所划定的各类功能区进行外业核查，同时进行部分核查，最后结合区域主导功能区特点，对各功能区进行人为调整，形成最终成果。具体见图 7–8。

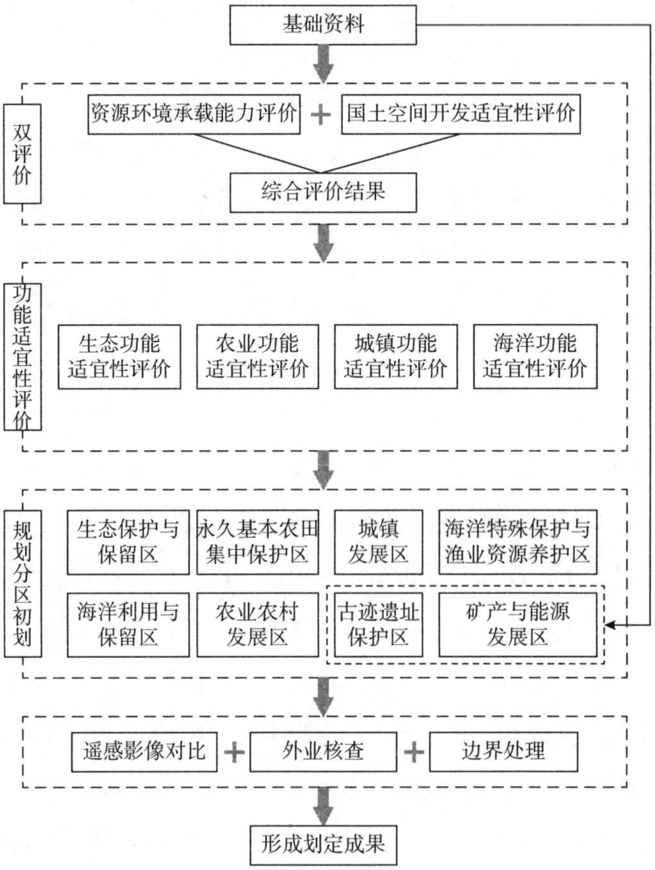


**图 7-8　规划分区划定技术流程**

## （四）空间管制

### 1. 管控体系

国土空间管控体系分全域管控（城市开发边界外）、片区管控（城市开发边界内的中心城区、乡镇）、单元管控（村庄、特殊保护区）三级体系，每个分区下按照用途进行分类。国土空间规划分区与国土空间规划用途分类共同构成国土空间规划管控支撑体系，分级承接传导、细化落实规划意图和管制要求。

### 2. 管控内容

（1）分区管控

根据前述分级管控要求，全域管控主要是落实上位规划和主体功能区定位要求，在国土空间开发保护格局的基础上，划定国土空间规划基本分区，并分别明确各分区的核心管控目标、政策导向与管制规则。空间分区应做到全域覆盖但不相重叠，一经确定不得随意调整，须受到严格的制度管控，控制线的弹性调整必须在对应的分区空间内进行。城镇开发边界外不得进行城镇集中开发建设，不得设立各类开发区，严格控制边界外政府的城镇基础设施资金投入，仅允许交通等线性工程、军事等特殊建设项目以及直接服务乡村振兴的建设项目等。片区管控实行“详细规划 + 规划许可”的管制规则，在城镇开发边界内，建立完善与城市更新、功能转换、混合利用相关的许可制度。自然保护地、文物等遵循特殊保护制度。

（2）用途管控

按照当前国土空间规划用途分类指南，国土空间用途分类采用三级分类体系，共设置 28 种一级类、102 种二级类及 24 种三级类。国土空间规划分区对应相应的土地用途。如核心生态保护区对应的国土用途主要有林地、天然牧草地、沼泽草地、其他草地、陆地水域、盐碱地、沙地、裸土地、裸岩石砾地、冰川及永久积雪地及现状村庄等。生态保护修复区对应的国土用途主要有林地、天然牧草地、沼泽草地、其他草地、水域、现状村庄及其他建设用地等。自然保留区对应的国土用途主要有陆地水域、盐碱地、沙地、裸土地、裸岩石砾地、其他草地、冰川及永久积雪地等。海洋特殊保护与渔业资源养护区对应的国土用途主要有海域海岛。永久基本农田集中保护区对应的国土用途主要有农用地及其配套农业生产服务设施、村庄等用地。古迹遗址保护区对应的国土用途主要有耕地、牧草地、园地、林地等。城市集中建设区对应的国土用途主要有居住用地、公共管理与公共服务设施用地、商服用地、工业用地、仓储用地、道路与交通设施用地、公用设施用地、绿地与广场用地等各类城镇建设用地，以及村庄建设用地、水域、林地、耕地等用地。城镇有条件建设区对应的国土用途主要有村庄建设用地、区域基础设施用地、特殊用地等建设用地，以及水域、林地、草地等非建设用地。特别用途区对应的国土用途主要有水域、林地、园地、牧草地、文物古迹用地、其他建设用地（风景名胜区、森林公园、自然保护区等的管理及服务设施）等。农业农村发展区对应的国土用途主要有耕地、园地、林地、牧草地、村庄建设用地（农村住宅用地、村庄公共服务设施用地、村庄工业物流用地、村庄基础设施用地、村庄其他建设用地）、设施农用地等农业生产生活用地。矿产与能源发展区对应的国土用途主要有区域公用设施用地（区域性能源设施）、采矿盐田用地等。

## （五）信息管理平台

### 1. 总体框架

基于云计算、大数据、互联网等新一代信息技术，以第三次全国国土调查成果为基础，聚合集成政府和社会各类国土空间相关数据，形成一套自然资源数据体系。以一套数据为基础，以“传统 GIS+ 大数据应用”服务模式为支撑，以两大体系为保障（标准规范体系、安全运维体系），以多扩展系统为应用（国土空间规划“一张图”实施监督信息系统、“互联网 +”自然资源政务服务系统、自然资源调查监测评价系统、自然资源监管决策系统等），建成贯穿国家、自治区、盟市、旗县四级，部门联动、开放共享、安全可靠的分布式国土空间基础信息平台，构建“一张图、一数据、一平台、多应用”的国土空间基础信息平台体系，为空间规划、资源调查、交易登记、政务审批、监管决策和公众服务等工作提供多应用服务和信息技术保障，有效提升国土空间治理能力的现代化水平。

国土空间基础信息平台由国家级主节点、各部门分节点和省市县分节点组成，分级分布建设。国家级节点由自然资源部数据主中心、国家林业和草原局数据中心、海洋数据中心、测绘地理信息中心、地质分中心、土地分中心、卫星分中心节点等组成。国土空间基础信息平台集成或接入各节点的国土空间数据，数据物理分散、逻辑一体，通过平台集中展现、调度。各部门负责本节点的数据管理、维护和更新。具体见图 7–9。

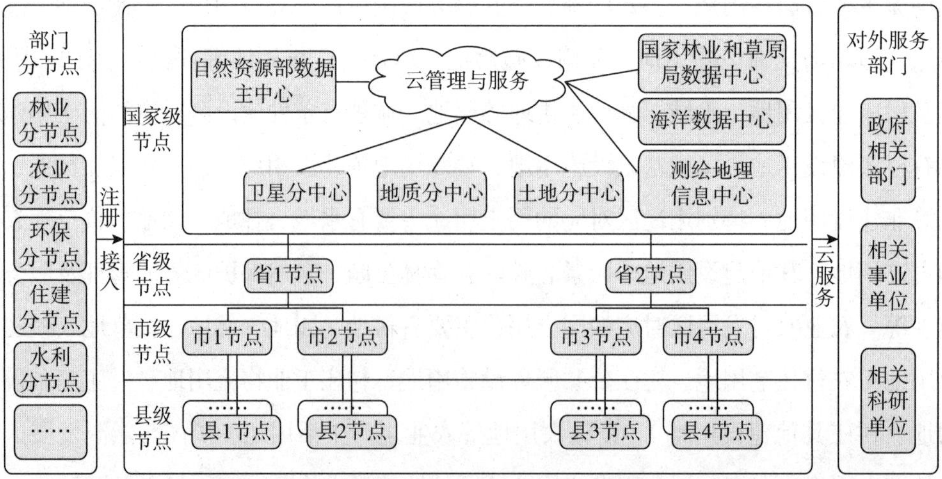


**图 7-9　国土空间基础信息平台总体架构**

2. 技术架构

国土空间基础信息平台基于分布式、云计算、大数据等技术进行建设，主要包括九大模块。一是硬件基础设施层。将计算机资源、存储资源、网络资源等物理资源进行整合，按照云服务模式和云架构建立共享资源池，形成可按需动态扩展的高性能计算环境、大容量存储环境，满足海量国土空间基础数据存储、高并发用户业务办理和信息共享查询，以及各级分节点业务系统接入平台的需要。二是软件运行环境层。关系型数据系统、非关系型数据系统、GIS空间数据系统、分布式文件系统、应用服务器中间件、目录服务器等为国土空间基础信息平台提供部署和运行所需的基本软件环境。三是数据资源层。对体系内的分布式、多比例尺、异构、海量的现状、规划、管理、社会经济等空间地理信息进行整合与综合管理，实现空间信息的统一组织、无缝衔接、统一服务、高效应用。四是应用支撑层。包括“云资源管理”和“开发与运行支撑”两部分。云资源管理部分的主要职能有以下三个方面：云基础设施管理，包括资源管理、资源调度、运行监控等；云服务资源管理，包括服务注册、服务发布、服务调度、服务监控等；云数据资源管理，包括数据交换、数据管理等。开发与运行支撑部分提供成熟的系统开发和运行框架，以及丰富的组件及服务，包括大数据管理、服务总线、数据总线、门户（PORTAL）、统计分析、授权与访问控制等。五是应用服务层。为用户提供数据服务、专题服务、基础服务、定制服务等四大服务。其中数据服务包括数据查询服务、数据浏览服务、信息共享服务等；专题服务包括政务审批服务、监测监管服务、辅助决策服务等；基础服务包括空间分析服务、统计报表服务、专题图制作服务等；定制服务的功能包括应用程序编程接口（API）、服务接口、二次开发接口等。六是应用系统层。功能调用是构建国土空间规划“一张图”实施监督信息系统、“互联网+”自然资源政务服务系统、自然资源调查监测评价系统、自然资源监管决策系统等多个应用系统，为空间规划、资源调查、交易登记、政务审批、监管决策和公众服务等工作提供应用。七是应用服务发布层。国土空间基础信息平台是一个分布的应用体系，通过主节点的统一门户对应用及服务进行发布，并通过服务分发、负载均衡、权限管理、访问控制等技术手段，为分布式体系下的各级用户提供统一访问入口，保证高并发访问的安全、高效、稳定。八是安全运维体系。合理评估系统的安全等级，按照国家相关安全等级保护的要求进行安全保障体系的建设，确保系统运行过程中的物理安全、网络安全、数据安全、应用安全、访问安全。建设覆盖整个体系的运维管理监控系统，对体系的硬件、网络、数据、应用及服务的运行状况进行实时、综合监控，及时发现和预见问题，并按照相应的流程及时处置，保证体系持久的稳定运行。九是标准规范体系。功能是建立统一的技术标准、管理规范，指导整个工程的开发建设和运行管理。具体见图 7–10。

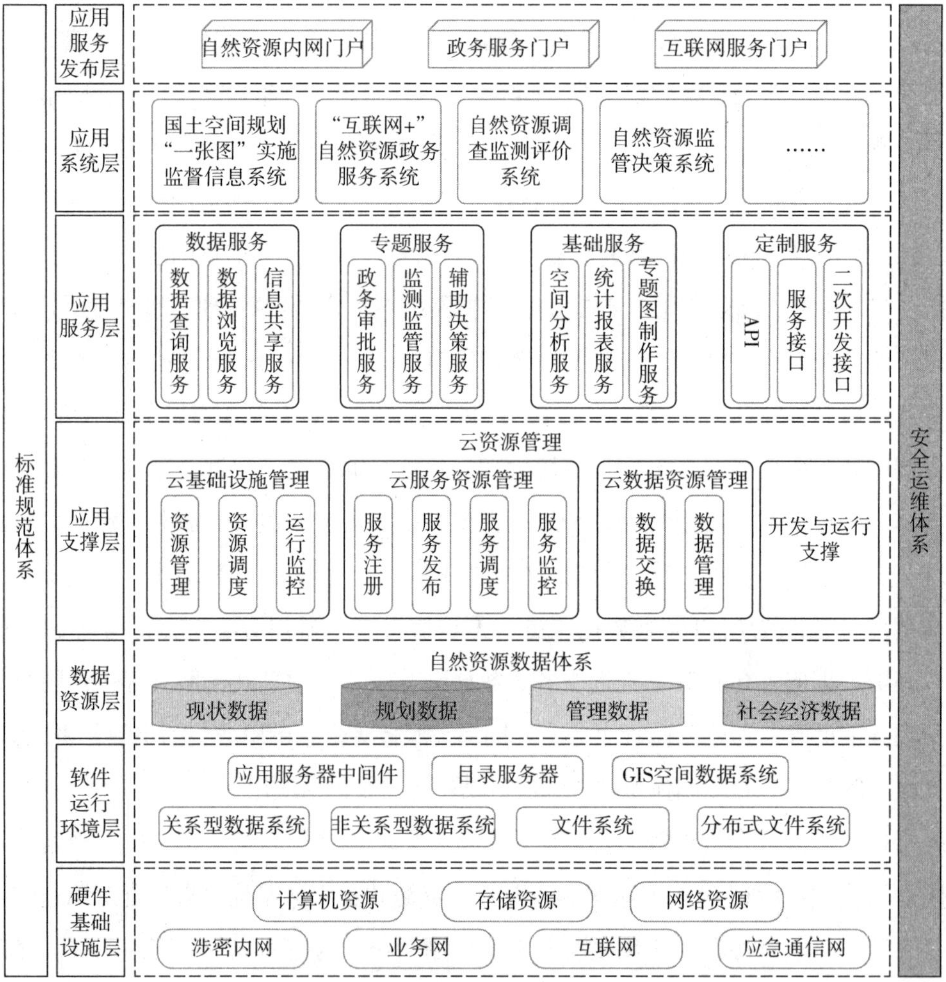


**图 7-10　国土空间基础信息管理平台技术架构**

3. 数据体系

国土空间基础信息数据横向涵盖自然资源、测绘、发展改革、生态、住建、交通、水利、农牧、林草等不同行业；纵向贯穿国家、自治区、盟市、旗县四级。按照数据类型分为现状数据、规划数据、管理数据和社会经济数据，其中现状数据包含基础调查数据、专项调查数据、测绘数据等，为掌握国土空间的真实现状和国土空间的开发利用与变化状况提供数据基础；规划数据包含国土空间总体规划数据、详细规划数据、专项规划数据，为行政审批和国土空间用途管制提供管控数据依据；管理数据是行政审批过程中产生的数据，包含不动产登记、地政管理、矿政管理、自然资源管理等，为实施批后监管提供数据基础；社会经济数据为动态获取数据，包含社会、经济、人口等数据，通过结合时事、舆情等信息进行综合分析与决策。基于国土空间基础信息统一数据标准，实现各类数据的综合管理，建立统一的国土空间基础信息数据目录，形成全国覆盖、内容完整、准确权威、动态鲜活的统一国土空间基础数据资源体系。具体见图 7-11。

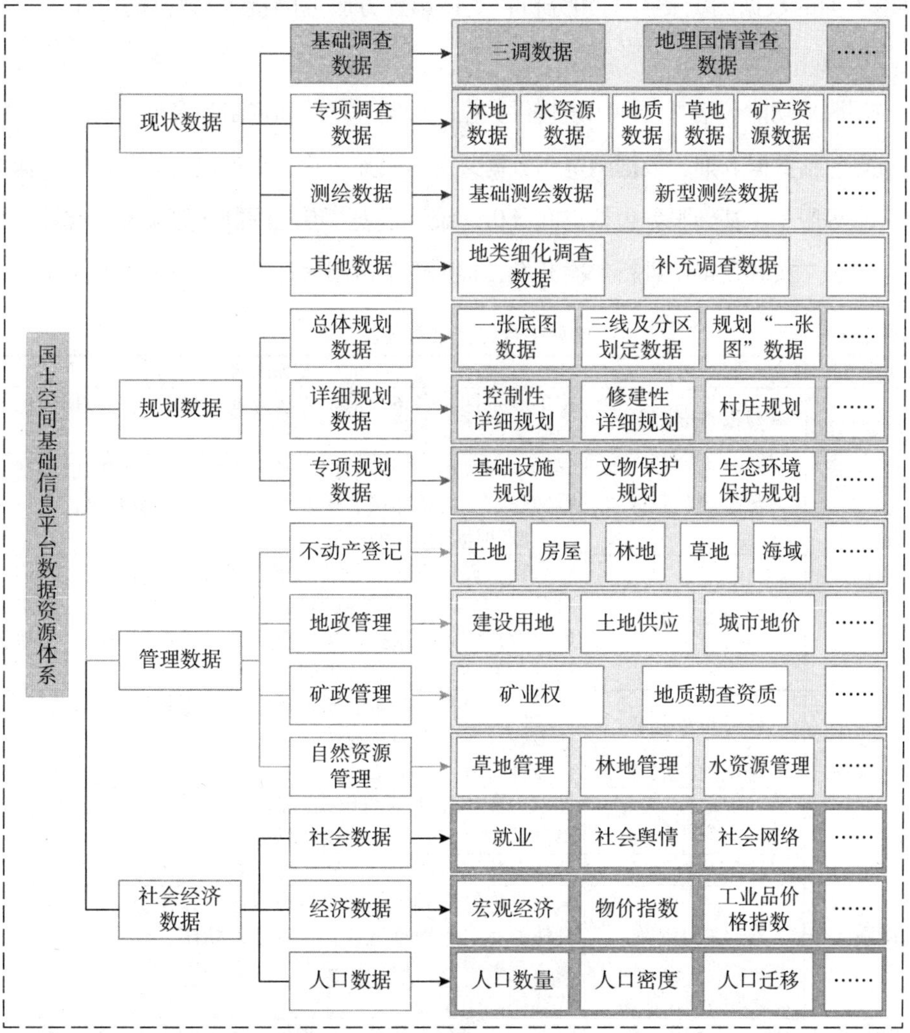


**图 7-11　国土空间数据资源体系**

#### 4. 主要功能

（1）云资源管理

云资源管理包括云基础设施管理，主要是提供分布式架构、云环境下互联网技术（IT）资源自动注册管理及维护；对资源负载能力进行评估和预测；并根据需要进行资源调度与分配。云服务资源管理，主要是提供服务的适配封装、服务注册、资源编目、服务发布、服务配置管理、运行监控、服务启动或停止、版本管理等服务资源生命周期管理，以及对服务资源的检索、调度。云数据资源管理，主要是支持跨部门、海量多源异构数据资源的统一管理，支持重量数据、影像数据、文本数据等多类型的数据浏览、查询和分析，支持第三方服务的接入与管理。

（2）应用服务功能

应用服务功能包括平台向用户提供数据、专题、基础和定制等多种功能服务，数据服务重点包括数据查询、数据浏览和数据共享等服务。专题服务包括政务审批、辅助决策和公众等服务。基础服务包括空间分析、统计报表、专题图制作等服务。此外，API、服务接口和二次开发接口进行二次开发，根据需求定制多种类型服务（见表 7–1）。

**表 7-1　信息平台综合应用服务列表**

| 服务类型 | 服务方向 | 服务内容 |
|---|---|---|
| 数据服务 | 数据查询服务 | 按单一条件或多条件检索等多方式提供对所有数据信息的查询服务 |
| | 数据浏览服务 | 支持空间数据、影像数据、文本数据等多类型的数据基本浏览操作，支持多图层、多要素的叠加、动态显示，支持比例尺控制和地图样式的配置 |
| | 数据共享服务 | 对数据集提供以时间、区域、类别为条件的各种形式的数据服务，包括单一要素数据集、复合要素数据集、实体数据集、数据图元、数据对象等服务，以及数据再加工、数据产品制作及其再发布等数据服务 |
| 专题服务 | 政务审批服务 | 地类占用分析、基本农田占用审查、重复批地审查、重复供地审查、矿产资源压盖审查 |
| | 辅助决策服务 | 合规性审查、辅助选址 |
| | 公众服务 | 抽取、脱密国土空间相关数据，在互联网上为企事业单位、科研院所、社会公众提供数据服务 |
| 基础服务 | 空间分析服务 | 叠加分析、缓冲分析、连通性分析、空间关系分析 |
| | 统计报表服务 | 从数据库提取相关指标，按行政区、按年份、按专业及其他具体指标进行数据统计，以列表、饼图、柱图、折线图等图表方式展示，形成分析报告 |
| | 专题图制作服务 | 快速制图出图 |
| 定制服务 | API、服务接口和二次开发接口进行二次开发，根据需求定制多种类型服务 | |

（3）系统应用功能

系统应用功能包括国土空间规划“一张图”实施监督信息系统，功能是依托平台，建设各级国土空间规划“一张图”实施监督信息系统，服务于国土空间规划编制、审批、实施和监督全过程，形成覆盖全国、动态更新、权威统一的全国国土空间规划“一张图”。为建立健全国土空间规划动态监测评估预警和实施监管机制提供信息化支撑。“互联网+”自然资源政务服务系统，功能是为深化组织机构改革、深化“放管服”改革，以创建“互联网+政务服务”模式为总体要求，综合运用流程优化再造、信息资源共享、线上线下融合、大数据分析等方式，建立“互联网+政务服务”体系，以“审批事项少、办事效率高、服务质量优”为目标，强化互联网思维，创新政策服务模式，打造新时代下集服务、开放、辅助、智能于一体的“互联网+”自然资源政务服务系统，推进政府治理的科学化和现代化。自然资源调查监测评价系统，功能是构建“统一组织开展、统一法规依据、统一调查体系、统一分类标准、统一技术规范、统一数据平台”的“六统一”，彻底解决各类自然资源调查数出多门的问题，全面查清各类自然资源的分布状况，形成一套全面、完善、权威的自然资源管理基础数据。构建宏观监测、常规监测、精细监测和应急监测四个类型的监测体系。通过调查与监测及时为自然资源管理和生态文明建设提供信息服务。建立各类自然资源在国土空间上的内在联系，并利用大数据技术和数据分析模型，推进数据集成和深度开发利用。自然资源监管决策系统，功能是基于国土空间基础信息平台数据，开展信息提取和加工处理等知识挖掘，构筑自然资源知识体系和决策分析模型，应用大数据分析技术，对各类成果和管理的深度分析、智能化检索和舆情监测，实现自然资源形势和热点问题的动态分析，提供协作研究的智能化知识管理系统和决策支持系统。

# 第八章　内蒙古空间规划保障制度的改革与创新

规划是落实行政管理和法律法规的一种手段或形式，本质上说规划冲突的根本原因在于管理部门职能边界不清和法律法规存在冲突。因此，完善空间规划的相关法律法规和优化空间规划管控职能是消除各类规划冲突，实现多规合一和有效管控的基础和前提。

## 一、国家层面空间规划法规及标准体系的修订完善

内蒙古自治区作为一个省级空间区域，在国土空间规划法律法规和标准体系建设方面权限有限，空间规划编制和管理实施中遇到的许多问题也有赖于国家层面法律法规和标准体系的完善。

### （一）国家层面空间规划法规体系梳理

国家层面的空间规划的法律法规体系主要包括围绕主体功能区规划、城乡规划、国土及土地利用规划、环境保护规划等各规划的编制和实施，由全国人大、国务院及有关部委出台的法律、行政法规和部门规章组成。

#### 1. 主体功能区规划法规

在主体功能区规划方面，国务院2010年发布《全国主体功能区规划》，各省（自治区、直辖市）也相继编制发布了省级主体功能区规划。目前，主体功能区规

划尚无对应的专门法律，编制主要依据党的十七大报告、《中华人民共和国国民经济和社会发展第十一个五年规划纲要》和《国务院关于编制全国主体功能区规划的意见》。主体功能区规划作为国土空间开发的战略性、基础性和约束性规划，急需相关制度的有力保证，必须在制度层面上进行政策引导、法制保障、措施落实，增强制度供给、建立健全规划实施机制，加强对规划实施情况的监督检查，方能确保主体功能区规划落到实处。

2. 城乡规划法规

城乡规划的法律法规主要以《中华人民共和国城乡规划法》（以下简称《城乡规划法》）为核心，其他行政法规、部门规章，如《村庄和集镇规划建设管理条例》《风景名胜区条例》《历史文化名城名镇名村保护条例》《城镇体系规划编制审批办法》《城市规划编制办法》等（见表 8-1），重要规范性文件有《中共中央 国务院关于进一步加强城市规划建设管理工作的若干意见》《住房和城乡建设部关于改革创新全面有效推进乡村规划工作的指导意见》等。目前，城乡规划法制建设方面相对较完善，政策性和技术性兼顾，针对性和可操作性较强；违法责任明确，但实际执行中干扰因素较多。

**表 8-1　我国城乡规划法规体系**

| 类别 | | 名称 | 施行日期 |
|---|---|---|---|
| 法律 | | 《中华人民共和国城乡规划法》 | 2019 年 4 月 23 日 |
| 行政法规 | | 《村庄和集镇规划建设管理条例》 | 1993 年 11 月 1 日 |
| | | 《风景名胜区条例》（2016 年修订版） | 2016 年 2 月 6 日 |
| | | 《历史文化名城名镇名村保护条例》 | 2017 年 10 月 7 日 |
| 部门规章与规范性文件 | 城乡规划编制与审批 | 《城市规划编制办法》 | 2006 年 4 月 1 日 |
| | | 《省域城镇体系规划编制审批办法》 | 2010 年 7 月 1 日 |
| | | 《城市总体规划实施评估办法（试行）》 | 2009 年 4 月 17 日 |
| | | 《城市总体规划审查工作原则》 | 1999 年 4 月 5 日 |
| | | 《城市总体规划编制审批办法（征求意见稿）》 | 2016 年 10 月 31 日 |
| | | 《城市、镇控制性详细规划编制审批办法》 | 2011 年 1 月 1 日 |
| | | 《历史文化名城保护规划编制要求》 | 1994 年 9 月 5 日 |
| | | 《城市绿化规划建设指标的规定》 | 1994 年 1 月 1 日 |
| | | 《城市综合交通体系规划编制导则》 | 2012 年 5 月 26 日 |
| | | 《村镇规划编制办法（试行）》 | 2000 年 2 月 14 日 |
| | | 《城市规划强制性内容暂行规定》 | 2002 年 8 月 29 日 |

续表

| 类别 | | 名称 | 施行日期 |
|---|---|---|---|
| 部门规章与规范性文件 | 城乡规划实施管理与监督检查 | 《建设项目选址规划管理办法》 | 1991年8月23日 |
| | | 《城市国有土地使用权出让转让规划管理办法》 | 1993年1月1日 |
| | | 《开发区规划管理办法》 | 1995年7月1日 |
| | | 《城市地下空间开发利用管理规定》(2011年修订版) | 2011年1月26日 |
| | | 《城市抗震防灾规划管理规定》 | 2003年11月1日 |
| | | 《近期建设规划工作暂行办法》 | 2002年8月29日 |
| | | 《城市绿线管理办法》 | 2002年11月1日 |
| | | 《城市紫线管理办法》 | 2004年2月1日 |
| | | 《城市黄线管理办法》 | 2006年3月1日 |
| | | 《城市蓝线管理办法》 | 2006年3月1日 |
| | | 《建制镇规划建设管理办法》(2011年修订版) | 2011年1月26日 |
| | | 《市政公用设施抗灾设防管理规定》(2015年修订版) | 2015年1月22日 |
| | | 《停车场建设和管理暂行规定》 | 1989年1月1日 |
| | | 《城建监察规定》(2010年修订) | 2011年1月26日 |
| | 城市规划行业管理 | 《城市规划编制单位资质管理规定》(2012年修订版) | 2012年9月1日 |
| | | 《注册城乡规划师职业资格制度规定》(2017年修订版) | 2017年5月22日 |

3. 国土规划及土地利用规划法规

国土规划目前尚无对应法律依据。1987年，国家计委制定《国土规划编制办法》，但已不适应当前发展要求。2017年1月，国务院印发《全国国土规划纲要(2016—2030年)》，同年9月，国土资源部（现自然资源部）发布《省级国土规划编制要点》，指导推进省级国土规划编制。

土地利用规划的法规体系以《中华人民共和国土地管理法》(以下简称《土地管理法》)为核心，其他行政法规、部门规章，如《中华人民共和国土地管理法实施条例》《基本农田保护条例》《土地利用总体规划编制审查办法》等（见表8-2）。重要规范性文件有《省级土地利用总体规划审查办法》《市县乡级土地利用总体规划编制指导意见》《关于严格土地利用总体规划实施管理的通加》等。近年来，土地利用规划法制建设取得较大进展，系统性和完备性较好、政策性和操作性较强，违法责任明确，且执法较为严格。

**表8-2　我国土地利用规划法规体系**

| 类别 | 名称 | 施行日期 |
|---|---|---|
| 法律 | 《中华人民共和国土地管理法》 | 2020年1月1日 |
| 行政法规 | 《中华人民共和国土地管理法实施条例》(2014年修订版) | 2014年7月29日 |

续表

| 类别 | 名称 | 施行日期 |
|---|---|---|
| 行政法规 | 《基本农田保护条例》（2017 年修订版） | 2017 年修订 |
| | 《国有土地上房屋征收与补偿条例》 | 2011 年 1 月 21 日 |
| 部门规章 | 《土地利用总体规划管理办法》 | 2017 年 5 月 8 日 |
| | 《土地利用总体规划编制审查办法》 | 2009 年 4 月 2 日 |
| | 《省级土地利用总体规划编制要点》 | 2009 年 4 月 6 日 |
| | 《建设项目用地预审管理办法》 | 2009 年 1 月 1 日 |
| | 《土地利用年度计划管理办法》 | 2016 年 5 月 12 日 |
| | 《节约集约利用土地规定》 | 2014 年 9 月 1 日 |
| | 《土地复垦条例实施办法》 | 2013 年 3 月 1 日 |
| | 《闲置土地处置办法》 | 2012 年 7 月 1 日 |
| | 《土地权属争议调查处理办法》 | 2010 年 11 月 30 日 |
| | 《土地调查条例实施办法》 | 2009 年 6 月 17 日 |
| | 《土地储备管理办法》 | 2007 年 11 月 19 日 |
| | 《耕地占补平衡考核办法》 | 2006 年 8 月 1 日 |
| | 《草原征占用审核审批管理办法》（2014 年修订版） | 2014 年 3 月 1 日 |

4. 环境保护规划法规

环境保护规划的法规体系包括《中华人民共和国环境保护法》（以下简称《环境保护法》），国务院颁布的有关实施环境保护法的行政法规，国务院环保部门和其与其他有关部门联合制定的关于环保规划编制、审批、实施、修改、监督检查、法律责任等内容的部门规章。现行环境保护立法比较齐全，除《环境保护法》这部核心法外，尚有《中华人民共和国水污染防治法》《中华人民共和国大气污染防治法》《中华人民共和国固体废物污染环境防治法》《中华人民共和国环境噪声污染防治法》《中华人民共和国放射性污染防治法》《中华人民共和国环境影响评价法》等（见表 8–3），但直接涉及环境保护规划的法律法规较少。

**表 8-3　我国环境保护规划法规体系**

| 类别 | 名称 | 施行日期 |
|---|---|---|
| 法律 | 《中华人民共和国环境保护法》（2014 年修订版） | 2015 年 1 月 1 日 |
| | 《中华人民共和国水污染防治法》（2017 年修订版） | 2018 年 1 月 1 日 |
| | 《中华人民共和国海洋环境保护法》（2017 年修订版） | 2017 年 11 月 5 日 |
| | 《中华人民共和国固体废物污染环境防治法》（2019 年修订版） | 2020 年 9 月 1 日 |
| | 《中华人民共和国大气污染防治法》（2015 年修订版） | 2016 年 1 月 1 日 |
| | 《中华人民共和国环境影响评价法》（2018 年修订版） | 2003 年 9 月 1 日 |
| | 《中华人民共和国草原法》（2013 年修订版） | 2013 年 6 月 29 日 |

续表

| 类别 | 名称 | 施行日期 |
|---|---|---|
| 法律 | 《中华人民共和国循环经济促进法》 | 2009 年 9 月 1 日 |
| | 《中华人民共和国防沙治沙法》 | 2002 年 1 月 1 日 |
| | 《中华人民共和国水法》 | 2002 年 10 月 1 日 |
| | 《中华人民共和国水土保持法》（2010 年修订版） | 2011 年 3 月 1 日 |
| | 《中华人民共和国清洁生产促进法》 | 2003 年 1 月 1 日 |
| | 《中华人民共和国野生动物保护法》（2016 年修订版） | 2017 年 1 月 1 日 |
| | 《中华人民共和国放射性污染防治法》 | 2003 年 10 月 1 日 |
| | 《中华人民共和国可再生能源法》 | 2006 年 1 月 1 日 |
| 行政法规 | 《中华人民共和国自然保护区条例》（2017 年修正版） | 2017 年 10 月 7 日 |
| | 《建设项目环境保护管理条例》 | 2017 年 10 月 1 日 |
| | 《城镇排水与污水处理条例》 | 2014 年 1 月 1 日 |
| | 《规划环境影响评价条例》 | 2009 年 10 月 1 日 |
| | 《全国污染源普查条例》 | 2007 年 10 月 9 日 |
| 部门规章 | 《国家环境保护环境与健康工作办法（试行）》 | 2018 年 1 月 25 日 |
| | 《农用地土壤环境管理办法（试行）》 | 2017 年 11 月 1 日 |
| | 《环境保护公众参与办法》 | 2015 年 9 月 1 日 |
| | 《建设项目环境影响评价资质管理办法》 | 2015 年 11 月 1 日 |
| | 《环境监察办法》 | 2012 年 9 月 1 日 |
| | 《环境行政执法后督察办法》 | 2011 年 3 月 1 日 |
| | 《地方环境质量标准和污染物排放标准备案管理办法》 | 2010 年 3 月 1 日 |
| | 《环境行政处罚办法》 | 2010 年 3 月 1 日 |
| | 《建设项目环境影响评价分类管理名录》 | 2008 年 10 月 1 日 |
| | 《突发环境事件应急管理办法》 | 2015 年 6 月 5 日 |
| | 《国家生态工业示范园区管理办法（试行）》 | 2015 年 12 月 16 日 |

5. 其他空间性规划法规

其他类的规划法规包括以《基础测绘条例》《区域建设用海规划管理办法（试行）》为核心的法律法规及其他规范性文件。农业主管部门以《中华人民共和国水土保持法》《中华人民共和国农业法》《农田水利条例》《基本农田保护条例》等为核心的法律法规及其他规范性文件；水利部门以《中华人民共和国水法》《城市供水条例》《水土保持工程建设管理办法》《水功能区管理办法》等为核心的法律法规及其他规范性文件；林业部门以《中华人民共和国森林法》《中华人民共和国草原法》《退耕还林条例》《国家级森林公园管理办法》《国家级公益林区划界定办法》等为核心的法律法规及其他规范性文件（见表 8-4）。

表 8-4　其他空间性规划法规体系

| 部门 | 类别 | 名称 | 施行日期 |
|---|---|---|---|
| 农业 | 法律 | 《中华人民共和国水土保持法》 | 2011 年 3 月 1 日 |
| | | 《中华人民共和国农业法》 | 2013 年 1 月 1 日 |
| | 法规 | 《农田水利条例》 | 2016 年 7 月 1 日 |
| | | 《基本农田保护条例》 | 1999 年 1 月 1 日 |
| | 规章 | 《国家农业综合开发资金和项目管理办法》 | 2017 年 1 月 1 日 |
| | | 《国家农业科技园区管理办法》 | 2018 年 1 月 22 日 |
| | | 《省级政府耕地保护责任目标考核办法》 | 2018 年 1 月 3 日 |
| 水利 | 法律 | 《中华人民共和国水法》（2016 年修订） | 2016 年 7 月 2 日 |
| | 法规 | 《城市供水条例》 | 1994 年 10 月 1 日 |
| | | 《中华人民共和国水文条例》 | 2007 年 6 月 1 日 |
| | | 《中华人民共和国河道管理条例》（2017 年修订版） | 2018 年 3 月 19 日 |
| | | 《水土保持工程建设管理办法》 | 2003 年 12 月 25 日 |
| | | 《开发建设项目水土保持方案编报审批管理规定》 | 2005 年 7 月 8 日 |
| | | 《水功能区管理办法》 | 2017 年 4 月 1 日 |
| 林业 | 法律 | 《中华人民共和国森林法》（2019 年修订版） | 2020 年 7 月 1 日 |
| | | 《中华人民共和国草原法》 | 2013 年 6 月 29 日 |
| | 法规 | 《退耕还林条例》 | 2003 年 1 月 20 日 |
| | | 《中华人民共和国森林法实施条例》 | 2011 年 1 月 8 日 |
| | 部门规章 | 《森林资源监督工作管理办法》 | 2008 年 1 月 1 日 |
| | | 《国家级森林公园管理办法》 | 2011 年 8 月 1 日 |
| | | 《占用征收征用林地审核审批管理办法》 | 2011 年 1 月 25 日 |
| | | 《国有林场管理办法》 | 2011 年 11 月 11 日 |
| | | 《湿地保护管理规定》（2017 年修订版） | 2018 年 1 月 1 日 |
| | | 《草原征占用审核审批管理办法》 | 2014 年 4 月 25 日 |
| | | 《国家级公益林区划界定办法》 | 2017 年 4 月 28 日 |
| | | 《国家级公益林管理办法》 | 2017 年 4 月 28 日 |

## （二）国家层面空间规划标准体系梳理

空间规划技术标准体系既是编制各类空间规划的基础依据，又是依法规范空间规划编制单位行为，以及政府和社会公众对规划编制和实施进行监督检查的重要依据。

### 1. 主体功能区规划技术标准体系

主体功能区规划体现战略性，在标准体系方面以编制规划导则为主，其他方面尚未制定技术标准。目前，仅有《省级主体功能区划分技术规程》标准。

## 2. 城乡规划技术标准体系

为指导城乡规划的规范化编制，国家专门出台了《城乡规划技术标准体系》，共包括42项标准，其中基础标准4项、通用标准12项、专用标准26项。实际已出台《城市用地分类与规划建设用地标准》《城市规划制图标准》《镇规划标准》以及城市居住区、道路交通、给水工程、工程管线、电力等规划规范，城乡规划技术标准体系框架已初步形成（见表8-5）。

**表8-5　　我国城乡规划技术标准体系**

| 标准层次 | 标准类型 | 标准名称 | 现行标准 |
|---|---|---|---|
| 基础标准 | 术语标准 | 《城市规划基本术语标准》 | GB/T50280-98 |
| | 图形标准 | 《城市规划制图标准》 | CJJ/T97-2003 |
| | 分类标准 | 《城市用地分类与规划建设用地标准》 | GB50137-2011 |
| | | 《村镇规划基础资料搜集规程》 | |
| 通用标准 | 城市规划 | 《城市人口规模预测规程》 | |
| | | 《城乡用地评定标准》 | CJJ132-2009 |
| | | 《城市环境保护规划规范》 | |
| | | 《城市规划工程地质勘查规范》 | CJJ57-2012 |
| | | 《历史文化名城保护规划规范》 | GB50357-2005 |
| | | 《城市地下空间规划标准》 | GB/T51358-2019 |
| | | 《城市水系规划规范》（2016年修订版） | GB50513-2009 |
| | | 《城市建设用地竖向规划规范》 | CJJ83-2016 |
| | | 《城市工程管线综合规划规范》 | GB50289-2016 |
| | | 《城市综合防灾规划标准》 | GB/T51327-2018 |
| | 村镇规划 | 《镇规划标准》 | GB50188-2007 |
| | | 《县域村镇体系规划编制暂行办法》 | |
| 专用标准 | 城市规划 | 《城市居住区规划设计规范》 | GB50180-93 |
| | | 《城市公共设施规划规范》 | GB50442-2008 |
| | | 《城市环境卫生设施规划规范》 | GB50337-2003 |
| | | 《城市地质灾害规划规范》 | |
| | | 《城市消防规划规范》 | GB51080-2015 |
| | | 《城市绿地设计规范》（2016年版） | GB50420-2007 |
| | | 《风景名胜区规划规范》 | GB50298-1999 |
| | | 《城镇老年人设施规划规范》 | GB50437-2007 |
| | | 《城市给水工程规划规范》 | GB50282-2016 |
| | | 《城市排水工程规划规范》 | GB50318-2017 |
| | | 《城市电力规划规范》 | GB/T50293-2014 |
| | | 《城市通信工程规划规范》 | GB/T50853-2013 |
| | | 《城市供热工程规划规范》 | GB/T51074-2015 |
| | | 《城市燃气工程规划规范》 | GB/T51098-2015 |
| | | 《防洪标准》 | GB50201-2014 |

续表

| 标准层次 | 标准类型 | 标准名称 | 现行标准 |
|---|---|---|---|
| 专用标准 | 城市规划 | 《城市照明建议规划规范》 | CJJ/T307-2019 |
| | | 《城市道路交通规划设计规范》 | GB 50220-95 |
| | | 《城市公共交通站、场、厂工程设计规范》 | CJJ/T15-2011 |
| | | 《城市停车规划规范》 | GB/T51149-2016 |
| | | 《城市轨道交通线网规划编制标准》 | GB/T50546-2018 |
| | | 《城市对外交通规划规范》 | GB50925-2013 |
| | | 《城市道路绿化规划与设计规范》 | CJJ75-97 |
| | | 《建设项目交通影响评价技术标准》 | CJJ/T141-2010 |
| | | 《城市道路交叉口规划规范》 | GB50647-2011 |
| | 村镇规划 | 《镇（乡）村仓储用地规划规范》 | CJJ/T189-2014 |
| | | 《乡镇集贸市场规划设计标准》 | CJJ/T87-2000 |

3. 国土规划及土地利用规划技术标准体系

国土规划在编制时规范标准基本参照土地利用规划的相关标准。土地利用规划的主要技术规范包括《省级土地利用总体规划编制审批规定》《市级土地利用总体规划环境影响评价技术规范》，以及市（地）、县、乡（镇）三级土地利用规划编制规程、制图规范、数据库标准等（见表 8-6）。

**表 8-6　我国土地利用规划技术标准体系**

| 标准名称 | 现行标准 |
|---|---|
| 《市（地）级土地利用总体规划数据库标准》 | TD/T1026-2010 |
| 《县级土地利用总体规划数据库标准》 | TD/T1027-2010 |
| 《乡（镇）土地利用总体规划数据库标准》 | TD/T1028-2010 |
| 《市（地）级土地利用总体规划编制规程》 | TD/T1023-2010 |
| 《县级土地利用总体规划编制规程》 | TD/T1024-2010 |
| 《乡（镇）土地利用总体规划编制规程》 | TD/T1025-2010 |
| 《高标准农田建设评价规范》 | GB/T33130-2016 |
| 《土地整治权属调整规范》 | TD/T1046-2016 |
| 《土地整治工程建设标准编写规程》 | TD/T1045-2016 |
| 《土地整治重大项目实施方案编制规程》 | TD/T1047-2016 |
| 《县级土地整治规划编制规程》 | TD/T1035-2013 |
| 《市（地）级土地整治规划编制规程》 | TD/T1034-2013 |
| 《土地整治项目规划设计规范》 | TD/T1012-2016 |
| 《矿山土地复垦基础信息调查规程》 | TD/T1049-2016 |
| 《耕作层土壤剥离利用技术规范》 | TD/T1048-2016 |

4. 环境保护规划技术标准体系

环境保护规划的相关技术标准有《生态保护红线划定技术指南》《生态功能区

划暂行规程》《规划环境影响评价技术导则总纲》以及大量环境标准等。目前正探索开展环境功能区划划定、城市环境总体规划试点工作，相应的规范建设需进一步探索完善（见表 8–7）。

表 8-7 我国环保规划技术标准体系

| 标准名称 | 现行标准 |
|---|---|
| 《环境空气质量标准》 | GB3095–2012 |
| 《污染防治可行技术指南编制导则》 | HJ2300–2018 |
| 《农田灌溉水质标准》 | GB5084–2005 |
| 《声环境功能区划分技术规范》 | GB/T15190–2014 |
| 《地表水环境质量标准》 | GB3838–2012 |
| 《地下水质量标准》 | GB/T14848–2017 |
| 《声环境质量标准》 | GB3096–2008 |
| 《工业企业厂界环境噪声排放标准》 | GB12348–2008 |
| 《土壤环境质量标准》 | GB15618–2008 |
| 《危险废物贮存污染控制标准》（2013 年修订版） | GB18597–2001 |
| 《一般工业固体废物贮存、处置场污染控制标准》（2013 年修订版） | GB18599–2001 |
| 《生活垃圾填埋污染控制标准》 | GB16889–2008 |
| 《自然保护区管理评估规范》 | HJ913–2017 |
| 《生态环境状况评价技术规范》 | HJ192–2015 |
| 《建设项目环境影响评价技术导则总纲》 | HJ2.1–2016 |
| 《规划环境影响评价技术导则总纲》 | HJ130–2014 |

### 5. 其他空间性规划技术标准体系

其他空间性规划技术标准体系主要有《耕地质量等级》（GB/T33469–2016）、《全国耕地类型区、耕地地力等级划分》（NY/T309–1996）、《水土保持术语》（GB/T20465–2006）、《水土保持规划编制规范》（SL335–2014）、《林地保护利用规划林地落界技术规程》（LY/T1955–2011）等（见表 8–8）。

表 8-8 其他空间性规划技术标准体系

| 标准名称 | 现行标准 |
|---|---|
| 《耕地质量等级》 | GB/T33469–2016 |
| 《高标准农田建设评价规范》 | GB/T33130–2016 |
| 《全国耕地类型区、耕地地力等级划分》 | NY/T309–1996 |
| 《水土保持术语》 | GB/T20465–2006 |
| 《饮用水水源保护区划分技术规范》 | HJ338–2018 |
| 《开发建设项目水土保持技术规范》 | GB50433–2008 |

续表

| 标准名称 | 现行标准 |
|---|---|
| 《开发建设项目水土流失防治标准》 | GB50434–2008 |
| 《水土保持规划编制规范》 | SL335–2014 |
| 《林地保护利用规划林地落界技术规程》 | LY/T1955–2011 |
| 《县级林地保护利用规划编制技术规程》 | LY/T1956–2011 |
| 《森林资源调查卫星遥感影像图制作技术规程》 | LY/T1954–2011 |
| 《低效林改造技术规程》 | LY/T1690–2017 |

## （三）空间规划法规及技术标准差异内容

### 1. 差异法规梳理

通过对主要空间规划法规、技术标准体系等进行梳理，结合空间规划矛盾冲突的法规标准成因分析，根据五个方面的法规标准差异问题其对应主要涉及的法律、行政法规、部门规章及标准规范汇总，如表 8–9。

表 8-9　空间规划主要差异法规梳理

| 差异问题 | 差异法规 |
|---|---|
| 规划期限 | 法律:《城乡规划法》《土地管理法》<br>行政法规:《土地管理法实施条例》<br>部门规章:《城市规划编制办法》《省域城镇体系规划编制审批办法》<br>标准规范:《市（地）级土地利用总体规划编制规程》 |
| 基础数据 | 标准规范:《城市规划制图标准》《城市用地分类与规划建设用地标准》《市（地）级土地利用总体规划数据库标准》《市（地）级土地利用总体规划编制规程》《生态保护红线划定技术指南》 |
| 用地分类 | 标准规范:《城市用地分类与规划建设用地标准》《镇规划标准》《土地利用现状分类》《县级土地利用总体规划数据库标准》《市（地）级土地利用总体规划编制规程》 |
| 分区管控 | 法律:《中华人民共和国水土保持法》（2010 年修订）、《中华人民共和国环境保护法》（2014 年修订）、《中华人民共和国水污染防治法》（2017 年修订）<br>部门规章:《城市规划编制办法》（2006 版）、《土地利用总体规划管理办法》<br>标准规范:《生态保护红线、环境质量底线、资源利用上线和环境准入负面清单技术指南（试行）》《生态保护红线划定指南》《环境空气质量标准》《土壤环境质量评价技术规范（征求意见稿）》 |
| 目标指标 | 部门规章:《土地利用年度计划管理办法》<br>标准规范:《城市用地分类与规划建设用地标准》《生态保护红线、环境质量底线、资源利用上线和环境准入负面清单技术指南（试行）》 |

### 2. 差异法规内容

（1）规划期限差异

《城乡规划法》第 17 条，《城市规划编制办法》第 28 条、第 35 条，《省域城镇体系规划编制审批办法》第 27 条规定，城乡规划中城市总体规划、镇的总体规划和省域城镇体系规划期限一般为 20 年，城市近期建设规划期限为 5 年，城市总规还应当对城市更长远的发展作出预测性安排。《土地管理法》第 17 条，《土地管理法实施条例》第 9 条，《市（地）级土地利用总体规划编制规程》规定，土地利用总体规划的期限一般为 15 年，其中市（地）级土地利用总规期限为 10 ~ 15 年，近期土地利用安排期限为 5 年。环保规划的期限并未作明确安排，但现行的国家、各省和地市的生态环境保护规划的期限与国民经济和社会发展规划期限均为 5 年。

（2）基础数据差异

《城市规划制图标准》《城市用地分类与规划建设用地标准》规定：城乡规划一般采用北京坐标系或西安坐标系进行定位，高程基准采用黄海高程系（最新为 1985 国家高程基准），比例尺一般采用 1 ∶ 10000 或 1 ∶ 5000，地形图采用测绘部门最新公布的地形图纸。《市（地）级土地利用总体规划数据库标准》《市（地）级土地利用总体规划编制规程》规定：土地利用总体规划一般采用“1980 西安坐标系”和“1985 国家高程基准”作为平面坐标和高程基准，市域范围比例尺一般采用 1 ∶ 100000，中心城区比例尺一般采用 1 ∶ 10000 ~ 1 ∶ 25000，规划控制范围偏大的，可以缩小到 1 ∶ 50000。《生态保护红线划定技术指南》规定，生态环境保护规划中生态保护红线图件采用 2000 国家大地坐标系，1985 国家高程基准，国家层面基本比例尺为 1 ∶ 250000，省级层面不小于 1 ∶ 50000，勘测定界图基本比例尺与当地土地利用图件保持一致。《生态保护红线、环境质量底线、资源利用上线和环境准入负面清单技术指南（试行）》规定：“三线一单”成果体系采用权威地理信息数据作为工作底图定位基础，比例尺优先采用 1 ∶ 10000 和 1 ∶ 50000。

（3）用地分类差异

《城市用地分类与规划建设用地标准》《镇规划标准》规定：在城乡规划中，依据土地使用的主要性质采用三层分类体系，城乡用地分为 2 大类、9 中类、14 小类，其中城市建设用地进一步分为 8 大类、35 中类、42 小类，镇用地分为 9 大类、30

小类。《土地利用现状分类》《县级土地利用总体规划数据库标准》《市（地）级土地利用总体规划编制规程》规定，在土地利用规划中，土地利用现状分类采用二级分类体系，包括 12 个一级类、72 个二级类，用于地籍管理；土地利用规划分类采用三级分类体系，包括 3 个一级类、10 个二级类、25 个三级类，用于规划管理。

（4）分区管控差异

《城市规划编制办法》（2006 年版）规定，城乡规划中，要求划定“禁建区、限建区、适建区”的范围，对中心城区还要求划定“已建区”，并研究中心城区空间增长边界；同时，在城市规划中，需要划定绿地保护范围（绿线）、河湖水面保护范围（蓝线）、历史文化街区及历史建筑保护范围（紫线）、重大城市基础设施用地控制线（黄线）和安全防护范围界线（橙线）。《土地利用总体规划管理办法》规定：土地利用规划中，要求划定“城乡建设用地规模边界、城乡建设用地扩展边界、城乡建设用地禁建边界、允许建设区、有条件建设区、限制建设区、禁止建设区”。《生态保护红线、环境质量底线、资源利用上线和环境准入负面清单技术指南（试行）》明确建立“三线一单”环境分区管控体系，提出，根据中共中央办公厅、国务院办公厅印发的《关于划定并严守生态保护红线的若干意见》《生态保护红线划定指南》要求，划定生态空间，明确生态保护红线。依据《重点流域水污染防治“十三五”规划编制技术大纲》《环境空气质量标准》《土壤环境质量评价技术规范（征求意见稿）》等，针对相关规划中水环境、大气环境、土壤环境限期达标要求，确定基于底线目标的污染物排放总量控制和重点区域环境管控要求。

（5）目标指标差异

《城市用地分类与规划建设用地标准》规定，城市规划中，对于“人均城市建设用地”形成清晰的目标指标体系，在明确新建城市、首都、山地城市、人口较少的工矿业城市、风景旅游城市等人均建设用地指标的基础上，进一步提出了“人均居住用地指标、人均公共管理与公共服务用地指标、人均交通设施用地面积指标、人均绿地面积指标”及五大类主要用地占城市建设用地的比例区间。《土地利用年度计划管理办法》（自 2016 年 5 月 12 日起施行）规定，土地利用规划中，目标指标以年度计划的方式进行明确，包括每年“新增建设用地计划指标、土地整治补充耕地计划指标、耕地保有量计划指标、城乡建设用地增减挂钩指标和工矿废弃地复垦利用指标”。

### （四）空间规划法规及标准建设需求

1. 空间规划立法的现实需求

通过以上部分内容系统分析，我国现行各类空间规划存在五大方面的冲突矛盾，进一步分析其成因，主要是各类规划相对应的法规标准各异，从而进一步找出各类规划相对应法规标准的差异条款内容。可以明确看出，法规标准差异是形成目前空间规划产生冲突矛盾的根本性、现实性的问题。因此，需要对现行各类法规通过一定的形式进行重新修正或修订，以便达到统一及有效解决现实冲突矛盾问题的目的。

2. 空间规划的技术路线要求

从 2014 年国家开展市县多规合一的技术路线（多规叠加、协调冲突矛盾，到各类控制线划定形成一张蓝图），到 2016 年省级空间试点方案确立“先布棋盘、后落棋子”的技术路线，到《中共中央 国务院关于建立国土空间规划体系并监督实施的若干意见》明确“战略定位—优化格局—要素配置—空间整治—实施保障”五步路线。国土空间规划的技术路线在落实发展规划的战略要求前提下，需要整合各类空间规划，形成各类空间规划融合、各类空间要素统一的一张蓝图，从而以一张蓝图为基础实现空间的有效管控。因此，国土空间规划所形成的一张蓝图实质上涵盖了各类空间性规划的管控要素和内容，但是，各规划目前仍受其对应的法规约束，此技术路线的落地实现需要立法及法规完善保障。

3. 空间规划的体制改革目标

深化规划体制改革，推动多规合一，探索实现一本规划、一张蓝图，从党的十八大后就明确提出。政贵有恒，要确保“一张蓝图干到底”。随后，以主体功能区为基础，统筹各类空间性规划，推动多规合一成为我国确立的一项重大改革事项和重要战略部署。其核心就是要按照一本规划、一张蓝图要求，真正建立多规合一的空间规划体系。多规合一的基础在“多规”，重点在“合一”，也就是说，结合以上国土空间规划技术路线的要求，主要空间性规划必将取消且须合为一本规划，形成一张蓝图。要达到取消主要各类空间规划，形成一本多规合一的国土空间规划，必须要求对国土空间规划给予其立法以便确立其地位，同时对各类空间性规划相对应的法规进行立、改、废的具体调整。

4. 国家机构改革意图需求

2018年3月，中共中央印发《深化党和国家机构改革方案》，组建自然资源部，将分散在发展改革部门、住房和城乡建设部门、国土部门的空间规划事权进行有效整合，为空间规划提供组织保障。近年来，政府职能加快转变，"放管服"不断推进。《中共中央 国务院关于统一规划体系更好发挥国家发展规划战略导向作用的意见》《关于建立国土空间规划体系并监督实施的若干意见》，要求建立以发展规划为统领，以国土空间规划为基础，以专项规划和区域规划为支撑，由国家、省、市、县、乡（镇）各级规划共同组成，定位准确、边界清晰、功能互补、统一衔接的国家规划体系，理顺了规划关系，统一了规划体系，强化了国家级空间规划在空间开发保护方面的基础和平台功能。制定《国土空间规划法》，落实国土空间规划作用，明晰行政、立法、司法机构权限，是适应新时代国家机构改革和政府职能转变的客观需要。

## （五）空间规划法规及标准体系建设方向

1. 基本思路

以习近平新时代中国特色社会主义思想为指引，以宪法为根据，以推进依法治国进程、推动生态文明建设、促进国家治理体系和治理能力现代化为目标，制定国土空间开发保护法，加快国土空间规划相关法律法规建设，制定《国土空间规划法》。确立以国土空间规划为基础、以用途管制为主要手段的国土空间开发保护制度和"五级三类四体系"国土空间规划体系。并以此为统领推进空间性规划法律、行政法规和部门规章以及配套标准规范的立、改、废工作。

基于国土空间规划的技术目标，在国家宪法的统领下，按照"先立后破、立新调整"的原则，确立《国土空间规划法》的法律地位，修改其他规划法规；围绕"法律法规、规范标准"两个方面建立完善法规体系，通过法规建立、调整完善及体系建立，明确空间规划编制、审批的主体，实施、评估、修改、衔接程序，监督及实施法律责任等，保障国土空间规划技术目标的实现，确保国土空间规划依法依规落地。

#### 2. 完善要点

一是国土空间规划新立法规要点。一方面，《国土空间规划法》立法主要明确立法地位及适用范围，规划期限、技术路线、规划内容及成果体系、规划层次及分类、国土空间规划与其他空间性规划的关系，及国土空间规划编制、审批的主体，实施、评估、修改、衔接程序，监督及实施法律责任等。另一方面，国土空间规划配套规范标准建设重点为配套制定国土空间规划法实施条例、编制技术导则、用地分类办法、基础数据统一办法、国土空间管控办法、制图标准、数据库标准等。

二是其他规划法规调整要点。一方面，法规调整要以《国土空间规划法》为统领，主要针对《城乡规划法》《土地管理法》《环境保护法》及涉及国土空间规划类内容进行改、废、释。另一方面，规范标准调整要以《国土空间规划法》为统领，围绕国土空间规划新规范标准建立，主要针对城乡规划、土地利用、环境保护规划及涉及空间性规划的规范标准内容进行废、改、释。

#### 3. 新立法内容建议

一是立法目的和宗旨，要建立全国统一、责权清晰、科学高效的国土空间规划体系，使国土空间开发保护更高质量、更有效率、更加公平、更可持续，推进生态文明建设、建设美丽中国。二是法律地位和适用范围。要发挥国土空间规划在国家规划体系中的基础性作用，落实国土空间规划体系在国土空间开发保护中的战略引领和刚性管控作用，是国土空间进行各类开发建设活动、实施国土空间用途管制、制定其他规划的基本依据。三是国土空间规划与其他空间规划的关系。要以国土空间规划作为其他空间性规划的上位规划，在各类空间规划中居总控性地位，其他空间性规划的制定、实施、修改必须依据国土空间规划进行。四是国土空间规划期限。国土空间规划期限一般为15年，其中近期规划期限为5年，可以对更长远的发展作出预测性安排。五是国土空间规划技术路线。首先，编制国土空间规划应当科学研判经济社会发展趋势和面临问题的挑战，实施规划评估，制定战略定位及目标；其次，从优化国土空间格局角度出发，开展双评价，确定全域国土空间规划分区，划定永久基本农田红线、生态环境保护红线和城镇开发边界三条控制线；最后，结合地方实际，对国土空间用途进行分区分类分级的统一管制和综合协调，科学合理确定国土空间保护和开发的要求，优化国土空间格局，促进区域可持续发展。国土空间规划技术路径总体可概括为战略定位—优化格局—要素配置—空间整治—实施保障。六是规划内容及成果体系。规划成果应包括规划文本、规划图件、规划说明、信息平台及数据库、专题研究报告、其他材料等。七是规划层次及分类。实施"五级三类"的国土空间规划体系。"五级"指全国、省、市、县、乡（镇）五个层级；"三类"指总体规划、详细规划、专项规划三种类型。其中，总体规划是对全国国土空间保护、开发、利用、修复的安排、落实和细化；详细规划对具体地块用途和开发建设强度等作出实施性安排；专项规划是指在特定区域（流域）、特定领域，涉及空间利用的专项规划。空间性规划分为国家、省、市县（设区的市空间规划范围为市辖区）三级编制管理体系。八是国土空间基础信息平台。要以自然资源调查监测数据为基础，统一采用2000国家大地坐标系作为空间基准，以陆域优于1：10000、海域1：50000精度纳入第三次全国国土调查现状数据和其他基础数据。九是技术标准要求。在国土空间规划的制定方面，国家公布的统一技术规范和技术标准，主要包括用地分类规范、图形规范等。十是国土空间分区管控。以国土空间规划为依据，对所有国土空间分区分类实施用途管制。因地制宜制定用途管制制度，为地方管理和创新活动留有空间。十一是国土空间规划管理体制。国家、省、市县编制国土空间总体规划，各地结合实际编制乡镇国土空间规划。规划一经批复，任何部门和个人不得随意修改、违规变更，防止出现换一届党委和政府改一次规划的现象。下级国土空间规划要服从上级国土空间规划，相关专项规划、详细规划要服从总体规划；坚持先规划、后实施，不得违反国土空间规划进行各类开发建设活动；坚持多规合一，不在国土空间规划体系之外另设其他空间规划。十二是组织编制和评审、批准程序。规划编制主体为各级人民政府。各级自然资源行政主管部门应会同相关部门开展具体编制工作。国土空间规划编制应当委托具有相应资质等级的单位承担空间规划的具体编制工作。因国家重大战略调整、重大项目建设或行政区划调整等确需修改规划的，须先经规划审批机关同意后，方可按法定程序进行修改。对国土空间规划编制和实施过程中的违规、违纪、违法行为，要严肃追究责任。十三是国土空间规划经费来源。国土空间规划的编制和管理经费纳入政府财政预算。

4. 配套修订其他相关法规

在主干法基础上，组织修订《土地管理法》《环境保护法》等，使其保持与《国土空间规划法》协调统一，促进国土空间的统一管控和科学有效利用。在国家法律基础上，组织制定国土空间规划条例、规划公众参与条例等行政法规，适时修订《土地管理法实施条例》《基本农田保护条例》《规划环境影响评价条例》等，增强行政法规对主干法的适配性。

## 二、内蒙古空间规划法规规章的修订与完善

### （一）现行空间规划法律法规存在的问题

据不完全统计，目前，内蒙古自治区涉及空间性规划的主要地方性法律法规及行政规章，主要有25项，涵盖土地、矿产、城乡规划、环境保护、林业、文化、测绘等各项领域，成为内蒙古自治区政府行使职能权力和实施规划的主要依据。

**表 8-10　　内蒙古自治区空间规划涉及的地方性法律法规及行政规章**

| 规划类别 | 法律法规名称 | 属性 | 施行日期 | 制定机关 |
|---|---|---|---|---|
| 土地矿产测绘 | 《内蒙古自治区实施〈中华人民共和国土地管理法〉办法》 | 自治法规 | 2012年3月31日 | 内蒙古自治区人大常委会 |
| | 《内蒙古自治区矿产资源管理条例》 | 自治法规 | 1999年7月31日 | 内蒙古自治区人大常委会 |
| | 《内蒙古自治区地方煤矿管理条例》 | 自治法规 | 1994年1月14日 | 内蒙古自治区人大常委会 |
| | 《内蒙古自治区测绘管理条例》 | 自治法规 | 2005年9月1日 | 内蒙古自治区人大常委会 |
| | 《内蒙古自治区矿山地质环境治理办法》 | 行政规章 | 2015年5月1日 | 内蒙古自治区人民政府 |
| | 《内蒙古自治区土地利用总体规划修改报批暂行办法》 | 行政规章 | 2005年3月12日 | 内蒙古自治区人民政府 |
| | 《内蒙古自治区土地登记办法》《内蒙古自治区所属单位用地登记办法》 | 行政规章 | 2001年9月13日 | 内蒙古自治区人民政府 |

续表

| 规划类别 | 法律法规名称 | 属性 | 施行日期 | 制定机关 |
|---|---|---|---|---|
| 城乡规划 | 《内蒙古自治区城乡规划条例》 | 自治法规 | 2013年7月1日 | 内蒙古自治区人大常委会 |
| | 《内蒙古自治区小城镇规划建设管理条例》(2012年修正) | 自治法规 | 2004年11月26日 | 内蒙古自治区人大常委会 |
| 环境保护 | 《内蒙古自治区水土保持条例》 | 自治法规 | 2015年10月1日 | 内蒙古自治区人大常委会 |
| | 《内蒙古自治区实施〈中华人民共和国环境影响评价法〉办法》 | 自治法规 | 2012年8月1日 | 内蒙古自治区人大常委会 |
| | 《内蒙古自治区地质环境保护条例》(2012年修正) | 自治法规 | 2012年3月31日 | 内蒙古自治区人大常委会 |
| | 《内蒙古自治区实施〈中华人民共和国水土保持法〉办法》(2012年修正) | 自治法规 | 2012年3月31日 | 内蒙古自治区人大常委会 |
| | 《内蒙古自治区环境保护条例》 | 自治法规 | 2012年3月31日 | 内蒙古自治区人大常委会 |
| | 《内蒙古自治区基本草原保护条例》 | 自治法规 | 2011年12月1日 | 内蒙古自治区人大常委会 |
| | 《内蒙古自治区锡林郭勒草原国家级自然保护区管理条例》 | 自治法规 | 2001年10月1日 | 内蒙古自治区人大常委会 |
| | 《内蒙古自治区湿地保护条例》 | 自治法规 | 2018年12月6日 | 内蒙古自治区人大常委会 |
| | 《内蒙古自治区境内西辽河流域水污染防治条例》 | 自治法规 | 1999年1月24日 | 内蒙古自治区人大常委会 |
| | 《内蒙古自治区境内黄河流域水污染防治条例》 | 自治法规 | 1996年9月28日 | 内蒙古自治区人大常委会 |
| | 《内蒙古自治区气候资源开发利用和保护办法》 | 行政规章 | 2015年8月1日 | 内蒙古自治区人民政府 |
| | 《内蒙古自治区自然保护区实施办法》 | 行政规章 | 1998年11月25日 | 内蒙古自治区人民政府 |
| 林业 | 《内蒙古自治区珍稀林木保护条例》 | 自治法规 | 2000年12月12日 | 内蒙古自治区人大常委会 |
| | 《内蒙古自治区公益林管理办法》 | 行政规章 | 2007年12月1日 | 内蒙古自治区人民政府 |
| 文化 | 《内蒙古自治区文物保护条例》 | 自治法规 | 2006年1月1日 | 内蒙古自治区人大常委会 |

通过对上述法律法规的梳理发现，目前关于空间规划的法律法规主要存在以下问题。

### 1. 法制化和规范化建设较滞后

由于我国空间规划法律体系建设尚在初始阶段，自治区空间规划体系尚不具备在健全的法律体系基础上进行程序化、法制化运作的条件。目前，以《城乡规划法》为主要依据的城乡建设规划系列法制化相对完善，实行城乡分割规划管理且仍以城镇规划为重而对乡规划、村规划等的法律规定不充分。国民经济和社会发展总体与区域规划除《宪法》部分条款和《国务院关于加强国民经济和社会发展规划编制工作的意见》(国发〔2005〕33号)外几乎无其他法律、行政法规、部门规章与规范性文件依据，定位为国土秩序基本依据的主体功能区规划仅是依有关文件编制实施而缺乏法律、行政法规、部门规章依据。同时，其他规划类型也存在类似问题，规划体系和内容、规划的编制与审批、规划的实施与修改等最基本的问题都缺乏规范和依据。

2. 各类规划的法律关系模糊

目前，我国只有一部专业性的空间规划法律《城乡规划法》；另外，还有一些相关的约束空间的法律，诸如《土地管理法》《环境保护法》等。内蒙古自治区出台了《内蒙古自治区城乡规划条例》和《内蒙古自治区土地利用总体规划修改报批暂行办法》。不同规划所依据的法律缺乏细化和解释，各类空间规划的法律关系模糊在所难免。《城乡规划法》第5条规定:“城市总体规划、镇总体规划以及乡规划和村庄规划的编制，应当依据国民经济和社会发展规划，并与土地利用总体规划相衔接。”但是，衔接的渠道和具体的操作方式在规划部门分治的情况下，执行较难。从内蒙古自治区现行的规划来看，价值取向并不完全一致，内容衔接不紧密，实施中不时会遇到开发与保护、建设与红线“打架”的事件，经常通过事后的反复协调来解决问题。

3. 规划编制的法律依据不相同

国民经济和社会发展规划按照《宪法》(2004年修正)第99条规定每5年编制一次；城乡总体规划按照《城乡规划法》第14条编制，规划期限为20年；土地利用总体规划按照《土地管理法》第17条编制，规划期限为15年；环境保护规划则按照《环境保护法》第13条规定编制，期限为5年。由于《宪法》是我国的根本大法，国民经济和社会发展规划编制过程中进行了党、政、民之间的互动，并经同级人民代表大会通过，因此具有最高的权威性和政策性。其他规划依据的法律都是涉及国家和社会生活某一方面关系的一般法律，编制过程中更加强调专业性，一般没有党、政、民之间的互动，基本上是政府主管部门实施。由于各种规划的期限长短不一致，规划实施涉及跨部门领域时就会无法可依。目前试行的空间规划体系成果在现行规划体系中没有法定地位。

## （二）空间规划法律法规的完善方向

行政规划是政府行政权力的行使，而权力制约是法治国家的根本。因此，规划行使必然受到法律的制约。党的十八届四中全会通过的《中共中央关于全面推进依法治国若干重大问题的决定》提出，要完善以宪法为核心的中国特色社会主义法律体系，制定和完善发展规划、投资管理、土地管理等方面的法律法规。制定和完善发展规划立法首次作为中央的决定要求，表明了规划立法的重要性和紧迫性。党的十九大报告进一步强调我国将深化依法治国实践，坚持依法治国、依法执政、依法行政共同推进的重要理念。因此，推进依法行政、建设法治规划是今后规划管理的必然趋势。我国现行涉及空间规划的法律法规还很不完善，法律法规对规划管理的规定不够全面具体，执法不力，"人治"大于"法治"的现象依然存在。我国推进空间规划法治化刻不容缓，推进空间规划法治化，须全面加强规划立法、执法和司法等各方面的工作，当务之急则是加强规划法制建设，健全规划法律法规。出台空间规划专项法律或条例，在保证事权明晰的前提下，建立从国家级法律到地方的法规条例的法规体系，明确空间规划体系的构成、各层级空间规划的地位和作用，明确空间规划的编制、实施和监管体制机制。建立符合我国社会主义民主法制建设和政府依法行政的规划体制，努力做到立法决策与改革决策同步，通过立法来引领空间规划。对于内蒙古自治区来说，在空间规划法律法规体系建设上要重点做好以下几点工作。

### 1. 建立自治区级空间规划专项法规或条例

为确保空间规划的权威性、有效性和推进落实，探索空间规划法治性建设，编制出台全区统一的空间规划条例，作为指导全区开展空间规划的依据。明确空间规划的法律地位和性质，空间规划条例是全区空间规划的根本依据。明确与其他空间性规划的衔接协调关系，其他空间性法规或条例必须服从空间规划条例。明确各行政级别的权责范围以及规划立项、编制、审批、实施、评估、调整的机制，强化规划决策、监管、约束和考核机制，最终形成科学化、民主化、法治化的规划实施体系，推进政府空间治理能力现代化。

### 2. 完善现有空间性规划法规体系

内蒙古自治区经济社会发展规划主要依据国家《宪法》，城乡规划依据《内蒙古自治区城乡规划条例》，土地规划依据国家《土地管理法》。尽管各法规定了规划之间的协调衔接关系，但实践中由于各类规划编制部门规划目的、期限、技术标准不同，空间规划权力在不同部门间分置、主从关系难以确定。因此，一方面，根据空间规划法规或条例的要求，修改完善《城乡规划条例》等地方性法规，统一各项规划的编制流程、期限、土地分类标准和部门协调机制等内容，但各项其他法律必须服从空间规划条例。另一方面，在上位法约束范围内，针对各类具有较强约束力和强制性的专项规划，在空间法赋予的权限范围内，制定或修改各专项规划法律。

## 三、空间规划管理职能的协调与统一

### （一）空间规划管理体制存在的问题

空间规划作为一项政府行为，是在一定的政府行政管理体制下存在和运作的。空间规划管理作为政府架构的重要组成部分，与政府行政体制相互关联。因而基于政府部门职能分工的空间管理职责是否合理是影响空间规划科学性的重要原因。伴随着国家新一轮机构改革，内蒙古自治区也对政府部门涉及空间规划的相关机构及职能进行了调整，空间规划的职能主要调整到自然资源部门，这对解决过去空间规划编制和管理中存在的问题起到一定的推动作用。但是，由于机构调整刚刚到位，工作仍处于磨合探索期，各种法规及制度建设仍然滞后。从内蒙古自治区现行空间规划编制和管理来看，以下问题仍不同程度地存在。

#### 1. 统筹性空间规划缺位问题突出

在相同空间尺度，发展改革委、自然资源、城乡建设、环保部门各自形成经济社会发展规划、土地利用规划、城乡建设规划以及环保规划并存的现状，但各规划之间的衔接缺乏上位规划。如经济社会发展规划必须落地，与土地利用规划、城乡建设规划的用地范围冲突；土地利用规划涉及的重大基础设施、产业布局、资源配置等事项，却是发展改革和发展规划的职能；为强调区域协调和城乡统筹，城市建设规划系列逐渐发展出城镇村体系规划甚至县市域总体规划的类型，但这却与土地利用总体规划职责和内容相交叉。

### 2. 行政事权定位不明晰

与国家规划一脉相承，自治区现行空间规划行政体系的框架发端于计划经济时期，总体上种类繁多、体系庞杂。且城乡建设规划、发展规划、土地利用规划等在不同部门主管下自成体系，每一体系又有诸多不同层级、不同深度的具体规划类型，形成了多个部门主导各类空间规划的局面，造成规划难以精简，严重影响行政资源，财政费用支出居高不下。在现行规划行政体系中，负责发展的相关部门分管重大项目落地，土地部门落实土地空间管制，住房和城乡建设部门分管城建和城乡规划，形成了空间规划体系多部门主导格局。行政事权不理顺，必然导致空间规划编制的混乱，各类规划编制的牵头部门不一，各职能部门对空间规划的认识偏于本位，协调和相互配合的难度较大。众多具有法律依据的规划，在同一空间上提出了不同的管控要求，降低了行政管理效率，增加了行政成本，影响了规划的公信力。各个行政主管部门都依据其主导的各类空间规划，试图成为整个空间规划体系的主导者，导致了各自为政状态下的缺乏效率和效力。这表明，省级层面对空间规划体系价值取向认识不明确，对空间规划体系主导权定位不明晰，缺少统领性的跨部门协调机构和空间战略规划。

### 3. 各规划之间的协调性较差

一方面，自治区现行规划体系存在重纵向控制、轻横向衔接的问题比较突出，不同规划类别间尤其是三大空间规划系列之间的独立运行，各自为政。如有些按发展规划布局的项目落地导致频繁调整土地规划，影响了规划的科学性和严肃性；而有些发展项目又由于土地问题落不了地，造成了许多不必要麻烦和损失；林草地之间的矛盾冲突严重。另一方面，同一规划系列内部不同类型之间衔接不够，城乡建设规划系列存在上级规划对下级规划约束性较弱、指导性不强的问题，发展规划层级间差异性未能充分体现，下级规划简单模仿上级规划而操作性、适应性不强的问题比较普遍。造成这些问题的原因有以下几种：一是缺乏协调的数据基础，各部门采用不同的土地分类和数据成果，无实现基础地理数据和社会经济数据共享的有效机制；二是不同规划类别的编制时期和规划期限不同，编制实施进度迥异；三是有关规划协调的法律规定不够充分，各规划的法律性质和定位不明确；四是缺乏具体有效的协调机制、平台和相应的约束引导手段；五是主管部门不同，对部门利益和规划权力的追逐使不同部门间不愿妥协。但从深层次来看，还是因为缺少一个统一的协调机制和总的空间规划。

4. 各职能部门空间调控的价值取向不一致

各规划行政主管部门在各自行政体系架构内对规划进行编制和实施，缺少一个统一的规划运作协调技术路线和技术指标。这不仅使规划的“衔接”变得困难，而且导致各类规划对国土空间的调控价值取向各不相同。经济社会发展总体规划以经济社会等非空间内容为主而空间方面的内容较少，主要关注项目落地。城乡建设规划偏重于物质性空间领域，对于非空间因素考虑不足，主要关注建设用地。土地利用总体规划基本以耕地和基本农田保护规划为主，对生态用地、非耕农地、城镇用地利用等研究不够，其价值取向在于强调土地资源的“紧约束”。主体功能区规划编制的目的是划分“优先开发、重点开发、限制开发和禁止开发四类主体功能区”，其价值取向是在“开发”前提下强调“紧约束”，并与政策、财政补偿机制息息相关。在新的时空背景下，只有在自治区级层面达成共识、统筹规划，才能在统一的价值取向指引下优化对国土空间资源的利用，正确把握发展方向。

5. 规划实施体系较乱

从我国空间规划体系的发展历程来看，各规划类型的出现都伴随着空间发展的需要。土地规划是为了解决1978年以后城镇化快速发展与国土利用的问题；1993年出现的土地利用规划是为了解决土地资源集约利用问题，2006年主体功能区规划的出现，显示空间规划新类型，出现试图统筹空间规划体系的趋势。但是，如果各类空间规划的衔接问题不能很好地解决，通过增加新类型而统筹空间规划的体系难以奏效。2012年2月，《内蒙古自治区主体功能区规划》正式公布，规划范围为自治区全域国土空间，定位是“国土空间开发的战略性、基础性、约束性规划”。问题是其他“类空间规划”如何与之衔接？比如，主体功能区规划若以自治区级作为基本单元，县域的主体功能难以确定，而以“县”为基本单元划分，又与城乡规划在空间上难以对接。目前，自治区主体功能区的划分尚停留在省级层面，各市、县都没有成形的具体划分，如果没有统一的制度化安排，统筹空间规划体系很难落地，唯有启动编制省级空间规划才是推进问题解决的捷径。

### （二）空间规划管理职能改革的方向

从“一五”计划以来，我国以编制和实施国民经济和社会发展五年计划为基本框架的规划体制已有60多年的历史。在各个不同时期，规划的编制和实施对于促进经济社会发展都发挥了重要作用。规划体制附属于经济体制和政府管理体制，相对集中地反映了一定时期经济社会发展的水平和政治经济体制的特点。党的十九大报告指出，要深化机构和行政体制改革，转变政府职能，深化简政放权，创新监管方式，增强政府公信力和执行力，建设人民满意的服务型政府。规划体制总要通过不断的改革以适应始终在发展和变化着的社会经济活动。随着我国民主政治体制、社会主义市场经济体制以及依法行政体制的不断变革和完善，改革空间规划行政体制是一项重要而又紧迫的任务。

1. 明确空间规划体制改革的总体目标

空间规划体制机制改革的目标也就是通过建立上下一盘棋的空间规划体系，简政放权，使体制机制能够符合我国空间发展的客观要求，建立一个符合社会主义市场经济体制和法治国家要求的功能齐全、结构合理、运转协调、灵活高效的空间规划管理体系，为提升政府空间治理效率提供坚实保障。体制改革是艰难的，因为它涉及部门利益的调整，但不改革将会更加举步维艰。只有体制创新，才会激发和释放新的发展活力。

2. 正确落实规划之间的关系

《中共中央 国务院关于统一规划体系更好发挥国家发展规划战略导向作用的意见》对于规划体系作出明确规范，并理顺了发展规划与空间规划的关系。计划经济时期经济发展计划的包罗地位和计划性质，是造成包括空间资源低效配置的众多问题的根源。改革开放以来，包括城市规划、土地利用规划在内的空间规划不断发展并取得法定地位，同时也出现了规划体系混乱、规划互相打架、随意更改、难以执行等问题，但其实质在于规划关系没有界定清楚。对于内蒙古自治区来说，构建统一衔接的空间规划体系，就要遵循国家规定的空间规划体系，明确发展规划统领地位和空间规划基础性地位，明确空间发展总体战略，按照市县主体功能定位，将管控目标和指标分解到各个市县。系统梳理自治区现行空间规划体系，构建统一衔接、功能互补、相互协调的空间规划体系，为全面推进空间规划体系提供有力保障。构建以国土空间规划为底图，农业、城乡、林草、环保等专项规划为支撑，定位清晰、层级明确、功能互补、统一衔接的规划编制体系。强化空间规划的约束性，对其他空间规划的衔接性以及专项空间规划的指导性。

### 3. 明确管理体制改革创新的内容

空间规划管理体制改革主要包括两方面的内容。

一是规划管理权限划分，即规划职责、权力在中央与地方及各部门之间的再分配，即“一级政府一级事权”的确定。

二是广大公众的参与权，规划的有效实施离不开广泛的社会监督、有效的公众参与。随着我国深化“放管服”改革，由传统的垂直线性政府管理体系向网络状的协作体系转变，已成为当前政府管理体系改革的主要特征。因此，必须相应改变原本上下一般粗的规划管理体制，建立重点突出、层次分明的多级、多中心管理体系，尤其注重横向的合作与纵向的协调。按照当前空间规划体系，国家级的规划应重点考虑综合性与战略性特征，强调全面性与平衡性；自治区级、盟市层面的规划部门应突出综合性与协调性，既要落实国家层面的政策要求，又要主动为下一层级制定政策体系和搭建环境；旗县级的规划部门则应注重目标性与实效性，努力打破部门藩篱，形成多规合一、整合划一的体系结构。总体上各规划协调统一、并行不悖，从上至下，逐步明确。在规划决策上，虽然分权改革的推行已将决策权从中央移交到地方，但过于分权或过于集权都不利于空间规划整体性协调职能的发挥，我国的集权与分权政策应同时存在、互补共存。此外，空间规划的有效实施也离不开广泛的社会监督、有效的公众参与和积极的市场动力。

### 4. 推进空间规划管理的组织机制、权责机制、实施机制协同

目前，随着国家机构改革统一组建自然资源管理部门，对空间规划管理职能进行了整合，空间规划管理的组织机制和权责机制将得到明确和统一，但在职能整合和实施机制方面还需要加大工作力度。

第一，进一步明确规划管理职能权责。进一步明确自治区发展改革、城乡规划、环境保护、农业、林业、水利等各职能部门的涉及空间规划管理方面的事权，包括在空间规划的立项、编制、衔接、审批、实施、评估、调整中的权责。对各部

门的职责、职能、权限、权力进行彻底的分类整合，探索制定空间规划管理权责清单制度。在清单范围内的事可以做，清单范围之外的事不能做。通过建立权力清单和责任清单，构建责任共同体，对权力行使起到约束规范作用。如果在执行和落实权力清单要求过程中出现违反权力清单规定的行为，就应承担相应的责任，包括法律责任。此外，应当设立独立的监管部门，负责监督责任制度的落实和执行。

第二，创新空间规划的实施机制。空间规划实施机制包括行政、法治、经济和技术等方面的机制或重大政策、制度创新。在行政机制上，要通过按照“一个信息平台”的要求简化行政审批流程、完善规划许可等手段，健全国土空间用途管制制度，完善自然资源监管体制；在法律保障上，要加强规划实施的法律法规体系建设，促进规划实施由主要靠行政手段向主要靠法律手段转变；在经济政策上，要加大政府用于规划实施的公共支出，通过公益项目、重大工程、财政转移、税费工具等措施，促进规划的实施；在技术创新上，要加强对空间资源利用变化的监测，加强对规划实施进展和成效的滚动评估，确保规划的适宜性和可持续性。

5. 建立健全空间规划的工作推进机制

贯穿空间规划过程始终的工作，本质上是协同，是实现各相关部门、各层级政府之间职能有序协调的重要探索。高层次、高效率、系统性的政治动员和全方位协同是高质量完成空间规划工作的重要条件。通过有效协同推动体制改革的深化，提高政府行政的效能。自治区空间规划的体制机制改革，必须结合自治区区情特点，基于“全区一盘棋”的规划工作理念，创新工作机制，划分区市旗县各级事权，建立上下联动、横向互动、事权清晰、职责明确、衔接协调的空间规划共同推进工作机制，提高政府空间治理行政效能。

首先，成立自治区空间规划改革与实施领导小组，实行党政主要领导主抓，形成权威、高效的统筹协调组织机制，改变过去由政府职能部门主导编制规划的做法，促进自治区发展改革、自然资源、城建、农牧、环保、交通、水利、文化等多部门的横向协同工作。

其次，编制空间规划权责清单。对自治区发展改革、自然资源、城乡规划、环境保护、农牧、林业、水利等各职能部门在空间规划编制、衔接、审批、发布、实施、评估、调整中的空间规划管理事权进行分类整合，编制空间规划的管理权责清单。通过建立权力清单和配套的责任清单，严格界定“有所为”和“有所不为”的有限政府，构建责任共同体，对权力行使起到约束规范作用，培养责任共同体的责任意识，切实加强责任主体的空间管控能力。如果在执行和落实权力清单要求过程中出现违反权力清单规定的行为，就应承担相应的责任，包括法律责任。

最后，建立空间规划实施跟踪评估考核机制。细化空间规划考核评价和督查制度、健全规划行政体制问责机制，定期对全区空间规划工作情况进行跟踪考核评估和监督检查，强化规划实施与行政监督。加强建设项目的事中、事后监管，对审批事项的执行情况、项目实施情况、控制线管控落地等进行监督检查。对违反规定或执行不力的情况，按照规定由督查部门按照管理权限予以效能问责或行政处分，情节严重的，承担相应的法律责任。

#### 6. 完善空间规划实施的配套保障机制

首先，完善空间规划配套的政策制度保障机制。研究制定实施空间规划的一系列政策制度。建立有利于规划实施的土地、财政、投资、环保等保障政策，如以土地用途为核心的空间管制制度、生态保护补偿制度等，兼顾各方利益，促进区域、城乡协调发展。通过政策制度的不断完善，规范和强化规划的严肃性和权威性，确保“一张蓝图干到底”。

其次，建立项目并联审批机制。坚持深化落实“放管服”改革和“互联网+”政务方案，加大空间规划审批制度改革力度，完善建设项目审批制度，再造审批流程、制定审批程序。在政务中心设立空间规划服务区和窗口，依托空间规划信息管理平台和投资项目在线审批监管平台，实行投资项目在线并联审批，实现一口受理、并联审批、网上办理、规范透明、限时办结、信息共享，促进空间规划成果落实。

最后，建立公众参与和听证制度。空间规划作为公共政策，体现公权力，为避免公私权益产生冲突，建立空间规划公众参与和听证监督机制。进一步落实《政府信息公开条例》，提高规划的公众参与度，使空间规划的编制、审批和实施管理过程公开化，保障公民依法享有知情权、参与权、监督权。主动公开涉及政策分区、区划功能调整和重大项目布局的规划信息。对涉及人民群众切身利益的空间规划调整开展社区听证，取得辖区居民的理解和支持。保障空间规划信息渠道畅通，确保公众知情权，广泛吸纳各方意见，使空间规划体现集体智慧。

# 第九章 结论与建议

## 一、研究结论

### （一）明确了内蒙古国土空间开发格局的战略思路和优化方向

对内蒙古国土空间本底条件及特征进行分析，研究内蒙古经济社会发展及空间开发现状，总结梳理空间开发方面存在的主要问题，明确内蒙古国土空间开发的战略思路、总体目标、原则要求。具体为，根据国家对内蒙古的发展定位，结合国家交通格局、城镇发展格局、区域经济发展变化的新趋势，充分研判自治区空间布局存在的突出问题和现实诉求，按照卫国戍边、生态优先、分工协作、协同开放的总体要求，以自然环境和资源禀赋为基础，以经济社会内在联系为核心，以共性区域问题为原则，以区域间和区域内协调为着力点，不断调整和优化内蒙古国土空间开发格局，推动内蒙古区域经济实现协调协同和高质量发展。同时，进一步厘清生态空间、城镇空间及产业空间的保护开发格局和重点。

### （二）提出内蒙古推进空间规划多规合一的总体思路和重点任务

通过对国土空间规划的理论基础研究，对国内外空间规划试点经验进行总结，并找到对内蒙古的可资借鉴之处。同时，重点总结现行的空间规划体系的矛盾及冲突表现，找出造成这些矛盾冲突的成因缘由，提出内蒙古开展空间规划，实现多规合一的总体思路、原则要求和重点任务。具体为，围绕"一张蓝图干到底"总体要求，以底线思维、生态优先、技术统一、科学评价、协调统一、求同化异、总体管控、分级落实、数据共享、平台共建为原则，完善规划体系的总体思路，并提出未来开展国土空间规划要做好明确工作目标、制定技术规范、开展基础评价、搭建信息平台、加强体制机制创新、推进规划编制工作等重点任务。

### （三）提出内蒙区实现空间规划多规合一的技术路径和方案

围绕国家关于空间规划技术指南，深入总结国家及内蒙古多规合一、空间规划试点经验，按照国土空间管控要求，提出完善内蒙古国土空间规划体系的总体技术路径：以落实主体功能区战略和制度，开展双评价，通过以人定地、以产定地的方式确定开发强度，确定“三区三线”，在空间规划底图的基础上，采用“先网络层、后应用层”的方式叠入各类空间要素，完成空间规划总图。同时，进一步落实土地用途分区和用地类型，强化用途管制，将空间规划成果数据化、平台化，建设空间规划数据库和信息平台，进行空间规划数据管理，形成空间规划完整的成果体系，并明确了各阶段的具体路径和技术流程。

### （四）提出了内蒙古空间规划实现多规合一的机制创新改革建议

重点对目前内蒙古空间规划行政管理和法律法规方面存在的问题进行梳理，提出完善空间规划的相关法律法规和优化空间规划管控职能的方向和工作建议。在我国正在构建的空间规划法律法规体系框架下，重点制定内蒙古空间规划方面的条例并研究如何落实，并以此为原则，调整优化自治区级相关空间性规划地方法规和条例，同时提出在自然资源统一管理体制的要求下，注重研究自治区、市县及各部门的事权划分，明确职能职责，便于空间规划统一管控的建议。

## 二、工作建议

基于内蒙古作为资源富集区、生态脆弱区、发展滞后区的国土空间及区情特点，发挥主观能动积极性，立足两个屏障、六大产业基地等功能定位，内蒙古经济社会发展应以落实主体功能区规划为基础，以生态保护为底线，以空间规划为抓手，全面摸清国土空间本底条件和适宜用途，科学划定“三区三线”，制定科学的空间管控原则，有机叠加各类空间开发利用布局，系统整合各类空间性规划核心内容，形成“一张空间蓝图”，实现多规合一，以实现国土空间用途有效管制，为建设可持续发展的“亮丽风景线”提供指导。具体工作建议有以下七点。

### （一）明晰战略目标

加强国土空间再认识，充分尊重和顺应空间发展的客观规律，坚持科学的空间发展导向，确定空间发展的战略定位、主要目标、战略重点和空间格局。立足内蒙古独特的资源大区、生态大区和民族边疆地区特点，突出落实城市化战略、农业战略、生态安全战略，强化空间发展的建设环境管控和政府空间政策管控。

### （二）明确工作目标

内蒙古空间规划的工作目标以主体功能区规划为基础统筹各类空间性规划，构建全区统一、相互衔接、分级管理的空间规划体系；协同编制各级空间规划，推进多规合一，形成区、盟市、旗县一本规划、一张蓝图；深化规划体制改革创新，建立空间规划编制、管理、实施、监督的制度规范。通过国土空间规划，完善城镇、农业、生态空间的布局，做好空间有效管控，促进经济社会发展与生态保护相互统一、相互促进。

### （三）制定技术规范

基于国家及内蒙古多规合一试点成果，梳理现行空间性规划编制标准和技术要求，积极衔接落实自然资源部门的最新空间规划技术政策，落实制定一套全区统一的空间规划编制技术规程。重点围绕“双评价”（资源环境承载能力评价和国土空间开发适宜性评价）、“三区三线”划定、底图编制、空间规划总图形成、数据库构建、信息平台建设和工作机制创新等关键环节探索方法、提炼标准、总结经验，形成空间规划编制导则。以开发强度测算办法、“三区三线”划定技术、空间用地分类标准、成果数据统一标准、目标指标体系、空间差异协调处理办法、规划成果体系、空间综合管控措施等形成一套技术规程，指导内蒙古开展空间规划编制工作。

### （四）开展双评价

遵循国土开发与承载能力相匹配、集聚开发与均衡发展相协调、分类保护与综合整治相促进、资源节约与环境友好相统一的理念和方法，开展内蒙古国土全覆盖的资源环境承载能力基础评价和针对不同主体功能区定位的差异化专项评价，以及国土空间开发网格化适宜性评价。以“双评价”为基础，结合内蒙古发展定位和现状，划定永久基本农田红线、城镇开发边界线和生态环境保护红线，保证农业空间、有效管控城镇空间、推进生态文明建设。以“三区三线”为载体，合理整合协调各部门空间管控手段，绘制空间规划底图，为形成全省空间规划总图奠定基础。

### （五）搭建信息平台

推进国土空间规划（多规合一）成果应用，开展建设项目审批流程优化试点。全面梳理建设项目规划审批事项和流程，精简审批事项，压缩审批环节，减少不必要的审批条件，将空间规划检测审核纳入政务服务大厅服务窗口，作为建设项目前置审批流程，利用空间规划平台进行项目合规性检测等辅助决策。

### （六）加强体制机制创新

研究制定《内蒙古自治区国土空间规划管理条例》及一系列相关规范，从系统思维出发，对多规合一各方面工作作出明确、详细规定，责任落实到具体负责部门。同时，为了保障民众的知情权和参与度，可通过设立听证、公示项目进程等保证信息畅通，有效吸收各方的意见和建议。

### （七）推进规划编制工作

按照全区一张蓝图要求，遵循上下同步，充分衔接原则，同步推进区级、市县级国土空间规划编制工作。明确各级政府国土空间发展战略定位、目标和格局，旗县的三类空间比例、开发强度等控制指标，“三区三线”空间划分和管控重点，基础设施、城镇体系、产业发展、公共服务、资源能源、生态环境保护等主要空间开发利用布局和重点任务，各类空间用途及差异化管控措施，规划实施保障措施等。

## 三、研究展望

随着国家机构改革落地，自然资源管理部门组建，国土空间规划作为政府对国土空间开发保护及利用的基本手段已在管理体制改革上迈出实质性的步伐，将彻底解决空间规划“九龙治水”的问题，形成国土空间规划全面管控的新格局。加快推进内蒙古国土空间规划落地实施，对于贯彻落实五大理念，以生态环境保护优先理念协调推进经济社会发展，筑牢生态安全屏障和打造北疆亮丽风景线等具有重要支撑作用。下一步，将按照自然资源管理要求，积极衔接落实自然资源部门的最新空间规划技术政策，按照全区一张蓝图要求，遵循上下同步、充分衔接原则，同步推进区级、市县级国土空间规划编制工作，同时注重国家级空间规划法律、规章和技术规范在自治区级落地实施，重点加强自治区级开展空间规划，推进多规合一的地方法规建设，技术规程的细化落实及上下级及部门之间的事权研究划分，明晰法规及技术规程，落实细则。通过国土空间规划的逐步实施，必将推动内蒙古形成完善的国土空间开发保护制度，推动生态文明建设和城镇建设土地的集约利用，实现国家生态领域治理体系和治理能力的现代化。

# 参考文献


〔1〕董祚继，吴次芳，叶艳妹，杨昔．多规合一的理论与实践．杭州：浙江大学出版社，2017

〔2〕仇保兴．19 世纪以来西方城市规划理论演变的六次转折．规划师，2003（11）

〔3〕邓明．现代主义建筑的理性空间本质思想阐释．东北大学学报（社会科学版），2014（6）

〔4〕麦克劳林．城市规划原理课程讲义．1985

〔5〕[加拿大]简·雅各布斯．美国大城市的死与生．南京：译林出版社，2006

〔6〕董祚继，吴运娟．中国现代土地利用规划．北京：中国大地出版社，2008

〔7〕[美]威廉·福格特．生存之路．北京：商务印书馆，1981

〔8〕况平．麦克哈格及其生态规划方法．土木建筑与环境工程，1991（4）

〔9〕温华特．城市建设用地适宜性评价研究．杭州：浙江大学，2006

〔10〕施雅风，曲耀光等．乌鲁木齐河流域水资源承载力及其合理利用．北京：科学出版社，1992

〔11〕里约环境与发展宣言．环境保护，1992（8）

〔12〕21 世纪议程．世界环境，1993（2）

〔13〕中国 21 世纪议程——中国 21 世纪人口、环境与发展白皮书．北京：中国环境科学出版社，1994

〔14〕戴吾三．论《管子》的城市规划和建设思想．管子学刊，1994（3）

〔15〕清华大学“空间规划体系变革与学科发展”报告发言摘要．http://www.sohu.com/a/243087978_656518

〔16〕陈百明．“中国土地资源生产能力及人口承载量”项目研究方法概论．自然资源学报，

1991（3）

〔17〕谢俊奇 . 中国土地资源食物生产潜力和人口承载潜力研究 . 人口与计划生育，1997（6）

〔18〕陈百明 . 未来中国的农业资源综合生产能力与食物保障 . 地理研究，2002（3）

〔19〕封志明，杨艳昭，张晶 . 中国基于人粮关系的土地资源承载力研究：从分县到全国 . 自然资源学报，2008（5）

〔20〕唐剑武，郭怀成，叶文虎 . 环境承载力及其在环境规划中的初步应用 . 中国环境科学，1997（1）

〔21〕杨渺，甘泉，叶宏，李国明，欧阳志云，黄勤 . 四川省资源环境承载力预警模型构建 . 四川环境，2017（1）

〔22〕周璞，侯华丽，刘天科 . 我国矿产资源综合区划模型与实证研究 . 中国矿业，2016（s2）

〔23〕刘桂村，杨渺，龙泉，刘思宇，贺斌 . 重点生态功能区资源环境承载力评价——以若尔盖县为例 . 湖南农业科学，2017（8）

〔24〕卫思夷，居祥，荀文会 . 区域国土开发强度与资源环境承载力时空耦合关系研究——以沈阳经济区为例 . 中国土地科学，2018（7）

〔25〕刘凯，邹荟霞，任建兰，赵琳，孙雪 . 中国城镇化与资源环境承载力耦合关系演变 . 生态经济，2017（9）

〔26〕林坚，吴宇翔，吴佳雨，刘诗毅 . 论空间规划体系的构建——兼析空间规划、国土空间用途管制与自然资源监管的关系 . 城市规划，2018（5）

〔27〕吕贤君，李铌，李志学 . 城市群地区城乡生态空间保护与利用研究——以长株潭生态绿心地区为例 . 城市发展研究，2013（12）

〔28〕詹运洲，李艳 . 特大城市城乡生态空间规划方法及实施机制思考 . 城市规划学刊，2011（2）

〔29〕李浩 . 我国空间规划发展演化的历史回顾 . 北京规划建设，2015（3）

〔30〕杨洪涛 . 多规合一空间规划体系的构建探索 . 城乡建设，2016（5）

〔31〕杨保军，张菁，董珂 . 空间规划体系下城市总体规划作用的再认识 . 城市规划，2016（3）

〔32〕梁善翔 . 空间规划体系下城市总体规划作用的思考 . 住宅与房地产，2018（11）

〔33〕樊森 . 空间规划改革与多规合一 . 西部大开发，2015（4）

〔34〕[英]大卫·哈维.地理学中的解释.北京：商务印书馆，1996
〔35〕包明齐.内蒙古在丝绸之路经济带建设中的地位与作用.中国市场，2018（3）
〔36〕乌日嘎.内蒙古荒漠化治理制度分析与市场化制度构建.中央民族大学，2013
〔37〕王奎峰.山东半岛资源环境承载力综合评价与区划.中国矿业大学，2015
〔38〕毛汉英，余丹林.区域承载力定量研究方法探讨.地球科学进展，2001（4）
〔39〕刘晓丽，方创琳.城市群资源环境承载力研究进展及展望.地理科学进展，2008（5）
〔40〕樊杰，周侃，王亚飞.全国资源环境承载能力预警（2016版）的基点和技术方法进展.地理科学进展，2017（3）
〔41〕刘年磊，卢亚灵，蒋洪强，程曦.基于环境质量标准的环境承载力评价方法及其应用.地理科学进展，2017（3）
〔42〕徐小任，徐勇.长江经济带后备适宜建设用地潜力.长江流域资源与环境，2016（12）
〔43〕赵云平，韩淑梅，司咏梅.转变观念，提升内蒙古承接产业转移的总体竞争力——内蒙古承接产业转移能力分析及对策建议.北方经济，2012（21）
〔44〕王广玲，司咏梅.内蒙古草业的现状及发展对策.北方经济，2002（6）
〔45〕包红玉，李诚固，曹传新.新时期城市功能结构体系解构及集成演化规律探讨.软科学，2005（3）
〔46〕樊森.图解多规合一.西安：陕西科学技术出版社，2019
〔47〕樊森.空间规划（多规合一）综合解决方案.西安：陕西科学技术出版社，2019
〔48〕樊森.空间规划（多规合一）百问百答.西安：陕西科学技术出版社，2018
〔49〕The EU Compendium of Spatial Planning Systems and Policies. European Commission，1997.
〔50〕Alice L. Clarke. Assessing the Carrying Capicity of the Florida Keys. *Population and Environment*，2002，23（4）：405–415.
〔51〕Meadows D H，Meadows D L，Randers J，et al. The Limits to Growth: A Report for the Club of Rome's Project on the Predicament of Mankind. *Technological Forecasting & Social Change*，1972，4（3）：323–332.
〔52〕Sleeser M. Enhancement of Carrying Capacity Options. London: The Resource Use Institute，1990. 86–99.

〔53〕Steven W. Running. A Measurable Planetary Boundary for the Biosphere. *Science*（New York, N.Y.），2012，337（6101）：1458-1459.

〔54〕BISHOP A B. Carrying Capacity in Regional Environmental Management. Washington，DC，USA: United States Environmental Protection Agency，1974.

〔55〕DALY H E. Carrying Capacity as a Tool of Development Policy: The Ecuadoran Amazon and the Paraguayan Chaco. *Ecological Economics*，1990，2（3）：187-195.

〔56〕DA Munro，MW Holdgate. Caring for the Earth: a Strategy for Sustainable Living.*Gland Switzerland Iucn Oct*，1991，3（12）：14-15.

〔57〕X Guo. Application of Improved Entropy Method in Evaluation of Economic Result. *System Engineering-Theory & Practice*，1998.

〔58〕RK Singh，HR Murty，SK Gupta，AK Dikshit. AN Overview of Sustainability Assessment Methodologies . *Ecological Indicators*，2009，9（2）：189-212.

〔59〕JE How Many People Can the Earth Support? *W.W.Norton*，1996，35（6）：18-23.

〔60〕M Wackernagle，JD Yount. The Ecological Footprint: an Indicator of Progress Toward Regional Sustainability. *Environmental Monitoring & Assessment*，1998，51（1-2）：511-529.

〔61〕AL Clarke. Assessing the Carrying Capacity of the Florida Keys. *Population & Environment*，2002，23（4）

# 附录　空间规划主要政策文件汇编

## 关于开展市县多规合一试点工作的通知（发改规划〔2014〕1971号）[①]

有关省、自治区、直辖市发展改革委、国土资源厅（局）、环境保护厅（局）、住房城乡建设厅（规划局）：

为贯彻落实党的十八大和十八届三中全会精神，把中央经济工作会议和中央城镇化工作会议确定的目标任务落到实处，按照中办、国办有关工作部署，国家发展改革委、国土资源部、环境保护部、住房和城乡建设部等部委将联合开展市县多规合一试点工作。现将有关事项通知如下：

一、开展试点工作的重要意义

开展市县空间规划改革试点，推动经济社会发展规划、城乡规划、土地利用规划、生态环境保护规划多规合一，形成一个市县一本规划、一张蓝图，是2014年中央全面深化改革工作中的一项重要任务。

开展市县多规合一试点，是解决市县规划自成体系、内容冲突、缺乏衔接协调等突出问题，保障市县规划有效实施的迫切要求；是强化政府空间管控能力，实现国土空间集约、高效、可持续利用的重要举措；是改革政府规划体制，建立统一衔接、功能互补、相互协调的空间规划体系的重要基础，对于加快转变经济发展方式和优化空间开发模式，坚定不移实施主体功能区制度，促进经济社会与生态环境协

① 来源于青岛市发展和改革委员会官方网站，2015年1月19日。为尊重官方文件的权威性，本书在摘用时保留了原文文字和格式的原貌。下同。

调发展都具有重要意义。

二、开展试点工作的主要任务

开展试点工作的主要任务是，探索经济社会发展规划、城乡规划、土地利用规划、生态环境保护等规划多规合一的具体思路，研究提出可复制可推广的多规合一试点方案，形成一个市县一本规划、一张蓝图。同时，探索完善市县空间规划体系，建立相关规划衔接协调机制。具体任务是：

（一）合理确定规划期限。统筹考虑法律法规要求和相关规划的特点，探索确定统一协调的规划中期年限和目标年限，作为各类规划衔接目标任务的时间节点。以 2020 年作为规划的中期年限，研究探索将 2025 年或 2030 年作为规划中长期目标年限的可行性和合理性。

（二）合理确定规划目标。把握市县所处的大区域背景，按照县市的不同主体功能定位，以及上位规划的要求，统筹考虑经济社会发展规划、城乡规划、土地利用规划、生态环境保护规划等相关规划目标，研究多规合一的核心目标，合理确定指标体系。

（三）合理确定规划任务。按照资源环境承载能力，合理规划引导人口、产业、城镇、公共服务、基础设施、生态环境、社会管理等方面的发展方向与布局重点。探索整合相关规划的空间管制分区，划定城市开发边界、永久基本农田红线和生态保护红线，形成合理的城镇、农业、生态空间布局，探索完善经济社会、资源环境政策和空间管控措施。

（四）构建市县空间规划衔接协调机制。从支撑市县空间规划有效实施的需要出发，提出完善市县规划体系的建议，探索整合各类规划及衔接协调各类规划的工作机制。

三、开展试点工作的组织实施

（一）试点方案的制定。国家发展改革委、国土资源部、环境保护部、住房和城乡建设部要按照试点工作的总体要求，督促指导各自选定的试点市县组织跨部门、跨领域的科研队伍，尽快研究制定多规合一试点方案，探索实现多规合一的技术路径和具体内容。2014 年 11 月底，形成推进多规合一试点工作的方案，上报经济体制与生态文明体制改革专项小组。

（二）试点工作的组织。各试点市县要高度重视，主要领导要亲自负责，发展改革、国土资源、环境保护、住房和城乡建设等部门要做好具体编制组织工作。有关省（区、市）发展改革、国土资源、环境保护、住房和城乡建设等部门，要加强对试点方案的指导协调，按照要求做好试点方案的上报工作。国家发展改革委将会同国土资源部、环境保护部、住房和城乡建设部，做好试点工作的统筹指导，加强对重点难点问题的调查研究，及时组织开展咨询论证，适时将试点经验进行提炼总结，上报中央全面深化改革领导小组推广实施。

附件：多规合一试点市县名单

辽宁省大连市旅顺口区、黑龙江省哈尔滨市阿城区、黑龙江省同江市、江苏省淮安市、江苏省句容市、江苏省泰州市姜堰区、浙江省开化县、浙江省嘉兴市、浙江省德清县、安徽省寿县、福建省厦门市、江西省于都县、山东省桓台县、河南省获嘉县、湖北省鄂州市、湖南省临湘市、广东省广州市增城区、广东省四会市、广东省佛山市南海区、广西壮族自治区贺州市、重庆市江津区、四川省宜宾市南溪区、四川省绵竹市、云南省大理市、陕西省富平县、陕西省榆林市、甘肃省敦煌市、甘肃省玉门市。

## 省级空间规划试点方案（厅字〔2016〕51号）①

为贯彻落实党的十八届五中全会关于以主体功能区规划为基础统筹各类空间性规划、推进多规合一的战略部署，深化规划体制改革创新，建立健全统一衔接的空间规划体系，提升国家国土空间治理能力和效率，在市县多规合一试点工作基础上，制定省级空间规划试点方案。

一、总体要求

（一）指导思想。全面贯彻党的十八大和十八届三中、四中、五中、六中全会精神，以邓小平理论、“三个代表”重要思想、科学发展观为指导，深入贯彻习

① 来源于中华人民共和国中央人民政府网站，2017年1月9日。

近平总书记系列重要讲话精神和治国理政新理念新思想新战略，紧紧围绕统筹推进“五位一体”总体布局和协调推进“四个全面”战略布局，牢固树立新发展理念，以主体功能区规划为基础，全面摸清并分析国土空间本底条件，划定城镇、农业、生态空间以及生态保护红线、永久基本农田、城镇开发边界（以下简称“三区三线”），注重开发强度管控和主要控制线落地，统筹各类空间性规划，编制统一的省级空间规划，为实现多规合一、建立健全国土空间开发保护制度积累经验、提供示范。

（二）基本原则

——顶层设计。针对各类空间性规划存在的问题，加强体制机制、法律法规等顶层设计，研究提出系统解决重点难点问题的一揽子方案，打破各类规划条块分割、各自为政局面。

——坚守底线。坚持国家利益和公共利益优先，把国家经济安全、粮食安全、生态安全、环境安全等放在优先位置，确保省级空间规划落实国家重大发展战略和指标约束。

——统筹推进。充分发挥省级空间规划承上启下作用，综合考虑省级宏观管理和市县微观管控的需求，强化部门协作和上下联动，坚持陆海统筹，形成改革合力。

——利于推广。坚持好用管用、便于实施导向，立足服务党和国家工作大局，突出地方特色，鼓励探索创新，尽快形成可操作、能监管，可复制、能推广的改革成果。

（三）试点目标。2017 年底前，通过试点探索实现以下目标：

——形成一套规划成果。在统一不同坐标系的空间规划数据前提下，有效解决各类规划之间的矛盾冲突问题，编制形成省级空间规划总图和空间规划文本。

——研究一套技术规程。研究提出适用于全国的省级空间规划编制办法，资源环境承载能力和国土空间开发适宜性评价、开发强度测算、“三区三线”划定等技术规程，以及空间规划用地、用海、用岛分类标准、综合管控措施等基本规范。

——设计一个信息平台。研究提出基于 2000 国家大地坐标系的规划基础数据转换办法，以及有利于空间开发数字化管控和项目审批核准并联运行的规划信息管理平台设计方案。

——提出一套改革建议。研究提出规划管理体制机制改革创新和相关法律法规立改废释的具体建议。

（四）试点范围。在海南、宁夏试点基础上，综合考虑地方现有工作基础和相关条件，将吉林、浙江、福建、江西、河南、广西、贵州等纳入试点范围，共 9 个省份。

二、主要任务

（一）明晰规划思路。遵循国土开发与承载能力相匹配、集聚开发与均衡发展相协调、分类保护与综合整治相促进、资源节约与环境友好相统一的理念和方法，健全国土空间用途管制制度，优化空间组织和结构布局，提高发展质量和资源利用效率，形成可持续发展的美丽国土空间。

（二）统一规划基础。统一规划期限，空间规划期限设定为 2030 年。统一基础数据，完成各类空间基础数据坐标转换，建立空间规划基础数据库。统一用地分类，系统整合《土地利用现状分类》《城市用地分类与规划建设用地标准》等，形成空间规划用地分类标准。统一目标指标，综合各类空间性规划核心管控要求，科学设计空间规划目标指标体系。统一管控分区，以“三区三线”为基础，整合形成协调一致的空间管控分区。

（三）开展基础评价。开展陆海全覆盖的资源环境承载能力基础评价和针对不同主体功能定位的差异化专项评价，以及国土空间开发网格化适宜性评价。结合现状地表分区、土地权属，分析并找出需要生态保护、利于农业生产、适宜城镇发展的单元地块，划分适宜等级并合理确定规模，为划定“三区三线”奠定基础。将环境影响评价作为优化空间布局的重要技术方法，增强空间规划的环境合理性和协调性。

（四）绘制规划底图。根据不同主体功能定位，综合考虑经济社会发展、产业布局、人口集聚趋势，以及永久基本农田、各类自然保护地、重点生态功能区、生态环境敏感区和脆弱区保护等底线要求，科学测算城镇、农业、生态三类空间比例和开发强度指标。采取自上而下（省级层面向市县层面下达管控指标和要求）和自下而上（市县层面分解落实指标要求并报省级层面统筹校验汇总）相结合的方式，按照严格保护、宁多勿少原则科学划定生态保护红线，按照最大程度保护生态安全、构建生态屏障的要求划定生态空间；划定永久基本农田，统筹考虑农业生产和农村生活需要，划定农业空间；按照基础评价结果和开发强度控制要求，兼顾城镇布局和功能优化的弹性需要，从严划定城镇开发边界，有效管控城镇空间。以“三区三线”为载体，合理整合协调各部门空间管控手段，绘制形成空间规划底图。

（五）编制空间规划。重点围绕基础设施互联互通、生态环境共治共保、城镇密集地区协同规划建设、公共服务设施均衡配置等方面的发展要求，统筹协调平衡跨行政区域的空间布局安排，并在空间规划底图上进行有机叠加，形成空间布局总图。在空间布局总图基础上，系统整合各类空间性规划核心内容，编制省级空间规划，主要内容包括：省级空间发展战略定位、目标和格局，需要分解到市县的三类空间比例、开发强度等控制指标，“三区三线”空间划分和管控重点，基础设施、城镇体系、产业发展、公共服务、资源能源、生态环境保护等主要空间开发利用布局和重点任务，各类空间差异化管控措施，规划实施保障措施等。涉及国家安全和军事设施的空间规划项目等，应征求有关部门和军队意见。

（六）搭建信息平台。整合各部门现有空间管控信息管理平台，搭建基础数据、目标指标、空间坐标、技术规范统一衔接共享的空间规划信息管理平台，为规划编制提供辅助决策支持，对规划实施进行数字化监测评估，实现各类投资项目和涉及军事设施建设项目空间管控部门并联审批核准，提高行政审批效率。

三、配套措施

（一）推进规划管理体制改革。试点地区要结合当地实际，加强体制机制改革创新，明确相关综合机构负责全面协调和统筹管理各类规划，统筹推进省级和市县级空间规划编制管理以及与其他相关规划的衔接，具体审查下位落实性规划等。

（二）推动完善相关法律法规。要结合试点工作推进，对导致各类空间性规划矛盾冲突的规划期限、基础数据、坐标体系、用地分类标准、空间管控分区和手段、编制审批制度等方面的法律法规、部门规章、技术规范等进行系统梳理，提出修订完善建议。需要在试点地区暂停执行或调整完善的相关法律、行政法规，统一提请全国人大常委会或国务院批准后实施。探索空间规划立法，在省级空间规划和市县多规合一试点基础上，对空间规划立法问题进行研究。

四、工作要求

（一）加强组织领导。国家层面成立由国家发展改革委牵头的试点工作部际协调机制，成员由国家发展改革委、国土资源部、环境保护部、住房和城乡建设部、水利部、国家林业局、国家海洋局、国家测绘地理信息局等部门组成。各有关部门要在前一阶段工作基础上，统一思想、齐心协力、积极配合、密切协作，确保试点工作顺利进行。各试点省份党委和政府要高度重视，加强对试点工作的组织领导，建立健全相关工作机制，按照中央统一部署精心组织、细化方案，扎实高效推进各项工作。

（二）着力探索创新。鼓励有条件的试点省份探索协同编制省级空间规划和市县空间规划。允许试点省份选择部分所辖县（市、区）数量较少的市地级行政单元，探索上下协同编制空间规划的路径、模式，为完善省级空间规划技术路线和编制方法提供借鉴。编制省级空间规划试点过程中的重大问题和重要改革成果要及时向党中央、国务院报告。

## 中共中央 国务院关于统一规划体系更好发挥国家发展规划战略导向作用的意见（中发〔2018〕44号）①

以规划引领经济社会发展，是党治国理政的重要方式，是中国特色社会主义发展模式的重要体现。科学编制并有效实施国家发展规划，阐明建设社会主义现代化强国奋斗目标在规划期内的战略部署和具体安排，引导公共资源配置方向，规范市场主体行为，有利于保持国家战略连续性稳定性，集中力量办大事，确保一张蓝图绘到底。改革开放特别是党的十八大以来，国家发展规划对创新和完善宏观调控的作用明显增强，对推进国家治理体系和治理能力现代化的作用日益显现，但规划体系不统一、规划目标与政策工具不协调等问题仍然突出，影响国家发展规划战略导向作用的充分发挥。为加快统一规划体系建设，构建发展规划与财政、金融等政策协调机制，更好发挥国家发展规划战略导向作用，现提出如下意见。

一、总体要求

以习近平新时代中国特色社会主义思想为指导，全面贯彻党的十九大和十九届二中、三中全会精神，全面加强党的领导，坚持以人民为中心的发展思想，牢固树立新发展理念，落实高质量发展要求，理顺规划关系，统一规划体系，完善规划管理，提高规划质量，强化政策协同，健全实施机制，加快建立制度健全、科学规

---

① 来源于中国区域发展网，2018年12月7日。

范、运行有效的规划体制，更好发挥国家发展规划的战略导向作用，为创新和完善宏观调控、推进国家治理体系和治理能力现代化、建设社会主义现代化强国提供有力支撑。

二、明确规划功能定位，理顺规划关系

立足新形势新任务新要求，明确各类规划功能定位，理顺国家发展规划和国家级专项规划、区域规划、空间规划的相互关系，避免交叉重复和矛盾冲突。

（一）明确规划功能定位

国家发展规划，即中华人民共和国国民经济和社会发展五年规划纲要，是社会主义现代化战略在规划期内的阶段性部署和安排，主要是阐明国家战略意图、明确政府工作重点、引导规范市场主体行为，是经济社会发展的宏伟蓝图，是全国各族人民共同的行动纲领，是政府履行经济调节、市场监管、社会管理、公共服务、生态环境保护职能的重要依据。

国家级专项规划是指导特定领域发展、布局重大工程项目、合理配置公共资源、引导社会资本投向、制定相关政策的重要依据。国家级区域规划是指导特定区域发展和制定相关政策的重要依据。国家级空间规划以空间治理和空间结构优化为主要内容，是实施国土空间用途管制和生态保护修复的重要依据。

（二）理顺规划关系

国家发展规划根据党中央关于制定国民经济和社会发展五年规划的建议，由国务院组织编制，经全国人民代表大会审查批准，居于规划体系最上位，是其他各级各类规划的总遵循。

国家级专项规划、区域规划、空间规划，均须依据国家发展规划编制。国家级专项规划要细化落实国家发展规划对特定领域提出的战略任务，由国务院有关部门编制，其中国家级重点专项规划报国务院审批，党中央有明确要求的除外。国家级区域规划要细化落实国家发展规划对特定区域提出的战略任务，由国务院有关部门编制，报国务院审批。国家级空间规划要细化落实国家发展规划提出的国土空间开发保护要求，由国务院有关部门编制，报国务院审批。国家级专项规划、区域规划、空间规划，规划期与国家发展规划不一致的，应根据同期国家发展规划的战略安排对规划目标任务适时进行调整或修编。国家级空间规划对国家级专项规划具有空间性指导和约束作用。

三、统一规划体系，形成规划合力

坚持下位规划服从上位规划、下级规划服务上级规划、等位规划相互协调，建立以国家发展规划为统领，以空间规划为基础，以专项规划、区域规划为支撑，由国家、省、市县规划共同组成，定位准确、边界清晰、功能互补、统一衔接的国家规划体系。

（一）强化国家发展规划的统领作用

提高国家发展规划的战略性、宏观性、政策性，增强指导和约束功能，聚焦事关国家长远发展的大战略、跨部门跨行业的大政策、具有全局性影响的跨区域大项目，把党的主张转化为国家意志，为各类规划系统落实国家发展战略提供遵循。

发挥国家发展规划统筹重大战略和重大举措时空安排功能，明确空间战略格局、空间结构优化方向以及重大生产力布局安排，为国家级空间规划留出接口。科学选取需要集中力量突破的关键领域和需要着力开发或者保护的重点区域，为确定国家级重点专项规划编制目录清单、区域规划年度审批计划并开展相关工作提供依据。

（二）强化空间规划的基础作用

国家级空间规划要聚焦空间开发强度管控和主要控制线落地，全面摸清并分析国土空间本底条件，划定城镇、农业、生态空间以及生态保护红线、永久基本农田、城镇开发边界，并以此为载体统筹协调各类空间管控手段，整合形成多规合一的空间规划。

强化国家级空间规划在空间开发保护方面的基础和平台功能，为国家发展规划确定的重大战略任务落地实施提供空间保障，对其他规划提出的基础设施、城镇建设、资源能源、生态环保等开发保护活动提供指导和约束。

（三）强化专项规划和区域规划的支撑作用

国家级专项规划原则上限定于关系国民经济和社会发展全局且需要中央政府发挥作用的市场失灵领域。其中，国家级重点专项规划要严格限定在编制目录清单内，与国家发展规划同步部署、同步研究、同步编制。国家级专项规划要围绕国家发展规划在特定领域提出的重点任务，制定细化落实的时间表和路线图，提高针对性和可操作性。

国家级区域规划主要以国家发展规划确定的重点地区、跨行政区且经济社会活动联系紧密的连片区域以及承担重大战略任务的特定区域为对象，以贯彻实施重大区域战略、协调解决跨行政区重大问题为重点，突出区域特色，指导特定区域协调协同发展。

省级规划、市县级规划依据国家发展规划制定，既要加强与国家级专项规划、区域规划、空间规划的衔接，形成全国“一盘棋”，又要因地制宜，符合地方实际，突出地方特色。

四、统筹规划管理，加强规划衔接协调

建立健全目录清单、编制备案、衔接协调等规划管理制度，有效解决规划数量过多、质量不高、衔接不充分、交叉重叠等问题。

（一）建立健全规划编制目录清单管理制度

报请国务院批准的国家级专项规划、区域规划，由国务院发展改革部门会同有关部门统筹协调后制定编制目录清单或审批计划，报国务院批准实施。报请国务院批准的国家级空间规划，由国务院自然资源主管部门会同发展改革部门制定编制目录清单，报国务院批准实施。国务院各部门自行编制或批准的各类规划，须报国务院发展改革部门备案。除党中央、国务院有明确要求外，未列入目录清单、审批计划的规划，原则上不得编制或批准实施。属各部门日常工作或任务实施期限少于3年的，原则上不编制规划。

（二）强化规划衔接协调

建立健全规划衔接协调机制，明确衔接原则和重点，规范衔接程序，确保各级各类规划协调一致。报请党中央、国务院批准的规划，须事先与国家发展规划进行统筹衔接。衔接重点是规划目标特别是约束性指标、发展方向、总体布局、重大政策、重大工程、风险防控等，必要时由国务院发展改革部门会同规划编制部门组织开展审查论证。省级发展规划须按程序报送国务院发展改革部门进行衔接。加强国家级专项规划、区域规划与空间规划的衔接，确保规划落地。

（三）发挥规划管理信息平台作用

国务院发展改革部门要依托现有政务信息平台，建设国家规划综合管理信息平台，加强与相关政务模块之间的连接和信息共享，将各类规划纳入统一管理，强化规划衔接协调，跟踪监测规划编制和实施进程，推动规划基础信息互联互通和归集共享。

## 五、规范规划编制程序，提高规划质量

创新规划理念、规范编制程序，提高规划编制科学化、民主化、法治化、规范化水平，确保规划实用管用。

### （一）明确规划编制的基本遵循

规划编制要以习近平新时代中国特色社会主义思想为指导，紧紧围绕建设社会主义现代化强国宏伟目标，坚持以人民为中心的发展思想，把新发展理念贯穿经济社会发展各领域全过程，按照高质量发展要求，紧紧围绕统筹推进“五位一体”总体布局和协调推进“四个全面”战略布局，使规划更好体现时代特色、更好贯彻国家发展战略要求。

坚持目标导向和问题导向相统一，坚持立足国内和全球视野相统筹，坚持全面规划和突出重点相协调，坚持战略性和操作性相结合。注重虚实结合、实用管用，在强调战略导向作用的同时，突出约束力、可操作，使规划可检查、易评估。

### （二）深化重大问题研究论证

拓展规划前期研究广度和深度，深入研究国民经济和社会发展全局性、前瞻性、关键性、深层次重大问题，科学研判发展趋势和阶段性特征，准确把握突出短板和发展方向，研究提出基本思路和解决方案。加强规划内容多角度论证和多方案比选，充分考虑要素支撑条件、资源环境约束和重大风险防范等，科学测算规划目标指标并做好平衡协调，深入论证重大工程、重大项目、重大政策实施的必要性、可行性和效果影响。

### （三）创新规划编制方式方法

坚持开门编制规划，提高规划编制的透明度和社会参与度。健全公众参与机制，坚持问需于民、问计于民，广开言路，广泛听取人民群众意见建议。扩大规划征求意见范围，适时公布规划草案或征求意见稿，充分征求社会公众等各方面意见建议。综合运用大数据、云计算等现代信息技术，创新规划编制手段。充分发挥科研机构、智库等对规划编制的辅助支持作用。

### （四）严格规划编制程序

建立健全规划起草、衔接、论证、审批、发布等制度。规范规划编制工作方案，重点明确编制依据、进度安排、衔接要求、论证方式和审批机关等。按规定程序做好规划征求意见和内容衔接等工作。健全专家咨询论证制度，邀请相关领域专

家科学论证规划内容并出具论证报告。规范规划草案（送审稿）、起草说明、论证报告等审批要件，明确审批权限。规划经审批机关批准后，按程序发布实施。

六、突出规划引领，强化政策协同

坚持规划定方向、财政作保障、金融为支撑、其他政策相协调，构建发展规划、财政、金融等政策协调和工作协同机制，完善年度计划落实发展规划的机制，保障国家发展规划顺利实施。

（一）强化年度计划与国家发展规划衔接

按照短期政策与长期政策衔接配合的要求，年度计划要贯彻国家发展规划提出的发展目标和重点任务，将国家发展规划确定的主要指标分解纳入年度指标体系，设置年度目标并做好年度间综合平衡，结合形势发展确定年度工作重点，明确重大工程、重大项目、重大举措的年度实施要求。

（二）强化财政政策对国家发展规划的保障作用

国务院财政部门要编制与国家发展规划相匹配的财政规划，更好服务国家发展规划确定的战略目标和任务要求。加强财政预算与规划实施的衔接协调，统筹财力可能合理安排财政支出规模和结构。中央财政性资金优先投向国家发展规划确定的重大任务和重大工程项目。

（三）强化金融政策对国家发展规划的支撑作用

根据国家发展规划确定的重大战略任务，制定金融领域专项规划，引导金融要素资源配置方向和结构。货币政策取向的确定，要充分考虑国家发展规划目标、经济发展形势等。信贷政策积极支持国家发展规划确定的重大战略、重大工程、重大项目和重大改革举措，引导和鼓励银行业金融机构重点支持国家发展规划明确的重点领域和薄弱环节。

（四）强化国家发展规划对产业政策、区域政策等的引导约束作用

产业政策要围绕国家发展规划确定的产业发展和结构调整方向，突出功能性，强化普惠公平，完善市场机制和利益导向机制，充分发挥市场配置资源的决定性作用，营造鼓励竞争、促进创新的市场环境，激发市场主体的积极性和创造性，合理引导市场预期和市场主体行为。

区域政策要围绕国家发展规划确定的区域发展和空间格局优化方向，按照目标精准化、措施精细化、协调机制化的要求，促进形成要素有序自由流动、主体

功能约束有效、基本公共服务均等、资源环境可承载的区域协调发展格局，实现基本公共服务均等化、基础设施通达程度比较均衡、人民基本生活保障水平大体相当。

重大生产力布局和土地、人口、环境、社会等公共政策的制定，也要服从和服务于国家发展规划，强化政策间协调配合，形成政策合力。

七、健全实施机制，确保规划有效落实

按照谁牵头编制谁组织实施的基本原则，落实规划实施责任，完善监测评估，强化分类实施，提升规划实施效能。

（一）加强规划实施评估

规划编制部门要组织开展规划实施年度监测分析、中期评估和总结评估，鼓励开展第三方评估，强化监测评估结果应用。国家发展规划中期评估要结合国内外发展环境的新变化新要求，重点评估实施进展情况及存在问题，提出推进规划实施建议，评估报告报国务院审定后提请全国人民代表大会常务委员会审议。国家级专项规划、区域规划、空间规划的评估结果向审批主体报告的同时，抄送国务院发展改革部门。

（二）健全规划动态调整和修订机制

强化规划权威性、严肃性，未经法定程序批准，不得随意调整更改各类规划。经评估确需对国家发展规划进行调整修订时，须按照新形势新要求调整完善规划内容，由国务院提出调整建议，经党中央同意后，提请全国人民代表大会常务委员会审查批准。国家发展规划修订后，相关国家级规划进行相应调整修订，由规划编制部门提出建议，经国务院发展改革部门进行衔接论证后报原审批主体批准。

（三）完善规划实施监督考核机制

各类规划编制部门要将规划实施情况作为政务信息公开的重要内容，及时公布实施进展，自觉接受人大监督、审计监督和社会监督。国家发展规划实施情况纳入各有关部门和地方各级领导班子、领导干部考核评价体系，探索实行规划实施考核结果与被考核责任主体绩效相挂钩。

（四）健全规划审批和实施工作机制

建立健全党委领导、人大批准、政府编制实施的国家发展规划工作机制。国家发展规划根据党中央关于制定国民经济和社会发展五年规划的建议编制，重大实施进展情况及时报党中央。全国人民代表大会审查批准国家发展规划，并依法监督规划实施情况。国务院编制实施国家发展规划，并按照优化协同高效的要求强化对其他各类规划的管理。

（五）完善法律法规

加快出台发展规划法，将行之有效的经验和做法以法律形式固定下来。根据本意见精神，梳理现有与发展规划工作相关的法律法规、部门规章，针对发现的问题推动相关法律法规、部门规章的立、改、废、释工作。

省级及以下各类相关规划编制实施参照本意见执行。

## 中共中央 国务院关于建立国土空间规划体系并监督实施的若干意见（中发〔2019〕18号）①

国土空间规划是国家空间发展的指南、可持续发展的空间蓝图，是各类开发保护建设活动的基本依据。建立国土空间规划体系并监督实施，将主体功能区规划、土地利用规划、城乡规划等空间规划融合为统一的国土空间规划，实现多规合一，强化国土空间规划对各专项规划的指导约束作用，是党中央、国务院作出的重大部署。为建立国土空间规划体系并监督实施，现提出如下意见。

一、重大意义

各级各类空间规划在支撑城镇化快速发展、促进国土空间合理利用和有效保护方面发挥了积极作用，但也存在规划类型过多、内容重叠冲突，审批流程复杂、周期过长，地方规划朝令夕改等问题。建立全国统一、责权清晰、科学高效的国土空间规划体系，整体谋划新时代国土空间开发保护格局，综合考虑人口分布、经济布局、国土利用、生态环境保护等因素，科学布局生产空间、生活空间、生态空间，是加快形成绿色生产方式和生活方式、推进生态文明建设、建设美丽中国的关键举措，是坚持以人民为中心、实现高质量发展和高品质生活、建设美好家园的重要手段，是保障国家战略有效实施、促进国家治理体系和治理能力现代化、实现“两个

① 来源于中华人民共和国中央人民政府网站，2019年5月23日。

一百年”奋斗目标和中华民族伟大复兴中国梦的必然要求。

二、总体要求

（一）指导思想。以习近平新时代中国特色社会主义思想为指导，全面贯彻党的十九大和十九届二中、三中全会精神，紧紧围绕统筹推进“五位一体”总体布局和协调推进“四个全面”战略布局，坚持新发展理念，坚持以人民为中心，坚持一切从实际出发，按照高质量发展要求，做好国土空间规划顶层设计，发挥国土空间规划在国家规划体系中的基础性作用，为国家发展规划落地实施提供空间保障。健全国土空间开发保护制度，体现战略性、提高科学性、强化权威性、加强协调性、注重操作性，实现国土空间开发保护更高质量、更有效率、更加公平、更可持续。

（二）主要目标。到 2020 年，基本建立国土空间规划体系，逐步建立多规合一的规划编制审批体系、实施监督体系、法规政策体系和技术标准体系；基本完成市县以上各级国土空间总体规划编制，初步形成全国国土空间开发保护“一张图”。到 2025 年，健全国土空间规划法规政策和技术标准体系；全面实施国土空间监测预警和绩效考核机制；形成以国土空间规划为基础，以统一用途管制为手段的国土空间开发保护制度。到 2035 年，全面提升国土空间治理体系和治理能力现代化水平，基本形成生产空间集约高效、生活空间宜居适度、生态空间山清水秀，安全和谐、富有竞争力和可持续发展的国土空间格局。

三、总体框架

（一）分级分类建立国土空间规划。国土空间规划是对一定区域国土空间开发保护在空间和时间上作出的安排，包括总体规划、详细规划和相关专项规划。国家、省、市县编制国土空间总体规划，各地结合实际编制乡镇国土空间规划。相关专项规划是指在特定区域（流域）、特定领域，为体现特定功能，对空间开发保护利用作出的专门安排，是涉及空间利用的专项规划。国土空间总体规划是详细规划的依据、相关专项规划的基础；相关专项规划要相互协同，并与详细规划做好衔接。

（二）明确各级国土空间总体规划编制重点。全国国土空间规划是对全国国土空间作出的全局安排，是全国国土空间保护、开发、利用、修复的政策和总纲，侧重战略性，由自然资源部会同相关部门组织编制，由党中央、国务院审定后印发。省级国土空间规划是对全国国土空间规划的落实，指导市县国土空间规划编制，侧重协调性，由省级政府组织编制，经同级人大常委会审议后报国务院审批。市县和乡镇国土空间规划是本级政府对上级国土空间规划要求的细化落实，是对本行政区域开发保护作出的具体安排，侧重实施性。须报国务院审批的城市国土空间总体规划，由市政府组织编制，经同级人大常委会审议后，由省级政府报国务院审批；其他市县及乡镇国土空间规划由省级政府根据当地实际，明确规划编制审批内容和程序要求。各地可因地制宜，将市县与乡镇国土空间规划合并编制，也可以几个乡镇为单元编制乡镇级国土空间规划。

（三）强化对专项规划的指导约束作用。海岸带、自然保护地等专项规划及跨行政区域或流域的国土空间规划，由所在区域或上一级自然资源主管部门牵头组织编制，报同级政府审批；涉及空间利用的某一领域专项规划，如交通、能源、水利、农业、信息、市政等基础设施，公共服务设施，军事设施，以及生态环境保护、文物保护、林业草原等专项规划，由相关主管部门组织编制。相关专项规划可在国家、省和市县层级编制，不同层级、不同地区的专项规划可结合实际选择编制的类型和精度。

（四）在市县及以下编制详细规划。详细规划是对具体地块用途和开发建设强度等作出的实施性安排，是开展国土空间开发保护活动、实施国土空间用途管制、核发城乡建设项目规划许可、进行各项建设等的法定依据。在城镇开发边界内的详细规划，由市县自然资源主管部门组织编制，报同级政府审批；在城镇开发边界外的乡村地区，以一个或几个行政村为单元，由乡镇政府组织编制多规合一的实用性村庄规划，作为详细规划，报上一级政府审批。

四、编制要求

（一）体现战略性。全面落实党中央、国务院重大决策部署，体现国家意志和国家发展规划的战略性，自上而下编制各级国土空间规划，对空间发展作出战略性系统性安排。落实国家安全战略、区域协调发展战略和主体功能区战略，明确空间发展目标，优化城镇化格局、农业生产格局、生态保护格局，确定空间发展策略，转变国土空间开发保护方式，提升国土空间开发保护质量和效率。

（二）提高科学性。坚持生态优先、绿色发展，尊重自然规律、经济规律、社会规律和城乡发展规律，因地制宜开展规划编制工作；坚持节约优先、保护优先、自然恢复为主的方针，在资源环境承载能力和国土空间开发适宜性评价的基础上，科学有序统筹布局生态、农业、城镇等功能空间，划定生态保护红线、永久基本农田、城镇开发边界等空间管控边界以及各类海域保护线，强化底线约束，为可持续发展预留空间。坚持山水林田湖草生命共同体理念，加强生态环境分区管治，量水而行，保护生态屏障，构建生态廊道和生态网络，推进生态系统保护和修复，依法开展环境影响评价。坚持陆海统筹、区域协调、城乡融合，优化国土空间结构和布局，统筹地上地下空间综合利用，着力完善交通、水利等基础设施和公共服务设施，延续历史文脉，加强风貌管控，突出地域特色。坚持上下结合、社会协同，完善公众参与制度，发挥不同领域专家的作用。运用城市设计、乡村营造、大数据等手段，改进规划方法，提高规划编制水平。

（三）加强协调性。强化国家发展规划的统领作用，强化国土空间规划的基础作用。国土空间总体规划要统筹和综合平衡各相关专项领域的空间需求。详细规划要依据批准的国土空间总体规划进行编制和修改。相关专项规划要遵循国土空间总体规划，不得违背总体规划强制性内容，其主要内容要纳入详细规划。

（四）注重操作性。按照谁组织编制、谁负责实施的原则，明确各级各类国土空间规划编制和管理的要点。明确规划约束性指标和刚性管控要求，同时提出指导性要求。制定实施规划的政策措施，提出下级国土空间总体规划和相关专项规划、详细规划的分解落实要求，健全规划实施传导机制，确保规划能用、管用、好用。

五、实施与监管

（一）强化规划权威。规划一经批复，任何部门和个人不得随意修改、违规变更，防止出现换一届党委和政府改一次规划。下级国土空间规划要服从上级国土空间规划，相关专项规划、详细规划要服从总体规划；坚持先规划、后实施，不得违反国土空间规划进行各类开发建设活动；坚持多规合一，不在国土空间规划体系之外另设其他空间规划。相关专项规划的有关技术标准应与国土空间规划衔接。因国家重大战略调整、重大项目建设或行政区划调整等确需修改规划的，须先经规划审批机关同意后，方可按法定程序进行修改。对国土空间规划编制和实施过程中的违规违纪违法行为，要严肃追究责任。

（二）改进规划审批。按照谁审批、谁监管的原则，分级建立国土空间规划审查备案制度。精简规划审批内容，管什么就批什么，大幅缩减审批时间。减少须报国务院审批的城市数量，直辖市、计划单列市、省会城市及国务院指定城市的国土空间总体规划由国务院审批。相关专项规划在编制和审查过程中应加强与有关国土空间规划的衔接及“一张图”的核对，批复后纳入同级国土空间基础信息平台，叠加到国土空间规划“一张图”上。

（三）健全用途管制制度。以国土空间规划为依据，对所有国土空间分区分类实施用途管制。在城镇开发边界内的建设，实行“详细规划 + 规划许可”的管制方式；在城镇开发边界外的建设，按照主导用途分区，实行“详细规划 + 规划许可”和“约束指标 + 分区准入”的管制方式。对以国家公园为主体的自然保护地、重要海域和海岛、重要水源地、文物等实行特殊保护制度。因地制宜制定用途管制制度，为地方管理和创新活动留有空间。

（四）监督规划实施。依托国土空间基础信息平台，建立健全国土空间规划动态监测评估预警和实施监管机制。上级自然资源主管部门要会同有关部门组织对下级国土空间规划中各类管控边界、约束性指标等管控要求的落实情况进行监督检查，将国土空间规划执行情况纳入自然资源执法督察内容。健全资源环境承载能力监测预警长效机制，建立国土空间规划定期评估制度，结合国民经济社会发展实际和规划定期评估结果，对国土空间规划进行动态调整完善。

（五）推进“放管服”改革。以多规合一为基础，统筹规划、建设、管理三大环节，推动“多审合一”、“多证合一”。优化现行建设项目用地（海）预审、规划选址以及建设用地规划许可、建设工程规划许可等审批流程，提高审批效能和监管服务水平。

六、法规政策与技术保障

（一）完善法规政策体系。研究制定国土空间开发保护法，加快国土空间规划相关法律法规建设。梳理与国土空间规划相关的现行法律法规和部门规章，对多规合一改革涉及突破现行法律法规规定的内容和条款，按程序报批，取得授权后施行，并做好过渡时期的法律法规衔接。完善适应主体功能区要求的配套政策，保障国土空间规划有效实施。

（二）完善技术标准体系。按照多规合一要求，由自然资源部会同相关部门负责构建统一的国土空间规划技术标准体系，修订完善国土资源现状调查和国土空间规划用地分类标准，制定各级各类国土空间规划编制办法和技术规程。

（三）完善国土空间基础信息平台。以自然资源调查监测数据为基础，采用国家统一的测绘基准和测绘系统，整合各类空间关联数据，建立全国统一的国土空间基础信息平台。以国土空间基础信息平台为底板，结合各级各类国土空间规划编制，同步完成县级以上国土空间基础信息平台建设，实现主体功能区战略和各类空间管控要素精准落地，逐步形成全国国土空间规划“一张图”，推进政府部门之间的数据共享以及政府与社会之间的信息交互。

七、工作要求

（一）加强组织领导。各地区各部门要落实国家发展规划提出的国土空间开发保护要求，发挥国土空间规划体系在国土空间开发保护中的战略引领和刚性管控作用，统领各类空间利用，把每一寸土地都规划得清清楚楚。坚持底线思维，立足资源禀赋和环境承载能力，加快构建生态功能保障基线、环境质量安全底线、自然资源利用上线。严格执行规划，以钉钉子精神抓好贯彻落实，久久为功，做到一张蓝图干到底。地方各级党委和政府要充分认识建立国土空间规划体系的重大意义，主要负责人亲自抓，落实政府组织编制和实施国土空间规划的主体责任，明确责任分工，落实工作经费，加强队伍建设，加强监督考核，做好宣传教育。

（二）落实工作责任。各地区各部门要加大对本行业本领域涉及空间布局相关规划的指导、协调和管理，制定有利于国土空间规划编制实施的政策，明确时间表和路线图，形成合力。组织、人事、审计等部门要研究将国土空间规划执行情况纳入领导干部自然资源资产离任审计，作为党政领导干部综合考核评价的重要参考。纪检监察机关要加强监督。发展改革、财政、金融、税务、自然资源、生态环境、住房城乡建设、农业农村等部门要研究制定完善主体功能区的配套政策。自然资源主管部门要会同相关部门加快推进国土空间规划立法工作。组织部门在对地方党委和政府主要负责人的教育培训中要注重提高其规划意识。教育部门要研究加强国土空间规划相关学科建设。自然资源部要强化统筹协调工作，切实负起责任，会同有关部门按照国土空间规划体系总体框架，不断完善制度设计，抓紧建立规划编制审批体系、实施监督体系、法规政策体系和技术标准体系，加强专业队伍建设和行业管理。自然资源部要定期对本意见贯彻落实情况进行监督检查，重大事项及时向党中央、国务院报告。

# 自然资源部关于全面开展国土空间规划工作的通知（自然资发〔2019〕87号）[①]

各省、自治区、直辖市自然资源主管部门，新疆生产建设兵团自然资源主管部门：

为贯彻落实《中共中央 国务院关于建立国土空间规划体系并监督实施的若干意见》（以下简称《若干意见》），全面启动国土空间规划编制审批和实施管理工作，现将有关事项通知如下：

一、全面启动国土空间规划编制，实现“多规合一”

各级自然资源主管部门要将思想和行动统一到党中央的决策部署上来，按照《若干意见》要求，主动履职尽责，建立多规合一的国土空间规划体系并监督实施。按照自上而下、上下联动、压茬推进的原则，抓紧启动编制全国、省级、市县和乡镇国土空间规划（规划期至2035年，展望至2050年），尽快形成规划成果。部将印发国土空间规划编制规程、相关技术标准，明确规划编制的工作要求、主要内容和完成时限。

各地不再新编和报批主体功能区规划、土地利用总体规划、城镇体系规划、城市（镇）总体规划、海洋功能区划等。已批准的规划期至2020年后的省级国土规划、城镇体系规划、主体功能区规划，城市（镇）总体规划，以及原省级空间规划试点和市县多规合一试点等，要按照新的规划编制要求，将既有规划成果融入新编制的同级国土空间规划中。

二、做好过渡期内现有空间规划的衔接协同

对现行土地利用总体规划、城市（镇）总体规划实施中存在矛盾的图斑，要结合国土空间基础信息平台的建设，按照国土空间规划“一张图”要求，作一致性处理，作为国土空间用途管制的基础。一致性处理不得突破土地利用总体规划确定的2020年建设用地和耕地保有量等约束性指标，不得突破生态保护红线和永久基本农田保护红线，不得突破土地利用总体规划和城市（镇）总体规划确定的禁止建

① 来源于中华人民共和国自然资源部，2019年5月28日。

设区和强制性内容，不得与新的国土空间规划管理要求矛盾冲突。今后工作中，主体功能区规划、土地利用总体规划、城乡规划、海洋功能区划等统称为“国土空间规划”。

三、明确国土空间规划报批审查的要点

按照“管什么就批什么”的原则，对省级和市县国土空间规划，侧重控制性审查，重点审查目标定位、底线约束、控制性指标、相邻关系等，并对规划程序和报批成果形式做合规性审查。其中：

省级国土空间规划审查要点包括：①国土空间开发保护目标；②国土空间开发强度、建设用地规模，生态保护红线控制面积、自然岸线保有率，耕地保有量及永久基本农田保护面积，用水总量和强度控制等指标的分解下达；③主体功能区划分，城镇开发边界、生态保护红线、永久基本农田的协调落实情况；④城镇体系布局，城市群、都市圈等区域协调重点地区的空间结构；⑤生态屏障、生态廊道和生态系统保护格局，重大基础设施网络布局，城乡公共服务设施配置要求；⑥体现地方特色的自然保护地体系和历史文化保护体系；⑦乡村空间布局，促进乡村振兴的原则和要求；⑧保障规划实施的政策措施；⑨对市县级规划的指导和约束要求等。

国务院审批的市级国土空间总体规划审查要点，除对省级国土空间规划审查要点的深化细化外，还包括：①市域国土空间规划分区和用途管制规则；②重大交通枢纽、重要线性工程网络、城市安全与综合防灾体系、地下空间、邻避设施等设施布局，城镇政策性住房和教育、卫生、养老、文化体育等城乡公共服务设施布局原则和标准；③城镇开发边界内，城市结构性绿地、水体等开敞空间的控制范围和均衡分布要求，各类历史文化遗存的保护范围和要求，通风廊道的格局和控制要求；城镇开发强度分区及容积率、密度等控制指标，高度、风貌等空间形态控制要求；④中心城区城市功能布局和用地结构等。

其他市、县、乡镇级国土空间规划的审查要点，由各省（自治区、直辖市）根据本地实际，参照上述审查要点制定。

四、改进规划报批审查方式

简化报批流程，取消规划大纲报批环节。压缩审查时间，省级国土空间规划和国务院审批的市级国土空间总体规划，自审批机关交办之日起，一般应在 90 天内完成审查工作，上报国务院审批。各省（自治区、直辖市）也要简化审批流程和时限。

五、做好近期相关工作

做好规划编制基础工作。本次规划编制统一采用第三次全国国土调查数据作为规划现状底数和底图基础，统一采用 2000 国家大地坐标系和 1985 国家高程基准作为空间定位基础，各地要按此要求尽快形成现状底数和底图基础。

开展双评价工作。各地要尽快完成资源环境承载能力和国土空间开发适宜性评价工作，在此基础上，确定生态、农业、城镇等不同开发保护利用方式的适宜程度。

开展重大问题研究。要在对国土空间开发保护现状评估和未来风险评估的基础上，专题分析对本地区未来可持续发展具有重大影响的问题，积极开展国土空间规划前期研究。

科学评估三条控制线。结合主体功能区划分，科学评估既有生态保护红线、永久基本农田、城镇开发边界等重要控制线划定情况，进行必要调整完善，并纳入规划成果。

各地要加强与正在编制的国民经济和社会发展五年规划的衔接，落实经济、社会、产业等发展目标和指标，为国家发展规划落地实施提供空间保障，促进经济社会发展格局、城镇空间布局、产业结构调整与资源环境承载能力相适应。

集中力量编制好多规合一的实用性村庄规划。结合县和乡镇级国土空间规划编制，通盘考虑农村土地利用、产业发展、居民点布局、人居环境整治、生态保护和历史文化传承等，落实乡村振兴战略，优化村庄布局，编制多规合一的实用性村庄规划，有条件、有需求的村庄应编尽编。

同步构建国土空间规划“一张图”实施监督信息系统。基于国土空间基础信息平台，整合各类空间关联数据，着手搭建从国家到市县级的国土空间规划“一张图”实施监督信息系统，形成覆盖全国、动态更新、权威统一的国土空间规划“一张图”。

各级自然资源部门要按照《若干意见》和本通知精神，结合本地区实际制定落实方案，把建立国土空间规划体系并监督实施作为当前工作的重中之重，抓紧、抓实、抓好。

# 后 记

postscript

党的十八大以来，党中央高度重视生态文明建设，提出了“绿水青山就是金山银山”理论，把生态文明建设纳入“五位一体”的总体布局，引导我国走好以生态优先绿色发展为导向的高质量发展新路子。配合新发展理念和高质量发展新路子的落实，国家层面从开展市县多规合一试点，到省级空间规划试点，再到进行空间规划管理机构和体制机制改革，全国性的国土空间规划工作全面铺开。

内蒙古独特的区域功能和特殊的国土空间本底条件决定了内蒙古在我国的生态功能具有特殊的重要意义，而经济社会发展中存在的开发秩序较乱、资源环境制约等突出问题又决定了内蒙古科学制定国土空间规划的必要性和紧迫性。但多年来内蒙古一直缺乏较为系统的国土空间开发战略及规划方面系统化的研究成果，使国土空间规划工作缺乏系统的理论方法技术支撑和战略研究基础。基于这一现实需要，内蒙古自治区社科联杭栓柱主席高瞻远瞩，于2018年在自治区社科规划项目中，专门立项了“以‘多规合一’理念完善内蒙古国土空间规划的总体思路和技术路径研究”的重大项目。并由自治区长期从事区域经济发展战略和规划研究的内蒙古自治区发展研究中心，在全国完成多项市县空间规划、极富实践经验的北京中研智库及中研智业集团，联合组成研究团队对内蒙古国土空间开发战略和规划技术方略进行系统研究，以期为内蒙古国土空间规划工作提供一定的决策参考依据和技术方法指南。

经过一年多的不断研究和完善，完成了现行研究成果。本书的研究逻辑和架构由内蒙古自治区发展研究中心总经济师、研究员赵云平和北京中研智库研究院樊森院长共同设计。第一章“引言”及第二章“规划演进历程及理论基础”由内蒙古自治区发展研究中心产业研究处程利霞、吴露露共同完成。第三章“内蒙古国土空间本底条件及开发现状”由内蒙古自治区发展研究中心宏观经济研究处处长张志栋与赵云平总经济师共同完成。第四章“内蒙古国土空间开发的战略思路和优化方向”由内蒙古自治区发展研究中心产业研究处司咏梅处长与赵云平总经济师共同完成。第五章“国内外空间规划经验及对内蒙古的借鉴”由北京中研智库研究院杜寅所长与内蒙古自治区发展研究中心产业研究处张捷共同完成。第六章“内蒙古空间规划多规合一的思路和任务”由北京中研智库樊森院长与内蒙古农业大学经管学院刘贺贺副教授共同完成。第七章“内蒙古空间规划的技术路径及体系”由北京中研智库规划院王伟军副院长和李武高级经济师共同完成。第八章“内蒙古空间规划保障制度的改革与创新”由内蒙古财经大学法学院包红玉副教授与北京中研智库研究院吴君副院长共同完成。第九章“结论与建议”由赵云平总经济师和樊森院长进行了统稿。

本书在研究过程中得到多位领导和同行的指导、支持和帮助，是共同智慧的结晶。在本书即将出版之际，课题组对大家的支持和帮助表示衷心的感谢。感谢内蒙古自治区社科联杭栓柱主席、朱晓俊副主席在课题立项中的帮助和研究过程中的指导。感谢内蒙古自治区社科联李爱仙处长、赵杰处长、邢智仓等同志在课题立项、研究、验收等过程中的无私帮助。感谢内蒙古社科院包思勤副院长等在课题评审过程中的指导。感谢内蒙古土地规划院吴全院长、内蒙古研究室程玺副主任及李建军同志在相关资料提供方面的帮助。

空间开发战略及规划是个多学科交叉的系统工程，需要扎实的理论功底和渊博的专业知识，而且国土空间规划作为一个面向中长期的战略层面规划，要求既要理念超前、视野高远，又要指导性强、操作性好。从这一意义上说，本书对内蒙古国土空间开发战略和规划的研究也仅仅做到浅尝辄止，只是提供一些基本思路、原则要求、思维视角和技术路径，许多问题还没有做到深究细研，对决策支持和规划编制的指导作用还很有限。同时，由于我国空间规划编制工作也是刚刚起步并处于探索实践阶段，规划管理体制和机制正在改革，国土空间开发战略和政策正在调整，法律法规和标准体系正在修订完善，规划编制技术和实施平台也在随着技术进步而不断更新，所以本书得出的一些结论、方法和建议难免存在疏漏和不妥之处。但课题组愿将此成果作为内蒙古系统研究国土空间规划的一块奠基石，力求起到抛砖引玉的作用，供大家批评指正和完善。课题组在下一步工作中还将根据我国和内蒙古自治区空间规划工作推进的新进展，持续关注和研究内蒙古的空间开发战略和规划问题，同时也希望有志于此领域的领导和专家学者共同合作深化研究，为内蒙古科学制定国土空间开发战略、实现高质量发展与高质量保护双赢、走好生态优先绿色发展为导向的高质量发展新路子献计出力。

2020 年 2 月 28 日于呼和浩特